LA RUSSIE
EN 1839.

DE L'IMPRIMERIE DE CRAPELET

9, RUE DE VAUGIRARD

LA RUSSIE
EN 1839

PAR

LE MARQUIS DE CUSTINE

« Respectez surtout les étrangers, de quelque qualité, de quelque
rang qu'ils soient, et si vous n'êtes pas à même de les combler
de présents, prodiguez-leur au moins des marques de bienveillance, puisque de la manière dont ils sont traités dans un pays
dépend le bien et le mal qu'ils en disent en retournant dans
le leur. »

(Extrait des conseils de Vladimir Monomaque à ses enfants en 1126.
Histoire de l'Empire de Russie, par Karamsin, t. II, p. 205.)

TOME QUATRIÈME

PARIS
LIBRAIRIE D'AMYOT, ÉDITEUR
6, RUE DE LA PAIX
1843

LA RUSSIE

EN 1839.

SOMMAIRE DE LA LETTRE VINGT-NEUVIÈME.

La mosquée tatare. — Comment vivent à Moscou les descendants des Mongols. — Leur portrait. — Réflexions sur le sort des diverses races qui composent le genre humain. — Tolérance humiliante. — Points de vue pittoresques. — Le Kremlin. — Citation de Laveau. — Tour de Soukareff. — Vaste réservoir d'eau. — Architecture byzantine. — Établissements publics. — L'Empereur partout. — Antipathie du caractère des Slaves et des Allemands. — Grand manége de Moscou. — Le club des nobles. — Ce que les Russes entendent par la civilisation. — Ordonnances de Pierre Ier touchant la politesse. — Goût des Russes pour le clinquant. — Habitudes des grands seigneurs. — Ravages de l'ennui dans une société composée comme l'est celle de Moscou. — Un café russe. — Costume des garçons de café. — Humilité des anciens serfs russes. — Leur croyance religieuse. — La société de Moscou. — Maison de campagne dans l'enceinte de la ville. — Maisons de bois. — Dîner sous une tente. — Vraie politesse. — Caractère des Russes. — Leur mépris pour la clémence. — L'Empereur flatte ce sentiment. — Manières gracieuses des Russes. — Leur puissance de séduction. — Illusions qu'elle produit. — Affinité de caractère des Russes et des Polonais. — Vie des mauvais sujets du grand monde à Moscou. — Ce qui explique leurs écarts. — Mobilité sans égale. — Ce qui sert d'excuse au despotisme. — Conséquences morales de ce régime. — Mauvaise foi nuisible même aux mauvaises mœurs. — Note sur notre littérature moderne. — Le respect pour la parole. — Ivrogne du grand monde. — Russes questionneurs et impolis. — Portrait du prince ***. — Ses compagnons. — Assassinat dans un couvent de femmes. — Histoires amoureuses. — Conversation de table d'hôte. — Le' Lovelace du Kremlin. — Une motion burlesque. — Pruderie moderne.—Partie de campagne.—Adieux du prince *** dans une cour d'auberge. — Description de cette scène. — Le cocher élégant. —Mœurs des bourgeoises de Moscou.—Les libertins bien vus en ce pays.—Pourquoi.—Fruit du despotisme.— Erreur commune sur les conséquences de l'autocratie.—Condition des serfs. — Ce qui fait réellement la force de l'autocratie. — Double écueil. — Prétentions mal fondées. — Fausse route. — Résultats du système de Pierre Ier. — Vraie puissance de la Russie. — Ce qui a fait la grandeur du Czar Pierre. — Son influence jusqu'à ce jour. — Comment je cache mes lettres. — Pétrowski. — Chant des Bohémiens russes. — Révolution musicale opérée par Duprez. — Physionomie des Bohémiennes. — Opéra russe. — Comédie en français. — Manière dont les Russes parlent et entendent le français. — Illusion qu'ils nous font. — Un Russe dans sa bibliothèque. — Puérilité. — La tarandasse, voiture du pays. — Ce qu'est pour un Russe un voyage de quatre cents lieues. — Aimable trait de caractère.

LA RUSSIE
EN 1839.

LETTRE VINGT-NEUVIÈME.

Moscou, ce .. août 1839.

Depuis deux jours j'ai vu beaucoup de choses : d'abord la mosquée tatare. Le culte des vainqueurs est aujourd'hui toléré dans un coin de la capitale des vaincus; encore ne l'est-il qu'à condition de laisser aux chrétiens la libre entrée du sanctuaire mahométan.

Cette mosquée est un petit édifice d'apparence mesquine, et les hommes à qui l'on permet d'y adorer Dieu et le prophète ont la mine chétive, l'air sale, pauvre, craintif. Ils viennent se prosterner dans ce temple tous les vendredis sur un mauvais morceau de laine que chacun apporte là soi-même. Leurs beaux habits asiatiques sont devenus des haillons, leur arrogance de la ruse inutile, leur toute-puissance de l'abjection ; ils vivent le plus séparés qu'ils peuvent de la population qui les environne et les étouffe. Certes, à voir ces figures de mendiants ramper au milieu de la Russie actuelle, on ne se douterait guère de la tyrannie que leurs pères exerçaient contre les Moscovites.

Renfermés autant que possible dans la pratique de leur religion, ces malheureux fils de conquérants trafiquent à Moscou des denrées et des marchandises de l'Asie, et afin d'être le plus mahométans qu'ils peuvent, ils évitent de faire usage de vin et de liqueurs fortes, et ils tiennent leurs femmes en prison ou du moins voilées, pour les soustraire aux regards des autres hommes qui pourtant ne pensent guère à elles, car la race mongole est peu attrayante. Des joues aux pommettes saillantes, des nez écrasés, des yeux petits, noirs, enfoncés, des cheveux crépus, une peau bise et huileuse, une taille au-dessous de la moyenne ; misère et saleté ; voilà ce que j'ai remarqué chez les hommes de cette race abâtardie, ainsi que chez le petit nombre de femmes dont j'ai pu apercevoir les traits.

Ne dirait-on pas que la justice divine si incompréhensible quand on considère le sort des individus, devient éclatante lorsque l'on réfléchit sur la destinée des nations? La vie de chaque homme est un drame qui se noue sur un théâtre et se dénoue sur un autre, mais il n'en est pas ainsi de la vie des nations. Cette instructive tragédie commence et finit sur la terre; voilà pourquoi l'histoire est une lecture sainte; c'est la justification de la Providence.

Saint Paul avait dit : « Respect aux puissances; elles sont instituées de Dieu. » L'Église, avec lui, a tiré l'homme de son isolement, il y a bientôt deux mille ans, en le baptisant citoyen d'une société éternelle, et dont toutes les autres sociétés n'étaient que des modèles imparfaits : ces vérités ne sont point démenties, au contraire, elles sont confirmées par l'expérience. Plus on étudie le caractère des différentes nations qui se partagent le gouvernement de la terre, et plus on reconnaît que leur sort est la conséquence de leur religion; l'élément religieux est nécessaire à la durée des sociétés, parce qu'il faut aux hommes une croyance surnaturelle, afin de faire cesser pour eux le soi-disant état de nature, état de violence et d'iniquité; et les malheurs des races opprimées ne sont que la punition de leurs infidélités ou de leurs erreurs volontaires en matière de foi; telle est la croyance que je me suis formée à la suite de mes nombreux pèlerinages. Tout voyageur est forcé de devenir philosophe et plus que philosophe, car il faut être chrétien pour pouvoir contempler sans vertige la condition des différentes races dispersées sur le globe, et pour méditer sans désespoir sur les jugements de Dieu, cause mystérieuse des vicissitudes humaines....

Je vous dis mes réflexions dans la mosquée pendant la prière des enfants de Bati, devenus des parias chez leurs esclaves......

Aujourd'hui, la condition d'un Tatare en Russie ne vaut pas celle d'un serf moscovite.

Les Russes s'enorgueillissent de la tolérance qu'ils accordent au culte de leurs anciens tyrans; je la trouve plus fastueuse que philosophique, et pour le peuple qui la subit, c'est une humiliation de plus. A la place des descendants de ces implacables Mongols qui furent si longtemps les maîtres de la Russie et l'effroi du monde, j'aimerais mieux prier Dieu dans le secret de mon cœur que dans une ombre de mosquée due à la pitié de mes anciens tributaires.

LETTRE VINGT-NEUVIÈME.

Quand je parcours Moscou sans but et sans guide, le hasard me sert toujours bien. On ne peut s'ennuyer à errer dans une ville où chaque rue, chaque maison a son échappée de vue sur une autre ville, qui semble bâtie par les génies, ville toute hérissée de murailles brodées, crénelées, découpées, qui supportent une multitude de vigies, de tours et de flèches, enfin sur le Kremlin, forteresse poétique par son aspect, historique par son nom......... J'y reviens sans cesse par l'attrait qu'on éprouve pour tout ce qui frappe vivement l'imagination; mais il faut se garder d'examiner en détail l'amas incohérent de monuments dont est encombrée cette montagne murée. Le sens exquis de l'art, c'est-à-dire le talent de trouver la seule expression parfaitement juste d'une pensée originale, manque aux Russes; cependant lorsque les géants copient, leurs imitations ont toujours un genre de beauté; les œuvres du génie sont grandioses, celles de la force matérielle sont grandes : c'est encore quelque chose.

Le Kremlin est pour moi tout Moscou. J'ai tort, mais ma raison réclame en vain, je ne m'intéresse ici qu'à cette vénérable citadelle, la racine d'un Empire et le cœur d'une ville.

Voici comment l'auteur du meilleur guide de

Moscou que nous ayons, Lecointe Laveau, décrit cette ville : « Moscou, dit-il, doit sa beauté origi-
« nale aux murs crénelés du Kitaigorod et du Krem-
« lin[1], à la singulière architecture de ses églises,
« à ses coupoles dorées et à ses nombreux jardins;
« que l'on prodigue les millions pour élever le pa-
« lais de Bajeanoff au Kremlin, qu'on dépouille de
« ses murs[2]; que l'on édifie des églises régulière-
« ment belles, à la place de ces clochers en lan-
« ternes, et de ces cinq coupoles qui s'élèvent de
« toutes parts; que la manie de bâtir convertisse les
« jardins en maisons, et alors on aura, au lieu de
« Moscou, une des plus grandes villes européennes,
« mais qui n'attirera plus la curiosité des voya-
« geurs. »

Ces lignes expriment des idées qui s'accordent avec les miennes, et qui par conséquent m'ont frappé par leur justesse.

Pour me distraire un instant du terrible Kremlin,

---

[1] Le Kitaigorod est la ville des marchands, espèce de bazar à rues couvertes, joint au Kremlin par une muraille semblable à celle dont la forteresse est entourée. (*Voir* plus haut la description qui en a été faite. (*Note du Voyageur.*)

[2] Plan qui fut projeté sous Catherine II, et qu'on exécute en partie aujourd'hui. (*Ibid.*)

j'ai été visiter la tour de Soukareff, bâtie sur une hauteur, près d'une des entrées de la ville. Le premier étage est une vaste construction où l'on a pratiqué un immense réservoir; on pourrait se promener en petit bateau dans ce bassin qui distribue aux différents quartiers de la ville presque toute l'eau qu'on boit à Moscou. La vue de cette espèce de mare murée et suspendue à une grande hauteur, produit une impression singulière. L'architecture de l'édifice, assez moderne d'ailleurs, est lourde et triste; mais des arcades byzantines, de solides rampes d'escaliers, des ornements dans le style du Bas-Empire, en rendent l'ensemble imposant. Ce style se perpétue en Moscovie; appliqué avec discernement, il eût donné naissance à la seule architecture nationale possible chez les Russes; inventé dans un climat tempéré, il s'accorde également avec les besoins de l'homme du Nord, et avec les habitudes de l'homme des pays chauds. Les intérieurs des édifices byzantins sont assez semblables à des caves ornées, et grâce à la solidité des murailles massives, à l'obscurité des voûtes, on y trouve un abri contre le froid aussi bien que contre le soleil.

[On m'a fait voir l'Université, l'École des cadets, les Instituts de Sainte-Catherine et de Saint-

Alexandre, les veuves, enfin l'Institut Alexandrinien : les enfants trouvés, tout cela est vaste et pompeux ; les Russes s'enorgueillissent d'avoir un si grand nombre de beaux établissements publics à montrer aux étrangers ; pour ma part, je me contenterais d'une moindre magnificence en ce genre, car rien n'est plus ennuyeux à parcourir que ces blancs palais somptueusement monotones, où tout marche militairement et où la vie humaine semble réduite à l'action d'une roue de pendule. Demandez à d'autres ce que j'ai vu dans ces utiles et superbes pépinières d'officiers, de mères de famille et d'institutrices ; ce n'est pas moi qui vous le dirai : sachez seulement que ces congrégations moitié politiques, moitié charitables, m'ont paru des modèles de bon ordre, de soin, de propreté ; ceci fait honneur aux chefs de ces diverses écoles, ainsi qu'au chef suprême de l'Empire.

On ne peut un seul instant oublier cet homme unique par qui la Russie pense, juge et vit ; cet homme, la science et la conscience de son peuple, qui prévoit, mesure, ordonne, distribue tout ce qui est nécessaire et permis aux autres hommes, auxquels il tient lieu de raison, de volonté, d'imagination, de passion, car sous son règne pesant, il n'est loisible à nulle créature de respirer, de souffrir, d'aimer hors des cadres tracés d'avance par la sagesse suprême qui pourvoit ou qui est censée pourvoir à tous les besoins des individus comme à ceux de l'État.

Chez nous on est fatigué de licence et de variété, ici on est découragé par l'uniformité, glacé par la pédanterie qu'on ne peut plus séparer de l'idée de l'ordre, d'où il arrive qu'on hait ce qu'on devrait aimer. La Russie, cette nation enfant, n'est qu'un immense collége : tout s'y passe comme à l'école militaire, excepté que les écoliers n'en sortent qu'à la mort.

Ce qu'il y a d'allemand dans l'esprit du gouvernement russe est antipathique au caractère slave; ce peuple oriental, nonchalant, capricieux, poétique, s'il disait ce qu'il pense, se plaindrait amèrement de la discipline germanique qui lui est imposée depuis Alexis, Pierre-le-Grand et Catherine II, par une race de souverains étrangers. La famille Impériale a beau faire, elle sera toujours trop tudesque pour conduire tranquillement les Russes et pour se sentir d'aplomb chez eux[1]; elle

[1] Les Romanow étaient Prussiens d'origine, et depuis que l'élection les a mis sur le trône, ils se sont le plus souvent mariés à des

les subjugue, elle ne les gouverne pas. Les paysans seuls s'y trompent.

J'ai poussé le scrupule de voyageur jusqu'à me laisser conduire à un manége, le plus grand je crois qui existe : le plafond en est soutenu par des arceaux de fer légers et hardis : c'est un édifice étonnant dans son genre.

Le club des nobles est fermé pendant cette saison : je m'y suis rendu également par acquit de conscience. On voit dans la salle principale une statue de Catherine II. Cette salle est ornée de colonnes et se termine d'un côté par une demi-rotonde. Elle peut contenir environ 3000 personnes : il s'y donne pendant l'hiver des fêtes fort brillantes, dit-on ; je crois sans peine à la magnificence des bals de Moscou ; les grands seigneurs russes entendent à merveille l'art de varier autant que possible ces monotones divertissements obligés ; leur luxe est réservé aux plaisirs d'apparat ; leur imagination s'y complaît ; ils prennent l'éclat pour la civilisation, le clinquant pour l'élégance, et ceci me prouve qu'ils sont plus incultes encore que nous ne l'imaginons. Il y a un peu plus de cent ans que Pierre-le-Grand leur

princesses allemandes contre l'usage des anciens Souverains moscovites.

dictait des lois de politesse applicables dans chaque classe de la société ; il ordonnait des réunions à l'instar des bals et des assemblées de la vieille Europe. Il forçait les Russes à s'inviter les uns les autres à ces réunions imitées des assemblées en usage chez les nations de la vieille Europe, puis il les obligeait d'admettre leurs femmes dans ces cercles en les exhortant à ôter leur chapeau pour entrer dans la chambre. Mais tandis que ce grand précepteur de son peuple enseignait si bien la civilité puérile aux boyards et aux marchands de Moscou, il s'abaissait lui-même à la pratique des métiers les plus vils, à commencer par celui de bourreau ; on lui a vu couper vingt têtes de sa main dans une soirée ; et on l'a entendu se vanter de son adresse à ce métier qu'il exerça avec une rare férocité lorsqu'il eut triomphé des coupables mais encore plus malheureux strélitz : telle est l'éducation, tels sont les exemples qu'on donnait aux Russes il y a un siècle et demi, pendant qu'on représentait le *Misanthrope* à Paris ; et c'est de l'homme dont ils recevaient ces leçons, de ce digne héritier des Ivan, qu'ils ont fait leur dieu, le modèle du prince russe à tout jamais !

Aujourd'hui ces nouveaux convertis à la civilisation n'ont pas encore perdu leur goût de parvenus pour ce qui a de l'éclat, pour tout ce qui attire les yeux.

Les enfants et les sauvages aiment ce qui brille : les Russes sont des enfants qui ont l'habitude, non l'expérience du malheur. De là, pour le dire en passant, le mélange de légèreté et de causticité qui les caractérise. L'agrément d'une vie égale, calme, arrangée seulement pour satisfaire les affections intimes, pour le plaisir de la conversation, pour les jouissances de l'esprit, ne leur suffirait pas longtemps.

Ce n'est pas cependant que les grands seigneurs se montrent tout à fait insensibles à ces plaisirs raffinés; mais afin de captiver l'arrogante frivolité de ces satrapes travestis, afin de fixer leur imagination divagante, il leur faut des intérêts plus vifs. L'amour du jeu, l'intempérance, le libertinage et les jouissances de la vanité peuvent à peine combler le vide de ces cœurs blasés. Pour occuper l'insouciance de ces esprits fatigués de stérilité, usés d'oisiveté, pour remplir la journée de ces malheureux riches, la création de Dieu ne suffit plus : dans leur orgueilleuse misère, ils appellent à leur secours l'esprit de destruction.

Toute l'Europe moderne s'ennuie; c'est ce qu'atteste la manière de vivre de la jeunesse actuelle;

mais la Russie souffre de ce mal plus qu'aucune autre société; car ici tout est excessif : vous peindre les ravages de la satiété dans une population comme celle de Moscou, ce serait difficile. Nulle part les maladies de l'âme engendrées par l'ennui, par cette passion des hommes qui n'ont point de passions, ne m'ont paru aussi graves ni aussi fréquentes qu'elles le sont en Russie parmi les grands : on dirait qu'ici la société a commencé par les abus. Quand le vice ne suffit plus pour aider le cœur de l'homme à secouer l'ennui qui le ronge, ce cœur va au crime.

L'intérieur d'un café russe est assez singulier: figurez-vous une grande salle basse et mal éclairée qui se trouve ordinairement au premier étage d'une maison. On y est servi par des hommes vêtus d'une chemise blanche, laquelle est liée au-dessus des reins, et retombe en guise de tunique; ou pour parler moins noblement, de blouse sur de larges pantalons également blancs. Ces garçons de café ont les cheveux longs et lisses comme tous les hommes du peuple en Russie, et leur ajustement les fait ressembler aux théophilanthropes de la République française, ou à des prêtres d'opéra du temps où le paganisme était à la mode au théâtre.

Ils vous servent en silence du thé excellent, et tel qu'on n'en trouve en aucun autre pays, du café, des liqueurs; mais ce service se fait avec une solennité et un silence bien différents de la bruyante gaîté qui règne dans les cafés de Paris. En Russie tout plaisir populaire est mélancolique, la joie y devient un privilége; aussi la trouvé-je presque toujours outrée, affectée ou grimaçante, et pire que la tristesse.

En Russie, un homme qui rit est un comédien, un flatteur ou un ivrogne.

Ceci me rappelle le temps où les serfs russes croyaient, dans leur naïve abjection, que le ciel n'était fait que pour leurs maîtres : terrible humilité du malheur! Ceci vous fait voir comment l'Église grecque enseigne le christianisme au peuple.

(*Suite de la même lettre.*)

Moscou, ce 15 août 1839, au soir.

La société de Moscou est agréable; le mélange des traditions patriarcales de l'ancien monde et des manières aisées de l'Europe moderne y produit quelque chose d'original. Les habitudes hospitalières de l'antique Asie, et le langage élégant de l'Europe civilisée se sont donné rendez-vous sur ce point du monde pour y rendre la vie douce et facile. Moscou planté sur la limite de deux continents, marque, au milieu de la terre, un point de repos entre Londres et Pékin. Ici l'esprit d'imitation n'a pas encore totalement effacé le caractère national; quand le modèle reste loin, la copie redevient presque originale.

Ou la Russie n'accomplira pas ce qui nous paraît sa destinée, ou Moscou redeviendra quelque jour la capitale de l'Empire, car elle seule possède le germe de l'indépendance et de l'originalité russe. La racine de l'arbre est là; c'est là qu'il doit porter ses fruits; jamais greffe n'acquiert la force de la semence.

Un petit nombre de lettres de recommandation suffit à Moscou pour mettre un étranger en rapport avec une foule de personnes distinguées, soit par leur fortune, soit par leur rang, soit par leur esprit. Le début d'un voyageur est donc facile dans ce séjour.

On m'a invité, il y a peu de jours, à dîner dans une maison de campagne. C'est un pavillon situé dans l'enceinte de Moscou; mais, pour y arriver, vous côtoyez pendant une lieue des étangs solitaires, vous traversez des champs qui ressemblent à des steppes; puis, en approchant de l'habitation, vous apercevez au delà du jardin une forêt de sapins, sombre et profonde, qui n'appartient pas au parc, et qui même ne dépend plus de la ville, dont elle borde seulement la limite extérieure : qui n'eût été charmé comme je le fus, à la vue de ces ombres profondes, de ce site majestueux, de cette vraie solitude dans une ville? qui n'eût rêvé là d'un camp, d'une horde voyageuse, enfin de toute autre chose que d'une capitale, où se trouve tout le luxe, toutes les recherches de la civilisation moderne? De tels contrastes sont caractéristiques; rien de semblable ne peut se rencontrer ailleurs.

On m'a reçu dans une maison de bois..... Autre singularité. A Moscou, le riche est abrité comme le mugic par des planches; tous deux dorment sous des madriers équarris et échancrés du bout, à la manière des solives employées dans les chaumières primitives. Mais l'intérieur de ces grandes cabanes rappelle le luxe des plus beaux palais de l'Europe. Si je vivais à Moscou, j'y voudrais avoir une maison de bois. C'est la seule habitation qui soit d'un style national, et ce qui m'importe davantage encore, la seule qui soit convenable sous ce climat. La maison de bois passe parmi les vrais Moscovites pour plus saine et plus chaude que la maison de pierre. Celle où l'on me reçut me parut commode et élégante : elle n'est cependant habitée que pendant l'été par le propriétaire, qui retourne passer les mois d'hiver dans un quartier plus central.

Nous avons dîné au milieu du jardin, et pour que rien ne manquât à l'originalité de la scène, je trouvai la table mise sous une tente. La conversation, quoiqu'entre hommes et fort animée, fort libre, fut décente; chose rare même chez les peuples qui se croient maîtres en fait de civilisation. Il y avait là des personnes qui ont beaucoup vu, beaucoup lu, leurs jugements sur toutes choses m'ont paru justes et fins; les Russes sont singes dans les habitudes de la vie élégante ; mais ceux qui pensent (il est vrai qu'on les compte) redeviennent eux-mêmes dans les entretiens familiers, c'est-à-dire des Grecs doués d'une finesse et d'une sagacité héréditaires.

Le dîner me parut court, pourtant il dura longtemps; notez qu'au moment de nous mettre à table je voyais les convives pour la première fois, et le maître de la maison pour la seconde.

Ceci n'est pas une remarque indifférente, car

une grande et vraie politesse peut seule mettre si vite à son aise un étranger. Entre tous les souvenirs de mon voyage, celui de cette journée me restera comme un des plus agréables.

Au moment de quitter Moscou pour n'y revenir qu'en passant, je ne crois pas inutile de vous peindre le caractère des Russes tel que j'ai pu me le représenter après un séjour assez court, à la vérité, dans leur pays; mais employé sans relâche à observer attentivement une multitude de personnes et de choses, et à comparer avec un soin scrupuleux beaucoup de faits divers. La variété des objets qui passent sous les yeux d'un voyageur aussi favorisé que je l'étais par les circonstances, et aussi actif que je le suis quand ma curiosité est excitée, supplée jusqu'à un certain point au loisir et au temps qui m'ont manqué. Vous savez, je vous l'ai dit souvent, que je me complais dans l'admiration; cette disposition naturelle doit donner quelque crédit à mes jugements quand je n'admire pas.

En général les hommes de ce pays ne me paraissent pas disposés à la générosité; ils n'y croient guère, ils la nieraient s'ils l'osaient, et s'ils ne la nient pas, ils la méprisent, parce qu'ils n'en ont pas la mesure en eux-mêmes. Ils ont plus de finesse que de délicatesse, de douceur que de sensibilité, plus de souplesse que de laisser aller, plus de grâce que de tendresse, de perspicacité que d'invention, plus d'esprit que d'imagination, plus d'observation que d'esprit, et du calcul plus que tout. Ils travaillent non pour arriver à un résultat utile aux autres, mais pour obtenir une récompense; le feu créateur leur est refusé, l'enthousiasme qui produit le sublime leur manque, la source des sentiments, qui n'ont besoin que d'eux-mêmes pour juges et pour rémunérateurs, leur est inconnue. Otez-leur le mobile de l'intérêt, de la crainte et de la vanité, vous leur ôtez l'action; s'ils entrent dans l'empire des arts, ce sont des esclaves qui servent dans un palais; les saintes solitudes du génie leur restent inaccessibles : le chaste amour du beau ne leur suffit pas.

Il en est de leurs actions dans la vie pratique comme de leurs créations dans le monde de la pensée; où triomphe la ruse, la magnanimité passe pour duperie.

La grandeur d'âme, je le sais, cherche sa récompense en elle-même; mais si elle ne demande rien, elle commande beaucoup, car elle veut rendre les hommes meilleurs : ici elle les rendrait pires, parce qu'on la prendrait pour un masque. La clémence s'appelle faiblesse chez un peuple endurci par la terreur; rien ne le désarme; la sévérité implacable lui fait ployer les genoux, le pardon au contraire lui ferait lever la tête; on ne saurait le convaincre, on ne peut que le subjuguer; incapable de fierté, il peut être audacieux : il se révolte contre la douceur, il obéit à la férocité qu'il prend pour de la force.

Ceci m'explique le système de gouvernement adopté par l'Empereur, sans toutefois me le faire approuver : ce prince sait et fait ce qu'il faut pour être obéi; mais en politique, je n'admire pas le nécessaire. Ici la discipline est le but, ailleurs elle est le moyen; c'est l'école des nations que je demande aux gouvernements. Est-il pardonnable à un prince de ne pas suivre les bonnes inspirations de son cœur, parce qu'il croirait dangereux de manifester des sentiments trop supérieurs à ceux de son peuple? A mes yeux la pire des faiblesses, c'est celle qui rend impitoyable. Rougir de la magnanimité, c'est s'avouer indigne de la puissance suprême.

Les peuples ont besoin qu'on leur rappelle incessamment ce qui vaut mieux que le monde; comment leur faire croire en Dieu, si ce n'est par le pardon? La prudence ne devient une vertu qu'autant qu'elle n'en exclut pas une plus haute. Si l'Empereur n'a pas dans le cœur plus de clémence qu'il en fait paraître dans sa politique, je plains la Russie; et si ses sentiments sont supérieurs à ses actes, je plains l'Empereur.

Les Russes, lorsqu'ils sont aimables, ont dans les manières une séduction qu'on subit en dépit de toute prévention, d'abord sans la remarquer, plus tard sans pouvoir ni vouloir s'y soustraire; définir une telle influence ce serait expliquer l'imagination, régulariser le charme; c'est un attrait impérieux, quoique secret, une puissance souveraine qui tient à la grâce innée des Slaves, à ce don qui dans la société remplace tous les autres dons, et que rien ne remplace, car on peut définir la grâce en disant que c'est précisément ce qui sert à se passer de tout ce qu'on n'a pas.

Figurez-vous feu la politesse française ressuscitée, et devenue réellement tout ce qu'elle paraissait; figurez-vous la plus parfaite aménité non étudiée, l'oubli de soi-même, involontaire, non appris, l'ingénuité dans le bon goût, l'irréflexion dans le choix, l'aristocratie élégante sans morgue, la facilité sans impertinence, l'instinct de la supériorité tempéré par la sécurité qui accompagne la grandeur.... J'ai tort de chercher à définir des nuances trop fugitives, ce sont de ces délicatesses qui se sentent, il faut les deviner, et se garder de fixer par la parole leur rapide apparition; mais enfin sachez qu'on les retrouve toutes et d'autres encore dans les manières et dans la conversation des Russes vraiment élégants; et plus souvent plus complétement chez ceux qui n'ont pas voyagé, mais qui, restés en Russie, se sont pourtant trouvés en contact avec quelques étrangers distingués.

Ces agréments, ce prestige, leur donnent un souverain pouvoir sur les cœurs : tant que vous demeurez en la présence de ces êtres privilégiés, vous êtes sous le joug; et le charme est double, car c'est leur triomphe que vous vous imaginez être pour eux tout ce qu'ils sont pour vous. Le temps, le monde, n'existent plus, les engagements, les affaires, les ennuis, les plaisirs, sont oubliés, les devoirs de société abolis; un seul intérêt subsiste, celui du moment; une seule personne survit, la personne présente, qui est toujours la personne aimée. Le besoin de plaire poussé à cet excès réussit infailliblement : c'est le sublime du bon goût, c'est l'élégance la plus raffinée : et tout cela naturel comme l'instinct : cette amabilité suprême n'est point fausseté, c'est un talent qui ne demande qu'à s'exercer; pour prolonger votre illusion, il suffirait de ne pas partir; mais vous partez, tout est évanoui, excepté le souvenir que vous emportez.

Les Russes sont les premiers comédiens du monde; pour faire effet, ils n'ont pas besoin du prestige de la scène.

Tous les voyageurs leur ont reproché leur versatilité; le reproche n'est que trop motivé : on se sent oublié en leur disant adieu; j'attribue ce tort à la légèreté du caractère, à l'inconstance du cœur, mais aussi au manque d'instruction solide. Ils aiment qu'on les quitte parce qu'ils craindraient de se laisser pénétrer en se laissant approcher un peu longtemps de suite : de là l'engouement et l'indifférence qui se succèdent si rapidement chez eux. Cette inconstance apparente n'est qu'une précaution de vanité bien entendue, et assez commune parmi les personnes du grand monde dans tous les pays. Ce qu'on cache avec le plus de soin, ce n'est pas le mal, c'est le vide; on ne rougit pas d'être pervers, on est humilié d'être nul; d'après ce principe, les Russes du grand monde montrent volontiers de leur esprit, de leur caractère, ce qui plaît au premier venu, ce qui nourrit la conversation pendant quelques heures; mais si vous essayez de passer derrière la décoration qui vous a ébloui d'abord, ils vous arrêtent comme un indiscret qui s'aviserait d'écarter le paravent de leur chambre à coucher dont l'élégance aussi est toute en dehors. Ils vous accueillent par curiosité, puis ils vous repoussent par prudence.

Ceci s'applique à l'amitié comme à l'amour, à la société des hommes comme à celle des femmes. En faisant le portrait d'un Russe, on peint la nation; comme un soldat sous les armes nous donne l'idée de tout son régiment. Nulle part l'influence de l'unité dans le gouvernement et dans l'éducation n'est plus sensible qu'elle l'est ici. Tous les esprits y portent l'uniforme. Ah! pour peu qu'on soit jeune et facile à émouvoir, on doit bien souffrir quand on apporte chez ce peuple au cœur froid, à l'esprit aiguisé par la nature et par l'éducation sociale, la simplicité des autres peuples! Je me figure la sensibilité allemande, la naïveté confiante, l'étourderie des Français, la constance des Espagnols, la passion des Anglais, l'abandon, la bonhomie des vrais, des vieux Italiens, aux prises avec la coquetterie innée des Russes; et je plains les pauvres étrangers qui croiraient un moment pouvoir devenir acteurs dans le spectacle qui les attend ici. En affaires de cœur, les Russes sont les plus douces bêtes féroces qu'il y ait sur la terre, et leurs griffes bien cachées n'ôtent malheureusement rien à leurs agréments.

Je n'ai jamais éprouvé un charme semblable, si ce n'est dans la société polonaise : nouveau rapport qui se découvre entre les deux familles! Les haines civiles ont beau séparer ces peuples, la nature les réunit en dépit d'eux-mêmes. Si la politique ne forçait l'un à opprimer l'autre, ils se reconnaîtraient et s'aimeraient.

Les Polonais sont des Russes chevaleresques et catholiques, avec la différence qu'en Pologne ce sont les femmes qui vivent ou, pour parler avec plus de précision, qui commandent; et qu'en Russie, ce sont les hommes.

Mais ces mêmes gens, si naturellement aimables, si bien doués, ces personnes si charmantes tombent quelquefois dans des écarts que des hommes du caractère le plus vulgaire éviteraient.

Vous ne sauriez vous représenter la vie de plusieurs des jeunes gens les plus distingués de Moscou. Ces hommes, qui portent des noms et appartiennent à des familles connues dans l'Europe entière, se perdent dans des excès inqualifiables; on les voit hésiter jusqu'à la mort entre le sérail de Constantinople et la halle de Paris.

On ne conçoit pas qu'ils résistent six mois au régime qu'ils adoptent pour toute la vie, et soutiennent avec une constance qui serait digne du ciel, si elle s'appliquait à la vertu. Ce sont des tempéraments faits exprès pour l'enfer anticipé; c'est ainsi que je qualifie la vie d'un débauché de profession à Moscou.

Au physique le climat, au moral le gouvernement de ce pays dévorent en germe ce qui est faible, tout ce qui n'est pas robuste ou stupide succombe en naissant; il ne reste debout que les brutes et que les natures fortes dans le bien comme dans le mal. La Russie est la patrie des passions effrénées ou des caractères débiles, des révoltés ou des automates, des conspirateurs ou des machines; ici point d'intermédiaire entre le tyran et l'esclave, entre le fou et l'animal; le juste milieu y est inconnu, la nature n'en veut pas; l'excès du froid comme celui du chaud pousse l'homme dans les extrêmes. Ce n'est pas à dire que les âmes fortes soient moins rares en Russie qu'ailleurs, au contraire, elles y sont plus rares, grâce à l'apathie du grand nombre ; l'exagération est un symptôme de faiblesse. Les Russes n'ont pas toutes les facultés qui répondent à toutes leurs ambitions.

Nonobstant les contrastes que je viens de vous indiquer, tous se ressemblent sous un rapport : tous sont légers ; parmi ces hommes du moment, l'oubli fait chaque matin avorter au réveil quelques-uns des projets du soir. On dirait que chez eux le cœur est l'empire du hasard ; rien ne tient contre leur facilité à tout adopter comme à tout abandonner. Ce sont des reflets ; ils rêvent et font rêver : ils ne naissent pas, ils apparaissent ; ils vivent et meurent sans avoir aperçu le côté sérieux de l'existence. Ni le bien ni le mal, rien chez eux n'a de réalité ; ils peuvent pleurer, ils ne peuvent pas être malheureux. Palais, montagnes, géants, sylphes, passions, solitude, foule brillante, bonheur suprême, douleur sans bornes : un quart d'heure de conversation avec eux vous fait passer devant les yeux de l'esprit tout un univers. Leur regard prompt et dédaigneux parcourt sans y rien admirer les produits de l'intelligence humaine pendant des siècles ; ils pensent se mettre au-dessus de tout, parce qu'ils méprisent tout; leurs éloges sont des insultes : ils louent en envieux, ils se prosternent, mais toujours à regret devant ce qu'ils croient les idoles de la mode. Mais au premier coup de vent, le nuage succède au tableau, et le nuage se dissipe à son tour. Poussière et fumée, chaos et néant, voilà tout ce qui peut sortir de ces têtes inconsistantes

Rien ne prend racine sur un sol si profondément mouvant. Là, tout s'efface, tout s'égalise, et le monde vaporeux où ils vivent et nous font vivre paraît et disparaît au gré de leur infirmité. Mais aussi dans cet élément fluide, rien ne finit; l'amitié, l'amour qu'on croyait perdus, revivent évoqués d'un regard, d'un mot, à l'instant où l'on y pense le moins; à la vérité, c'est pour être révoqués aussitôt que l'on a repris à la confiance. Sous la baguette toujours agissante de ces magiciens, la vie est une fantasmagorie continuelle; c'est un jeu fatigant, mais où les maladroits seuls se ruinent, car où tout le monde triche, personne n'est trompé : en un mot, ils sont faux comme l'eau, selon la poétique expression de Shakespeare dont les larges coups de pinceau sont des révélations de la nature!!

Ceci m'explique pourquoi, jusqu'à présent, ils

ont semblé voués par la Providence au gouvernement despotique : c'est par pitié autant que par habitude qu'on les tyrannise.

Si je ne m'adressais qu'à un philosophe tel que vous, ce serait ici le lieu d'insérer des détails de mœurs qui ne ressemblent à rien de ce que vous avez jamais lu, même en France, où l'on écrit et décrit tout; mais derrière vous je vois le public, et cette complication m'arrête : vous vous figurerez donc ce que je ne vous dis pas, ou, pour parler plus juste, vous ne vous le figurerez jamais. Les excès du despotisme qui, seuls, peuvent donner lieu à l'anarchie morale que je vois régner ici ne vous étant connus que par ouï-dire, les conséquences vous en paraîtraient incroyables.

Où la liberté légale manque, la liberté illégitime ne manque jamais; où l'usage est interdit, l'abus s'introduit; déniez le droit, vous suscitez la fraude; refusez la justice, vous ouvrez la porte au crime. Il en est de certaines constitutions politiques et de certaines sévérités sociales comme de la censure servie par des douaniers, lesquels ne laissent passer que les livres pernicieux parce qu'on ne se donne pas la peine de les tromper pour les écrits inoffensifs.

Il suit de là que Moscou est la ville de l'Europe où le mauvais sujet du grand monde a le plus ses coudées franches. Le gouvernement de ce pays est trop éclairé pour ne pas savoir que, sous le pouvoir absolu, il faut que la révolte éclate quelque part; et il l'aime mieux dans les mœurs que dans la politique. Voilà le secret de la licence des uns et de la tolérance des autres. Néanmoins la corruption des mœurs a ici plusieurs autres causes que je n'ai ni le temps ni le moyen de discerner.

En voici pourtant une à laquelle je dois vous rendre attentif. C'est le grand nombre de personnes bien nées, mais mal famées, qui tombées en disgrâce pour leurs déportements, se retirent et se fixent à Moscou.

Après les orgies que notre littérature moderne s'est plu à nous dépeindre, vous savez avec quels détails, mais dans une intention morale, s'il faut en croire nos écrivains, nous devrions nous trouver experts en matière de mauvaise vie. Hé, mon Dieu! je passe condamnation sur la soi-disant utilité de leur but; je tolère leurs prédications; mais j'y attache peu d'importance, vu qu'en littérature il y a quelque chose de pis que ce qui est immoral : c'est ce qui est ignoble; si, sous le prétexte de provoquer des réformes salutaires aux dernières classes de la société, on corrompt le goût des classes supérieures, on fait du mal. Faire parler ou seulement faire entendre aux femmes le langage des tabagies, faire aimer la grossièreté aux hommes du monde, c'est causer aux mœurs d'une nation un tort qu'aucune réforme légale ne peut compenser. La littérature est perdue chez nous parce que nos auteurs les plus spirituels, oubliant tout sentiment poétique, tout respect du beau, écrivent pour les habitués des omnibus et des barrières, et qu'au lieu d'élever ces nouveaux juges jusqu'aux aperçus des esprits délicats et nobles, ils s'abaissent jusqu'aux appétits des esprits les plus incultes et qui grâce au régime où on les met, vont être blasés d'avance sur tous les plaisirs raffinés. On fait de la littérature à l'eau forte, parce qu'avec la sensibilité on a perdu la faculté de s'intéresser aux choses simples; ceci est un mal plus grave que toutes les inconséquences qu'on signale dans les lois et dans les mœurs des vieilles sociétés; c'est encore une suite du matérialisme moderne qui réduit tout à l'utile et ne voit l'utile que dans les résultats les plus immédiats, les plus positifs de la parole. Malheur au pays où les maîtres de l'art se réduisent au rôle de substitut du préfet de police!!! Lorsqu'un écrivain se voit contraint de peindre le vice, il faut au moins qu'il redouble de respect pour le goût, et qu'il se propose la vérité idéale pour type de ses figures même les plus vulgaires. Mais trop souvent, sous les protestations de nos romanciers moralistes, ou pour mieux dire moralisants, on reconnaît moins d'amour pour la vertu que de cynisme d'opinion et d'indifférence pour le bon goût. La poésie manque à leurs œuvres parce que la foi manque à leur cœur. Ennoblir la peinture du vice comme l'a fait Richardson dans *Lovelace*, ce n'est pas corrompre les âmes, c'est éviter de salir les imaginations, de dégrader les esprits. Il y a là une intention morale au point de vue de l'art, et ce respect pour la délicatesse du lecteur me paraît bien autrement essentiel aux sociétés civilisées que la connaissance exacte des turpitudes de leurs bandits et des vertus et des naïvetés de leurs prostituées! Qu'on me pardonne cette excursion sur le terrain de la critique contemporaine; je me hâte de me renfermer dans les stricts et pénibles devoirs du voyageur véridique, lesquels malheureusement sont trop souvent en opposition avec les lois des compositions littéraires que je viens de vous rappeler par respect pour ma langue et pour mon pays.

Les écrits de nos peintres de mœurs les plus hardis ne sont que de bien faibles copies des originaux que j'ai journellement sous les yeux depuis que je suis en Russie.

La mauvaise foi nuit à tout, et surtout aux affaires de commerce; ici elle s'étend plus loin, elle gêne même les libertins dans l'exécution de leurs contrats les plus secrets.

Les continuelles altérations de la monnaie favorisent à Moscou tous les subterfuges; rien n'est précis dans la bouche d'un Russe, nulle promesse n'en sort bien définie ni bien garantie, et sa bourse gagne toujours quelque chose à l'incertitude de son langage. Cette confusion universelle arrête jusqu'aux transactions amoureuses parce que chacun des deux amants connaissant la duplicité de l'autre, veut être payé d'avance; de cette défiance réciproque il résulte l'impossibilité de conclure malgré la bonne volonté des parties contractantes.

Les paysannes sont plus rusées que les femmes de la ville; quelquefois ces jeunes sauvages doublement corrompues, manquent même aux premières règles de la prostitution, et ces *gâte-métier* se sauvent avec leur butin avant d'avoir acquitté la dette déshonorante contractée pour le recueillir.

Les bandits des autres pays tiennent à leurs serments; ils ont la bonne foi du brigandage, les courtisanes russes ou les femmes perdues qui rivalisent de mauvaise conduite avec ces créatures, n'ont rien de sacré, pas même la religion de la débauche, garantie nécessaire à l'exercice de leur profession. Tant il est vrai que le commerce même le plus honteux ne peut se passer de probité.

Un officier, homme d'un grand nom et de beaucoup d'esprit, me racontait ce matin que depuis les leçons qu'il avait reçues et chèrement payées, nulle beauté villageoise, quelque ignorante, quelque ingénue qu'elle lui paraisse, ne peut le décider à risquer plus qu'une promesse : « Si tu ne te fies pas à moi, je ne me fie pas à toi : » telle est la phrase qu'il oppose imperturbablement à toutes les instances qu'on lui fait.

La civilisation qui ailleurs élève les âmes, les pervertit ici. Les Russes vaudraient mieux s'ils restaient plus sauvages: policer des esclaves, c'est trahir la société. Il faut dans l'homme un fond de vertu pour porter la culture.

Grâce à son gouvernement, le peuple russe est devenu taciturne et trompeur; tandis qu'il était naturellement doux, gai, obéissant, pacifique et beau : certes voilà de grands dons : pourtant où la sincérité manque, tout manque. L'avidité mongolique de cette race et son incurable défiance se révèlent dans les moindres circonstances de la vie comme dans les affaires les plus graves : devez-vous six roubles à un artisan, il reviendra vingt fois vous les demander à moins que vous ne soyez un seigneur redouté. Dans les pays latins la promesse est regardée comme une chose sacrée, et la parole devient un gage qui se partage également entre celui qui le donne et celui qui le reçoit. Chez les Grecs et leurs disciples les Russes la parole d'un homme n'est que la fausse clef d'un voleur : elle sert à entrer chez les autres.

Faire le signe de la croix à tout propos dans la rue devant une image, le faire en se mettant à table, en se levant de table (ceci a lieu même chez les gens du grand monde), voilà tout ce qu'on enseigne de la religion grecque; le reste se devine.

L'intempérance (je ne parle pas seulement de l'ivrognerie des gens du peuple) est ici poussée à un tel degré qu'un des hommes les plus aimés à Moscou, un des boute-en-train de la société, disparaît chaque année pendant six semaines, ni plus, ni moins. On se demande alors ce qu'il est devenu :

« Il est allé se griser !!.. » et cette réponse satisfait tout.

Les Russes sont trop légers pour être vindicatifs; ce sont des dissipateurs élégants. Je me plais à vous le répéter : ils sont souverainement aimables; mais leur politesse, tout insinuante qu'elle est, dégénère parfois en une exagération fatigante. Alors elle me fait regretter la grossièreté, qui du moins aurait le mérite du naturel. La première loi pour être poli c'est de ne se permettre que les éloges qui peuvent être acceptés, les autres sont des insultes. La vraie politesse n'est qu'un code de flatteries bien déguisées; rien de si flatteur que la cordialité, car, pour pouvoir la manifester, il faut éprouver de la sympathie.

S'il y a des Russes très-polis, il y en a aussi de très-impolis; ceux-ci sont d'une indiscrétion choquante; à la manière des sauvages, ils s'informent de but en blanc des choses les plus graves comme des bagatelles les moins intéressantes; ils vous font à la fois des questions d'enfants et d'espions; ils vous assaillent de demandes impertinentes ou puériles, ils s'enquièrent de tout. Naturellement inquisitifs, les Slaves ne répriment leur curiosité que par la bonne éducation et par l'habitude du grand monde; mais ceux qui ne possèdent pas ces avantages ne se lassent jamais de vous mettre sur la sellette; ils veulent savoir le but et le résultat de votre voyage; ils vous demanderont hardiment et répéteront ces interrogatoires jusqu'à satiété : « Si vous préférez la Russie aux autres pays, si vous trouvez Moscou plus beau que Paris, le palais d'hiver à Pétersbourg plus magnifique que le château des Tuileries, Krasnacselo plus grand que Versailles, » et avec chaque nouvelle personne à laquelle on vous présente il faut recommencer de réciter ces espèces de chapitres de catéchisme, où l'amour-propre national interroge hypocritement l'urbanité de l'étranger. Cette vanité mal déguisée m'impatiente d'autant plus qu'elle se revêt toujours d'un masque de modestie grossièrement mielleuse, destiné à me duper. Je crois m'entretenir avec un écolier rusé, mais mal appris, et qui met son indiscrétion à l'aise, vu qu'il s'appuie dans ses rapports avec les autres sur la politesse qu'il n'a pas lui-même.

On m'a fait faire connaissance avec un personnage qui m'était annoncé comme un modèle assez curieux à observer : c'est un jeune homme d'un nom illustre, le prince***, fils unique d'un homme fort riche; mais ce fils dépense le double de ce qu'il a, et il traite son esprit et sa santé comme sa fortune. La vie de cabaret lui prend dix-huit heures sur vingt-quatre, le cabaret est son empire; c'est là qu'il règne, c'est sur cet ignoble théâtre qu'il déploie tout naturellement et sans le vouloir de grandes et nobles manières; il a une figure spirituelle et charmante, ce qui est un avantage partout, même dans ce monde-là où cependant le sentiment du beau ne domine pas; il est bon et malin, on cite de lui plusieurs traits d'une rare serviabilité, même d'une sensibilité touchante.

Ayant eu pour gouverneur un homme très-distingué, un vieil abbé français émigré, il est remarquablement instruit : son esprit vif est doué d'une grande sagacité, il plaisante d'une façon qui n'est qu'à lui; mais son langage et ses actions sont d'un cynisme qui paraîtrait intolérable partout ailleurs qu'à Moscou; sa physionomie agréable, mais inquiète, révèle la contradiction qu'il y a entre sa nature et sa conduite; usé de débauche avant d'avoir vécu, il est courageux dans une vie de dégradation, qui pourtant nuit au courage.

Ses habitudes de libertinage ont imprimé sur son visage les traces d'une décadence prématurée, toutefois ces ravages de la folie, non du temps, n'ont pu

LETTRE VINGT-NEUVIÈME.

altérer l'expression presqu'enfantine de ses traits nobles et réguliers. La grâce innée dure autant que la vie; et quelque effort que fasse pour la perdre l'homme qui la possède, elle lui reste fidèle malgré lui. Vous ne trouveriez en aucun autre pays un homme qui ressemble au jeune prince ***... Mais il y en a plus d'un ici.

On le voit entouré d'une foule de jeunes gens, ses disciples, ses émules, et qui sans valoir ce qu'il vaut pour l'esprit ni pour l'âme, ont tous entre eux un certain air de famille : ce sont des Russes enfin, et l'on reconnaît du premier coup d'œil qu'ils ne peuvent être que des Russes. Voilà pourquoi je vais m'astreindre à vous donner quelques détails sur la vie qu'ils mènent........ Mais déjà la plume me tombe des mains, car il faut vous révéler les liaisons de ces libertins, non pas avec des filles perdues, mais avec de jeunes religieuses très-mal cloîtrées comme vous l'allez voir ; j'hésite à vous faire le récit de ces faits qui rappellent un peu trop notre littérature révolutionnaire de 1793 : vous vous croirez aux Visitandines ; et à quoi bon, direz-vous, lever un coin du voile dont on devrait au contraire couvrir avec soin de tels désordres? Peut-être ma passion pour la vérité m'aveugle-t-elle, mais il me semble que le mal triomphe quand il reste secret, tandis que le mal public est à demi vaincu; d'ailleurs, n'ai-je pas résolu de vous faire le tableau de ce pays, tel que je le vois? Ceci n'est pas une composition, c'est un tableau véridique et le plus complet possible. Si je voyage, c'est pour peindre les sociétés comme elles sont, non pour les représenter comme elles devraient l'être. La seule loi que je m'impose par délicatesse, c'est de ne faire aucune allusion aux personnes qui désirent rester inconnues. Quant à l'homme que je choisis pour type des mauvais sujets les plus effrontés de Moscou, vous saurez qu'il pousse le dédain du blâme jusqu'à désirer, m'a-t-il dit, de vous être représenté par moi tel que je le vois. Si j'ai cité plusieurs faits racontés par lui, ce n'est pas sans me les faire confirmer par d'autres. Je ne veux pas vous laisser croire aux mensonges patriotiques des Russes bons sujets; vous finiriez par leur accorder que la discipline de l'Église grecque est plus sévère et plus efficace que ne le fut autrefois celle de l'Église catholique en France et ailleurs.

Donc, quand le hasard me fait connaître un acte atroce comme celui dont vous allez lire le récit très-abrégé, je me crois obligé de ne pas vous cacher ce crime énorme. Apprenez qu'il ne s'agit de rien moins que de la mort d'un jeune homme, tué dans le couvent de *** par les religieuses elles-mêmes. Le récit m'en fut fait hier en pleine table d'hôte, devant plusieurs personnages âgés et graves, devant des employés, des hommes en place, qui écoutaient avec une patience extraordinaire cette histoire et plusieurs autres histoires du même genre, toutes fort contraires aux bonnes mœurs; notez qu'ils n'eussent pas souffert la plus légère plaisanterie offensante pour leur dignité. Je crois donc à la vérité du fait, attesté d'ailleurs par plusieurs des personnes qui font partie du cortége du prince ***.

J'ai surnommé ce singulier jeune homme le don Juan de l'Ancien Testament, tant la mesure de sa folie et de son audace me paraît dépasser les bornes ordinaires du dévergondage chez les nations modernes; je ne saurais assez vous le répéter, rien n'est petit ni modéré en Russie; si ce n'est pas un pays de miracles selon l'expression de mon cicerone italien, c'est un pays de géants!....

Voici donc comment le fait m'a été raconté : un jeune homme après avoir passé un mois entier caché dans l'enceinte du couvent de nonnes de ***, finit par s'ennuyer de l'excès de son bonheur au point d'ennuyer à son tour les saintes filles auxquelles il était redevable de ses joies et de la satiété qui leur avait succédé. Il paraissait mourant : c'est alors que les nonnes, voulant se défaire de lui, mais craignant le scandale si elles le renvoyaient se faire enterrer dans le monde, s'imaginèrent, puisqu'il était condamné, qu'il valait mieux l'achever tout de suite chez elles. Aussitôt fait que pensé :.. au bout de quelques jours, le cadavre du malheureux a été retrouvé coupé en morceaux au fond d'un puits. L'affaire n'a point fait d'éclat.

S'il faut s'en rapporter aux mêmes autorités, la règle de la clôture n'est guère observée dans plusieurs des couvents de Moscou; l'un des amis du jeune prince *** montrait hier devant moi à toute la cohorte des mauvais sujets le rosaire d'une novice oublié, disait-il, le matin même, dans sa chambre, à lui; un autre faisait trophée d'un livre de prières qu'il assurait avoir appartenu à l'une des sœurs réputées les plus saintes de la communauté de ***... et l'auditoire applaudissait !!..

Je n'en finirais pas, si je m'imposais la loi de vous redire tous les récits du même genre auxquels ces histoires ont donné lieu pendant le dîner de la table d'hôte; chacun avait son anecdote scandaleuse à joindre à celle des autres; et tous ces contes n'excitaient que de grands éclats de rire ; la gaieté, toujours plus exaltée par le vin d'Aï qui coulait à flots dans des coupes évasées et plus capables de satisfaire l'intempérance moscovite que nos anciens cornets à vin de Champagne, est devenue de l'ivresse ; au milieu du désordre général, le jeune prince *** et moi nous avions seuls conservé la raison : lui, parce qu'il peut boire plus que tout le monde ; moi, parce que je ne puis pas boire du tout : je n'avais donc pas bu.

Tout à coup, le Lovelace du Kremlin se lève d'un air solennel et, avec l'autorité que lui donne sa fortune, son grand nom, sa jolie figure, mais surtout la supériorité de son esprit et de son caractère, il demande à l'assemblée le silence et, à ma grande surprise, il l'obtient. Je croyais lire la description poétique d'une tempête calmée à la voix de quelque dieu païen. Le jeune dieu propose à ses amis apaisés soudain par la gravité de son aspect, d'apostiller une supplique adressée à l'autorité compétente, au nom de toutes les courtisanes de Moscou, qui remontreraient humblement que les anciens couvents de filles rivalisant de la plus damnable manière avec les *communautés profanes*, cette concurrence rend le métier facile au point qu'il ne peut plus être lucratif ; les pauvres filles de joie ajouteraient respectueusement, disait le prince, que, leurs charges n'étant pas diminuées dans la même proportion que leur lucre, elles osent espérer de l'équité de messieurs *tels* et *tels* qu'ils voudront bien prélever sur les revenus desdits couvents une subvention devenue nécessaire, si l'on ne veut pas voir incessamment les religieuses soi-disant cloîtrées forcer les recluses civiles à leur céder la place. La motion mise aux voix est adoptée aux acclamations générales; on demande de l'encre et du papier, et, séance tenante, le jeune fou, avec une dignité magistrale, rédige en très-bon français un acte trop scandaleusement burlesque pour que je me permette de vous le transcrire ici mot à mot. J'en possède une copie; mais c'est bien assez, si ce n'est trop, pour vous et pour moi, du résumé que vous venez de lire.

La communication de cette pièce d'éloquence fut ordonnée, et elle eut lieu, séance tenante. L'auteur en fit la lecture à trois reprises et à haute et intelligible voix, en présence de toute l'assemblée, non sans recevoir les marques d'approbation les plus flatteuses.

Voilà ce qui s'est passé, ce que j'ai vu et entendu hier dans l'auberge de ***, l'une des plus achalan-

LETTRE VINGT-NEUVIÈME.

dées de Moscou. C'était le lendemain de l'agréable dîner que j'avais fait au joli pavillon de ***. Vous le voyez, l'uniformité a beau être une loi de l'État, la nature vit de variété et défend ses droits à tout prix.

Pensez, je vous prie, que je vous épargne bien des détails, et que j'adoucis beaucoup ceux que je ne vous épargne point. Si j'étais plus vrai, on ne me lirait pas; Montaigne, Rabelais, Shakespeare et tant d'autres grands peintres châtieraient leur style s'ils écrivaient pour notre siècle; à plus forte raison faut-il que ceux qui n'ont pas les mêmes droits à l'indépendance surveillent leurs expressions.

Pour raconter les mauvaises choses l'ignorance trouve certaines paroles innocentes, qui échappent à des esprits avertis, comme nous le sommes; et la pruderie des temps actuels, si elle n'est respectable, est au moins redoutable. La vertu rougit, mais l'hypocrisie rugit; c'est plus effrayant.

Le chef de la troupe des débauchés qui campent à l'auberge de ***, car on ne peut dire qu'ils y logent, est doué d'une si parfaite élégance, son air est si distingué, sa tournure est si agréable, il y a tant de bon goût jusque dans ses folies, tant de bonté se peint sur son visage, tant de noblesse perce dans son maintien, et jusque dans ses discours les plus audacieux, enfin il a si bien l'air d'un mauvais sujet de grande maison qu'on le plaint plus qu'on ne le blâme. Il domine de très-haut les compagnons de ses excès; il ne paraît nullement fait pour la mauvaise compagnie et l'on ne peut s'empêcher de le plaindre et de prendre intérêt à lui, quoiqu'il soit en grande partie responsable des écarts de ses imitateurs; la supériorité, même dans le mal, exerce toujours son prestige; que de talents, que de dons perdus! pensais-je en l'écoutant....

Il m'avait engagé pour aujourd'hui à une partie de campagne qui doit durer deux jours. Mais je viens d'aller le trouver *à son bivouac* pour me dégager.

J'ai prétexté la nécessité d'avancer mon voyage à Nijni, et il m'a rendu ma liberté.

Mais avant de l'abandonner au cours de la folie qui l'entraîne, je veux vous le dépeindre tel qu'il vient de m'apparaître. Voici le spectacle qui m'était préparé dans la cour de l'auberge où l'on me força de descendre pour assister au décampement de la horde des libertins. Cet adieu était une vraie bacchanale.

Figurez-vous une douzaine de jeunes gens déjà plus qu'à moitié ivres, se disputant bruyamment les places de trois calèches, chacune attelée de quatre chevaux : leur chef les écrasait du geste, de la voix et de la mine. Un groupe de curieux, l'aubergiste à leur tête, suivi de tous les valets de la maison et de l'écurie, l'admiraient, l'enviaient et le bafouaient, mais s'ils se moquaient de lui, c'était tout bas et avec une révérence apparente. Lui cependant debout dans sa voiture découverte, jouait son rôle avec une gravité qui ne paraissait nullement affectée ; il dominait de la tête tous les groupes, il avait placé entre ses pieds un seau, ou pour mieux dire un grand baquet plein de bouteilles de vin de Champagne frappé de glace. Cette espèce de cave portative était la provision de la route ; il voulait, disait-il, se rafraîchir le gosier que la poussière du chemin allait dessécher. Près de partir, un de ses adjudants, qu'il appelait le général des bouchons, en avait déjà fait sauter deux ou trois et le jeune fou prodiguait par flots aux assistants le vin des adieux, vin précieux, car c'était du meilleur vin de Champagne qu'on pût trouver à Moscou. Dans ses mains deux coupes toujours vides étaient incessamment remplies par le général des bouchons, le plus zélé de ses satellites. Il buvait l'une et offrait l'autre au premier venu. Ses gens portaient la grande livrée, excepté son cocher, jeune serf qu'il avait récemment amené de ses terres. Cet homme était habillé avec une recherche peu ordinaire, et plus remarquable dans son apparente simplicité que la magnificence galonnée des autres valets. On lui voyait une chemise de soie écrue, précieux tissu qui vient de la Perse, et par-dessus cette étoffe brillait un cafetan du casimir le plus fin, bordé du plus beau velours de soie : le cafetan s'ouvrait sur la poitrine et laissait voir la soie de l'Orient, plissée à plis imperceptibles tant ils sont fins. Les dandys de Pétersbourg veulent que les plus jeunes et les plus beaux de leurs gens soient ainsi parés aux jours de fête. Le reste du costume répondait à tant de luxe; des bottes de cuir de Torjeck, brodées au passé en superbes fils d'or et d'argent dessinant des fleurs, étincelaient aux pieds du manant ébloui de sa propre parure, et tellement parfumé que même en plein air et à quelques pas de la voiture, j'étais offusqué des essences qui s'exhalaient de ses cheveux, de sa barbe et de ses habits. L'homme le plus élégant dans un salon ne porte pas chez nous d'aussi belles étoffes que celles qu'on voyait sur le dos de ce cocher modèle.

Après avoir donné à boire à toute l'auberge, le jeune maître, en fait de folie, se penche vers cet homme ainsi paré et lui présente une coupe écu-

LETTRE VINGT-NEUVIÈME.

mante prête à déborder : Bois, lui dit-il... Le pauvre mugic doré ne savait, dans son inexpérience, quel parti prendre... «Bois donc, lui dit son seigneur (on m'a traduit la phrase), bois donc, maraud : ce n'est pas pour toi, coquin, que je te donne ce vin de Champagne, c'est pour tes chevaux qui n'auront pas la force de fournir toute la course au grand galop si le cocher n'est pas ivre : » et toute l'assemblée d'éclater de rire et de répondre par des hourras et des applaudissements. Le cocher ne fut pas difficile à persuader ; il en était à la troisième rasade, quand son maître, le chef de la bande des étourdis, donna le signal du départ, en me renouvelant, avec une politesse exquise, l'expression de ses regrets de n'avoir pu me décider à l'accompagner dans cette partie de plaisir. Il me paraissait si distingué que, tandis qu'il parlait, j'oubliais le lieu de la scène, et me croyais à Versailles au temps de Louis XIV.

Il part enfin pour le château où il devait passer trois jours. Ces messieurs appellent cela une *chasse d'été*.

Vous devinerez comment ils se distraient à la campagne des ennuis de la ville ; c'est en faisant toujours la même chose ; ils continuent là leur train de vie de Moscou... *au moins :* ce sont les mêmes scènes, mais avec de nouvelles figurantes. Ils emportent dans ces voyages des cargaisons de gravures d'après les plus célèbres tableaux de la France et de l'Italie, qu'ils se proposent de faire représenter avec quelques modifications de costume, par des personnages vivants.

Les villages et tout ce qu'ils contiennent sont à eux ; or, vous pensez bien que le droit du seigneur, en Russie, va plus loin qu'à l'Opéra-Comique de Paris.

L'auberge de ***, accessible à tout le monde, est située sur une des places publiques de la ville, à deux pas d'un corps de garde rempli de Cosaques dont la tenue roide, l'air triste et sévère, donne aux étrangers l'idée d'un pays où personne n'oserait rire, même le plus innocemment du monde.

Puisque je me suis imposé le devoir de vous donner de ce pays l'idée que j'en ai moi-même, je suis encore forcé de joindre au tableau que je viens de vous esquisser quelques nouveaux échantillons de la conversation des hommes que je viens de faire passer un moment devant vos yeux.

L'un se vante d'être ainsi que ses frères, fils des heiduques et des cochers de leur père, et il boit et fait boire les convives à la santé de tous ses parents.... inconnus!.... L'autre réclame l'honneur d'être frère.... (de père) de toutes les filles de service de sa mère.

Ces turpitudes ne sont pas toutes également vraies, il y a là beaucoup de fanfaronnade, sans doute; mais inventer de pareilles infamies pour s'en glorifier, c'est une corruption d'esprit qui dénote un mal profond, et pire, ce me semble, que les actions mêmes de ces libertins, tout insensées qu'elles sont.

Si l'on en croit ces messieurs, les bourgeoises de Moscou ne se conduisent pas mieux que les grandes dames.

Pendant les mois où les maris vont à la foire de Nijni, les officiers de la garnison n'ont garde de quitter la ville. C'est l'époque des rendez-vous faciles : elles y viennent ordinairement accompagnées de quelques respectables parentes à la garde desquelles les ont confiées les maris absents. On va jusqu'à payer les complaisances et le silence de ces duègnes de famille; cette espèce de galanterie ne peut s'appeler de l'amour; point d'amour sans pudeur, tel est l'arrêt prononcé de toute éternité contre les femmes qui se trompent de bonheur et qui se dégradent au lieu de se purifier par la tendresse. Les défenseurs des Russes prétendent qu'à Moscou les femmes n'ont pas d'amants : je dis comme eux; il faudrait se servir de quelqu'autre terme pour désigner *les amis* qu'elles vont ainsi chercher en l'absence des maris.

Je suis, je vous le répète, très-disposé à douter de tout ce qu'on me raconte en ce genre; mais je ne puis douter qu'on ne le raconte plaisamment et complaisamment au premier étranger venu; et l'air de triomphe du conteur signifie : *ed anch' io, son pittore!...* et nous aussi, nous sommes civilisés!...

Plus je considère la manière de vivre de ces débauchés de haut parage, et moins je m'explique la position sociale, pour parler le langage du jour, qu'ils conservent ici malgré des écarts qui, dans d'autres pays, leur feraient fermer toutes les portes. J'ignore comment ces mauvais sujets affichés sont vus dans leurs familles, mais j'atteste qu'en public chacun leur fait fête; leur apparition est le signal de la joie générale, leur présence fait plaisir même aux hommes plus âgés qui ne les imitent pas, sans doute, mais qui les encouragent par leur tolérance. On court au-devant d'eux, c'est à qui leur donnera la main, à qui les plaisantera sur *leurs aventures,*

LETTRE VINGT-NEUVIÈME.

enfin c'est à qui leur témoignera son admiration à défaut d'estime.

En voyant l'accueil qu'ils reçoivent généralement, je me demande ce qu'il faudrait faire ici pour perdre la considération.

Par une marche contraire à celle des peuples libres, dont les mœurs deviennent toujours plus puritaines, si ce n'est plus pures à mesure que la démocratie gagne du terrain dans les constitutions, on confond ici la corruption avec les institutions libérales, et les mauvais sujets distingués y sont admirés comme les hommes de la minorité le sont chez nous, quand ils ont du mérite.

Le jeune prince *** n'a commencé sa carrière de libertin qu'à la suite d'un exil de trois ans au Caucase où le climat a ruiné sa santé. C'est au sortir du collége qu'il encourut cette peine pour avoir cassé des carreaux de vitre dans quelques boutiques de Pétersbourg; le gouvernement, ayant voulu voir une intention politique dans ce désordre innocent, a fait, par son excessive sévérité, d'un étourdi encore enfant un homme corrompu, perdu pour son pays, pour sa famille et pour lui-même [1].

[1] On m'assure que depuis mon retour en France il s'est marié et qu'il vit très-raisonnablement. (*Note de l'Auteur.*)

Telles sont les aberrations dans lesquelles le despotisme, le plus immoral des gouvernements, peut faire tomber les esprits.

Ici toute révolte paraît légitime, même la révolte contre la raison, contre Dieu! Rien de ce qui sert à l'oppression n'est respectable, pas même ce qui s'appelle saint par toute la terre. Où l'ordre est oppressif, tout désordre a ses martyrs, et tout ce qui tient de l'insurrection est du dévouement. Un Lovelace, un don Juan et pis encore, s'il est possible, seront érigés en libérateurs, uniquement parce qu'ils auront encouru des châtiments légaux; tant la considération s'attache au délit quand la justice abuse!.. Alors le blâme ne tombe que sur le juge. Les excès du commandement sont si énormes que toute espèce d'obéissance est en exécration, et qu'on avoue la haine des bonnes mœurs comme on dirait ailleurs: « Je déteste le gouvernement arbitraire. »

J'avais apporté en Russie un préjugé que je n'ai plus : je croyais, avec beaucoup de bons esprits, que l'autocratie tirait sa principale force de l'égalité qu'elle fait régner au-dessous d'elle; mais cette égalité est une illusion; je me disais et l'on me disait : quand un seul homme peut tout, les autres hommes sont tous égaux; c'est-à-dire également nuls; ce n'est pas un bonheur, mais c'est une consolation. Cet argument était trop logique pour n'être pas réfuté par le fait. Il n'y a pas de pouvoir absolu en ce monde; mais il y a des pouvoirs arbitraires et capricieux, et, quelque abusifs que puissent devenir de tels pouvoirs, ils ne sont jamais assez pesants pour établir l'égalité parfaite parmi leurs sujets.]

L'Empereur de Russie peut tout. Mais si cette faculté du souverain contribue à la patience de quelques grands seigneurs dont elle apaise l'envie, croyez bien qu'elle n'influe guère sur l'esprit de la masse. L'Empereur ne fait pas tout ce qu'il peut, car s'il le faisait souvent, il ne le pourrait pas longtemps; or, tant qu'il ne le fait pas, la condition du noble qu'il laisse debout reste terriblement différente de celle du mugic ou du petit marchand écrasé par le seigneur. Je soutiens qu'il y a aujourd'hui en Russie plus d'inégalité réelle dans les conditions que dans tout autre pays de l'Europe. L'égalité au-dessous du joug est ici la règle, l'inégalité l'exception; mais, sous le régime du caprice, l'exception l'emporte.

Les faits humains sont trop compliqués pour les soumettre à la rigueur d'un calcul mathématique, aussi vois-je régner sous l'Empereur, entre les castes qui composent l'Empire, des haines qui n'ont leur source que dans l'abus des pouvoirs secondaires.

En général, les hommes ont ici le langage doucereux, ils vous disent d'un air mielleux que les serfs russes sont les paysans les plus heureux de la terre. Ne les écoutez pas, ils vous trompent, beaucoup de familles de serfs, dans les cantons reculés, souffrent même de la faim; plusieurs périssent par la misère et les mauvais traitements; partout l'humanité pâtit en Russie, et les hommes qu'on vend avec la terre pâtissent plus que les autres; mais ils ont droit aux choses de première nécessité, nous dit-on : droit illusoire pour qui n'a aucun moyen de le faire valoir.

Il est, dit-on encore, dans l'intérêt des seigneurs de subvenir aux besoins de leurs paysans. Mais tout homme entend-il toujours bien ses intérêts? Chez nous celui qui se conduit déraisonnablement perd sa fortune, voilà tout; or, comme ici la fortune d'un homme c'est la vie d'une foule d'hommes, celui qui régit mal ses biens fait mourir de faim des villages entiers. Le gouvernement, quand il voit des excès trop criants, et Dieu sait combien de temps il lui faut pour les apercevoir, met, pour guérir le mal, le mauvais seigneur en tutelle; mais cette mesure toujours tardive ne ressuscite pas les morts. Vous figurez-vous la masse de souffrances et d'iniquités inconnues qui doit être produite par de telles mœurs, sous une telle constitution et sous un pareil climat? Il est difficile de respirer librement en Russie lorsqu'on songe à tant de souffrances.

Les Russes sont égaux, non devant les lois qui sont nulles, mais devant la fantaisie du souverain qui ne peut pas tout, quoi qu'on en dise; c'est-à-dire que sur soixante millions d'hommes, il y aura un homme en dix ans choisi pour servir à prouver que cette égalité subsiste. Mais le souverain n'osant pas souvent user d'une marotte pour sceptre, succombe lui-même sous le faix du pouvoir absolu : homme borné, il se laisse dominer par des distances de lieux, par des ignorances de faits, par des coutumes, par des subalternes.

Or, remarquez que chaque grand seigneur a dans sa sphère étroite les mêmes difficultés à vaincre, avec des tentations auxquelles il lui est plus difficile encore de résister, parce qu'étant moins en vue que l'Empereur, il est moins contrôlé par l'Europe et par son propre pays : il résulte de cet ordre, ou pour parler plus juste, de ce désordre social, solidement fondé, des disparates, des inégalités, des injustices inconnues aux sociétés où la loi seule peut changer les rapports des hommes entre eux.

Il n'est donc pas vrai de dire que la force du despotisme réside dans l'égalité de ses victimes, elle n'est que dans l'ignorance de la liberté, et dans la peur de la tyrannie. Le pouvoir d'un maître absolu est un monstre toujours prêt d'en enfanter un pire : la tyrannie du peuple.

A la vérité l'anarchie démocratique ne peut durer; tandis que la régularité produite par les abus de l'autocratie perpétue de génération en génération sous l'apparence de la bienfaisance, l'anarchie morale, le pire des maux, et l'obéissance matérielle, le plus dangereux des biens : l'ordre civil qui voile un tel désordre moral est un ordre trompeur.

[La discipline militaire appliquée au gouvernement d'un État est encore un puissant moyen d'oppression et c'est elle qui plus que la fiction de l'égalité fait en Russie la force abusive du souverain. Mais cette force redoutable ne se tourne-t-elle pas souvent contre celui qui en use? Tels sont les maux dont la Russie est incessamment menacée : anarchie populaire poussée jusqu'à ses dernières conséquences, si la nation se révolte; et si elle ne se révolte pas, prolongation de la tyrannie qu'elle subit avec plus ou moins de rigueur selon les temps et les localités.

N'oubliez pas pour bien apprécier les difficultés de la situation politique de ce pays que le peuple sera d'autant plus terrible dans sa vengeance qu'il est plus ignorant, et que sa patience a duré plus longtemps. Un gouvernement qui ne rougit de rien, parce qu'il se pique de faire ignorer tout et qu'il s'en arroge la force, est plus effrayant que solide : dans la nation, malaise; dans l'armée, abrutissement; dans le pouvoir, terreur partagée par ceux mêmes qui se font craindre le plus; servilité dans l'Église, hypocrisie dans les grands, ignorance et misère dans le peuple, et la Sibérie pour tous : voilà le pays tel que l'ont fait la nécessité, l'histoire, la nature, la Providence, toujours impénétrable en ses desseins....

Et c'est avec un corps si caduque que ce géant, à peine sorti de la vieille Asie, s'efforce aujourd'hui de peser de tout son poids dans la balance de la politique européenne !...

Par quel aveuglement, avec des mœurs bonnes à civiliser les Boukarres et les Kirguises, ose-t-on bien s'imposer la tâche de gouverner le monde? Bientôt on voudra être non-seulement au niveau, mais au-dessus des autres nations. On voudra, on veut dominer dans les conseils de l'Occident, tout en comptant pour rien les progrès qu'a faits la diplomatie depuis trente ans en Europe. Elle est devenue sincère : on ne respecte la sincérité que chez les autres ; et comme une chose utile à qui n'en use pas.

A Pétersbourg, mentir c'est faire acte de bon citoyen ; dire la vérité, même sur les choses les plus indifférentes en apparence, c'est conspirer. Vous perdrez la faveur de l'Empereur, si vous avouez qu'il est enrhumé du cerveau : la vérité, voilà l'ennemi, voilà la révolution ; le mensonge, voilà le repos, le bon ordre, l'ami de la constitution ; voilà le vrai patriote !... La Russie est un malade qui se traite par le poison.[1]

---

[1] Pendant que j'imprime ceci, le *Journal des Débats* proteste en faveur d'un Russe qui vient d'oser imprimer dans une brochure ce que tout le monde sait : c'est que les Romanow, moins nobles que lui, sont montés sur le trône au commencement du XVIIe siècle, par l'effet d'une élection contestée contre les Troubetzkoï, élus d'abord, et contre les prétentions de plusieurs autres grandes familles. Cet avénement fut agréé moyennant quelques formes libérales introduites dans la constitution. Le monde a vu où ces garanties ont mené la Russie.

Vous voyez d'un coup d'œil toute la résistance que devrait opposer à cette invasion masquée l'Europe rajeunie par cinquante ans de révolutions et mûrie par trois cents ans de discussions plus ou moins libres. Elle remplit ce devoir, vous savez comment!

Mais encore une fois qui a pu forcer ce colosse si mal armé à venir se battre ainsi sans cuirasse, à guerroyer ou du moins à lutter en faveur d'idées qui ne l'intéressent pas, d'intérêts qui n'existent pas encore pour lui? car l'industrie même ne fait que de naître en Russie.

Ce qui l'y force, c'est uniquement le caprice de ses maîtres et la gloriole de quelques grands seigneurs qui ont voyagé. Ainsi ce jeune peuple et ce vieux gouvernement courent ensemble tête baissée au-devant des embarras qui font reculer les sociétés modernes et leur font regretter le temps des guerres politiques, les seules connues dans les anciennes sociétés. Malencontreuse vanité de parvenus! vous étiez à l'abri des coups, vous vous y exposez sans mission.

Terribles conséquences de la vanité politique de quelques hommes!... Ce pays, martyr d'une ambition qu'à peine il comprend, tout bouillonnant, tout saignant, tout pleurant au dedans, veut paraître calme pour devenir fort; et tout blessé qu'il est il cache ses plaies!...... et quelles plaies? un cancer dévorant! Ce gouvernement chargé d'un peuple qui succombe sous le joug ou qui brise tout frein, s'avance d'un front serein contre des ennemis qu'il va chercher, il leur oppose un air calme, une allure fière, un langage ferme, menaçant ou du moins un langage qui peut faire soupçonner une pensée menaçante,.... et tout en jouant cette comédie politique il se sent le cœur piqué des vers.

Ah! je plains la tête d'où partent et où répondent les mouvements d'un corps si peu sain!... Quel rôle à soutenir! Défendre par de continuelles supercheries une gloire fondée sur des fictions ou tout au moins sur des espérances!! Quand on pense qu'avec moins d'efforts on ferait un vrai grand peuple, de vrais grands hommes, un vrai héros, on n'a plus assez de pitié pour le malheureux objet des appréhensions et de l'envie de l'Univers, pour l'Empereur de Russie, qu'il s'appelle Paul, Pierre, Alexandre ou Nicolas!

Ma pitié va plus loin, elle s'étend jusqu'à la nation tout entière; il est à craindre que cette société égarée par l'aveugle orgueil de ses chefs ne s'enivre du spectacle de la civilisation avant d'être civilisée ; il en est d'un peuple comme d'un homme : pour que le génie moissonne, il faut qu'il laboure, il faut qu'il se soit préparé par de profondes et solitaires études à porter la renommée.

La vraie puissance, la puissance bienfaisante n'a pas besoin de finesse. D'où vient donc toute celle que vous employez? elle vient du venin que vous renfermez en vous-même et que vous ne nous cachez qu'à peine. Que de ruses, que de mensonges toujours trop innocents, que de voiles toujours trop transparents ne faut-il pas mettre en usage pour déguiser une partie de votre but et pour vous faire tolérer dans un rôle usurpé! Vous, les régulateurs des destinées de l'Europe! y pensez-vous? Vous, défendre la cause de la civilisation chez des nations super ilisées quand le temps n'est pas loin où vous étiez vous-mêmes une horde disciplinée par la terreur, et commandée par des sauvages..... à peine musqués! Ah! c'est un problème trop dangereux à résoudre ; vous vous êtes immiscés dans un emploi qui passe les forces humaines. En remontant à la source du mal, on trouve que toutes ces fautes ne sont que l'inévitable conséquence du système de fausse civilisation adoptée il y a cent cinquante ans par Pierre Ier. La Russie ressentira les suites de l'orgueil de cet homme plus longtemps qu'elle n'admirera sa gloire, je le trouve plus extraordinaire qu'héroïque : c'est ce que beaucoup de bons esprits reconnaissent déjà sans oser l'avouer tout haut.

Si le Czar Pierre, au lieu de s'amuser à habiller des ours en singes, si Catherine II, au lieu de faire de la philosophie, si tous les souverains de la Russie enfin eussent voulu civiliser leur nation par elle-même, en cultivant lentement les admirables germes que Dieu avait déposés dans le cœur de ces peuples, les derniers venus de l'Asie, ils auraient moins ébloui l'Europe, mais ils eussent acquis une gloire plus durable et plus universelle, et nous verrions aujourd'hui cette nation continuer sa tâche providentielle, c'est-à-dire la guerre aux vieux gouvernements de l'Asie. La Turquie d'Europe elle-même subirait cette influence sans que les autres États pussent se plaindre de cet accroissement d'un pouvoir, réellement bienfaisant; au lieu de cette force irrésistible, la Russie n'a aujourd'hui chez nous que la puissance que nous lui accordons, c'est-à-dire celle d'un parvenu plus ou moins habile à faire oublier son origine, sa fortune, et valoir son crédit apparent. La souveraineté sur des peuples plus barbares et plus esclaves qu'elle-même lui est due, elle est dans ses destinées, elle est écrite, passez-moi l'expression, dans les fastes de son avenir; son influence sur des peuples plus avancés est précaire.

Mais à présent que cette nation a *déraillé* sur la grande voie de la civilisation, nul homme ne peut lui faire reprendre sa ligne. Dieu seul sait où il l'attend : voilà ce que je pressentais à Pétersbourg, et ce que je vois clairement à Moscou.

Il faut le répéter, Pierre-le-Grand ou plutôt l'impatient, fut la cause première de cette erreur, et l'admiration aveugle dont il est encore aujourd'hui l'objet justifie l'émulation de ses successeurs, qui croient lui ressembler parce qu'ils éternisent la fausse politique de ce demi-génie, rival acharné des Suédois plutôt que régénérateur des Russes. Copier éternellement les autres nations afin de paraître civilisé avant de l'être, voilà la tâche imposée par lui à la Russie.

Il faut l'avouer, le résultat immédiat de ses plans tient du prodige. Comme directeur de spectacle, le Czar Pierre est le premier des hommes; mais l'action positive de ce génie aussi barbare, aussi dénué de cœur, quoique plus instruit que les esclaves qu'il discipline, est lente et pernicieuse; c'est aujourd'hui seulement qu'elle s'accomplit et qu'on peut la juger définitivement. Le monde n'oubliera pas que les seules institutions d'où la liberté russe pouvait naître, les deux chambres, ont été abolies par ce prince.

Dans tous les genres, dans les arts, dans les sciences, dans la politique, il n'y a de grands hommes que par comparaison. Voilà pourquoi il y eut tel siècle et tel pays où l'on fut grand homme à peu de frais. Le Czar Pierre est arrivé dans un de ces siècles et de ces pays-là, non qu'il n'eût un caractère élevé et d'une force extraordinaire; mais son esprit minutieux bornait ses volontés. Le mal qu'il a fait lui survit, car il a forcé ses héritiers de jouer la comédie sans cesse comme il la jouait lui-même. Quand il n'y a point d'humanité dans les lois, et, ce qui est pis, point d'inflexibilité dans l'application des lois, le souverain succombe à sa propre justice; ce qui n'empêche pas les Russes de nous répéter avec emphase, à tout propos, que la peine de mort est abolie chez eux; d'où ils nous obligent à conclure, selon eux, que la Russie est de toutes les nations de l'Europe la plus civilisée... juridiquement parlant.

LETTRE VINGT-NEUVIÈME. 71

Ces hommes d'apparence comptent pour rien le knout *ad libitum* et ses cent un coups! Ils en ont le droit : l'Europe ne les voit pas donner. Ainsi, dans ce royaume des façades, des misères ignorées, des cris sans échos, des réclamations sans résultat, la jurisprudence même sera devenue une illusion d'amour-propre, et contribuera pour sa part à l'heureux effet d'optique de la grande mécanique à coulisses qu'on montre aux étrangers sous le nom de l'Empire russe. Et voilà où peuvent tomber la politique, la religion, la justice, l'humanité, la sainte vérité, chez une nation si pressée de monter sur le vieux théâtre du monde, qu'elle aime mieux n'être rien pour agir tout de suite, que de se préparer lentement dans une féconde obscurité à devenir quelque chose pour agir plus tard! Les rayons du soleil mûrissent le fruit, mais ils brûlent la graine.

Je pars demain pour Nijni. Si je prolongeais mon séjour à Moscou, je ne pourrais plus voir cette foire dont le terme approche. Je ne finirai ma lettre que ce soir, en revenant de Pétrowski, où je vais entendre les bohémiens russes.

Je viens de choisir dans l'auberge une chambre que je garderai pendant mon absence, parce que je suis parvenu à m'y faire une cachette pour y déposer tous mes papiers, car je n'oserais m'aventurer sur le chemin de Kazan avec tout ce que j'ai écrit depuis mon départ de Pétersbourg; et je ne connais personne ici à qui je voulusse confier ces dangereuses lettres. L'exactitude dans le récit des faits et l'indépendance dans les jugements, la vérité enfin, est ce qu'il y a de plus suspect en Russie; c'est de cela qu'est peuplée la Sibérie... sans oublier pourtant le vol et l'assassinat, association qui aggrave d'une manière infâme le sort des condamnés politiques.

(*Suite de la même lettre.*)

Le même jour, à minuit.

Je reviens de Pétrowski, où j'ai vu la salle de danse, qui est belle; elle s'appelle, je crois, le Waux-Hall. Avant l'ouverture d'un bal qui m'a paru assez triste, on m'a fait entendre les bohémiens russes. Ce chant sauvage et passionné a quelques rapports éloignés avec celui des gitanos d'Espagne. Les mélodies du Nord sont moins voluptueuses, moins vives que les mélodies andalouses, mais elles produisent une impression de mélancolie plus profonde. Il y en a qui veulent être gaies; elles ont plus de tristesse que les autres. Les bohémiens de Moscou chantent sans instruments des chœurs qui ont de l'originalité, mais quand on n'entend pas le sens des paroles de cette musique expressive et nationale, on perd beaucoup.

Duprez m'a dégoûté du chant qui ne rend l'idée que par des sons ; sa manière de phraser la musique et d'accentuer la parole pousse l'expression aussi loin qu'elle peut aller ; la force des sentiments est centuplée par ce chant passionné, et la pensée portée sur les ailes de la mélodie, atteint aux dernières limites de la sensibilité humaine, qui prend sa source sur les confins de l'âme et du corps ; ce qui ne parle qu'à l'esprit va moins loin. Voilà ce que Duprez a fait de la poésie chantée ; il a réalisé la tragédie lyrique, si longtemps et si vainement cherchée en France par des talents incomplets ; c'est que pour réussir à faire révolution dans l'art, il fallait d'abord savoir le métier mieux que personne. Quand on a pu admirer cette merveille, on devient difficile et souvent injuste pour le reste. Il y a une foule de voix qui me font regretter les instruments. Négliger la parole comme moyen d'expression musicale, c'est abdiquer, c'est méconnaître la vraie poésie de la musique vocale, c'est en borner la puissance qui n'a été complétement et systématiquement révélée au public français que par Duprez lorsqu'il a ressuscité Guillaume Tell. Voilà pourquoi ce grand artiste a sa place marquée dans l'histoire de l'art.

La nouvelle école de chant en Italie, dont Ronconi est aujourd'hui le chef, revient aussi aux grands effets de l'ancienne musique par l'expression de la parole, et c'est encore Duprez qui, depuis ses brillants débuts sur le théâtre de Naples, a contribué à ce retour; car il poursuit son œuvre à travers toutes les langues et pousse ses conquêtes chez tous les peuples.

Les femmes qui faisaient les parties de dessus dans les chœurs des bohémiens ont des physionomies orientales; leurs yeux sont d'un éclat et d'une vivacité extraordinaires. Les plus jeunes m'ont paru charmantes; les autres, avec leurs rides déjà profondes quoique prématurées, leur teint de bistre, leurs cheveux noirs, pourraient servir de modèles à des peintres. Elles expriment dans leurs diverses mélodies plusieurs sentiments; elles peignent surtout admirablement la colère. On me dit que la troupe de chanteurs bohémiens que je vais trouver à Nijni est la plus distinguée de la Russie. En attendant que je puisse rendre justice à ces virtuoses ambulants, je dois dire que ceux de Moscou m'ont fait grand plaisir, surtout lorsqu'ils chantaient en chœur des morceaux dont l'harmonie m'a paru savante et compliquée.

J'ai trouvé l'opéra national un détestable spectacle représenté dans une belle salle; c'était *le Dieu et la Bayadère*, traduit en russe !... A quoi bon employer la langue du pays pour ne nous donner qu'un libretto de Paris défiguré ?

Il y a aussi à Moscou un spectacle français où M. Hervet, dont la mère avait un nom connu à Paris, joue les rôles de Bouffé fort naturellement. J'ai vu *Michel Perrin* rendu par cet acteur avec une simplicité, une rondeur qui m'a fait grand plaisir, malgré mes souvenirs du Gymnase. Quand une pièce est vraiment spirituelle, il y a plusieurs manières de la jouer : les ouvrages qui perdent tout en pays étrangers sont ceux où l'auteur demande à l'acteur l'esprit du personnage, et c'est ce que n'ont pas fait MM. Mélesville et Duveyrier dans le *Michel Perrin* de madame de Bawr.

J'ignore jusqu'à quel point les Russes entendent notre théâtre : je ne me fie pas trop au plaisir qu'ils ont l'air de prendre à la représentation des comédies françaises; ils ont le tact si fin qu'ils devinent la mode avant qu'elle soit proclamée; ceci leur épargne l'humiliation d'avouer qu'ils la suivent. La délicatesse de leur oreille et les sons variés des voyelles, la multitude des consonnes, les divers genres de sifflements auxquels il faut s'exercer pour parler leur langue, les habituent dès l'enfance à vaincre toutes les difficultés de la prononciation. Ceux même qui ne savent dire que peu de mots français les prononcent comme nous. Par là ils nous font une illusion perfide; nous croyons qu'ils entendent notre langue aussi bien qu'ils la parlent, et nous sommes dans l'erreur. Le petit nombre de ceux qui ont voyagé ou qui sont nés dans un rang où l'éducation est nécessairement très-soignée, comprennent seuls la finesse de l'esprit parisien; nos plaisanteries et nos délicatesses échappent à la masse. Nous nous défions des autres étrangers, parce que leur accent nous est désagréable ou nous paraît ridicule, et pourtant, malgré la peine qu'ils ont à parler notre langue, ceux-ci nous comprennent au fond mieux que les Russes, dont l'imperceptible et douce *cantilène* nous séduit d'abord et les aide à nous tromper, tandis qu'ils n'ont le plus souvent que l'apparence des idées, des senti-

LETTRE VINGT-NEUVIÈME.

ments et de la compréhension que nous leur attribuons. Dès qu'il faudrait causer avec un peu d'abandon, conter une histoire, dépeindre une impression personnelle, le prestige cesse et la fraude apparaît au grand jour. Mais ils sont les hommes les plus habiles du monde à cacher leurs bornes : dans l'intimité, ce talent diplomatique fatigue.

Un Russe me montrait hier dans son cabinet une petite bibliothèque portative qui me paraissait un modèle de bon goût. Je m'approche de cette collection pour ouvrir un volume qui me paraît étrange; c'était un manuscrit arabe recouvert en vieux parchemin. « Vous êtes bien heureux, vous savez l'arabe? dis-je au maître de la maison. — Non, me répondit-il; mais j'ai toujours toutes sortes de livres autour de moi : cela donne bon air à une chambre. »

A peine cette naïveté lui était-elle échappée, que l'expression de mon visage lui fit sentir, malgré moi, qu'il venait de s'oublier. Alors, bien assuré qu'il était de mon ignorance, il se mit à me traduire d'invention quelques passages de ce manuscrit, et il le fit avec une volubilité, une fluidité, une loquèle digne du latin du Médecin malgré lui; son adresse m'aurait trompé, si je n'eusse été sur mes gardes; mais averti comme je l'étais par l'embarras qu'il n'avait pu me dissimuler d'abord, je vis clairement qu'il voulait réparer sa franchise et me donner à penser, *sans le dire*, que l'aveu qu'il venait de me faire n'était qu'une plaisanterie. Cette finesse, toute profonde qu'elle était, fut perdue.

Tels sont cependant les jeux d'enfants où se réduisent les peuples, quand leur amour-propre souffrant les met en rivalité de civilisation avec des nations plus anciennes!...

Il n'y a ni ruse ni mensonge dont leur dévorante vanité ne devienne capable dans l'espoir que nous dirons en retournant chez nous : « On a pourtant eu tort d'appeler ces gens-là : les barbares du Nord. » Cette qualification ne leur sort pas de la tête : ils la rappellent à tout propos aux étrangers avec une humilité ironique; et ils ne s'aperçoivent pas que par cette susceptibilité même, ils donnent des armes contre eux à leurs détracteurs.

J'ai loué une voiture du pays pour aller à Nijni afin de ménager la mienne; mais cette espèce de *tarandasse* à ressorts [1] n'est guère plus solide que

[1] La vraie tarandasse est, comme je vous l'ai dit, une caisse de calèche posée sans ressorts sur deux brancards qui unissent le train de devant à celui de derrière.

ma calèche, c'est la remarque que faisait tout à l'heure une personne du pays qui était venue assister aux apprêts de mon départ! « Vous m'inquiétez, lui répliquai-je, car je suis ennuyé de casser à chaque poste.

— Pour une longue route, je vous conseillerais d'en prendre une autre, si toutefois vous en pouviez trouver à Moscou dans cette saison; mais le voyage est si court que celle-ci vous suffira. »

Ce court voyage pour aller et revenir avec le détour que je compte faire par Troïtza et Yarowslaw est de quatre cents lieues; notez que dans ces quatre cents lieues, il y en a bien à ce qu'on m'assure cent cinquante de chemins détestables : rondins, souches d'arbres enfoncées dans la tourbe, sables profonds avec des pierres mouvantes, etc., etc., etc. A la manière dont les Russes apprécient les distances, on s'aperçoit qu'ils habitent un pays grand comme l'Europe, la Sibérie à part.

Un des traits les plus séduisants de leur caractère, à mon avis, c'est leur aversion pour les objections; ils ne connaissent ni difficultés ni obstacles. Ils savent vouloir. En cela l'homme du peuple participe à l'humeur tant soit peu gasconne des grands seigneurs; avec sa hachette qu'il ne quitte jamais, un paysan russe triomphe d'une foule d'accidents et d'embarras qui arrêteraient les villageois de nos contrées, et il dit oui à tout ce qu'on lui demande.

SOMMAIRE DE LA LETTRE TRENTIÈME.

Routes de l'intérieur de la Russie. — Fermes, maisons de campagne. — Aspect des villages. — Monotonie des sites. — Vie pastorale des paysans. — Femmes de la campagne bien habillées et belles. — Beauté des vieillards russes. — Aspect qu'ils donnent aux villages. — Rencontre d'un voyageur. — Ruse raffinée, attribuée aux Polonais. — Nuit d'auberge à Troïtza. — Définition de la malpropreté. — Pestalozzi. — Intérieur du couvent. — Pèlerins. — Le kibitka. — Saint Serge. — Souvenirs patriotiques. — Image de saint Serge. — Tombeau de Boris Godounoff. — Bibliothèque du couvent : les moines refusent de la montrer. — Inconvénients d'un voyage dans l'intérieur de la Russie. — Mauvaise qualité de l'eau dans toute la Russie. — Pourquoi on voyage dans ce pays. — Ce qu'est en Russie la passion du vol.

LETTRE TRENTIÈME.

Au couvent de Troïtza, à vingt lieues de Moscou, ce 17 août 1839.

A en croire les Russes, tous les chemins seraient bons chez eux pendant l'été; même ceux qui ne sont pas des grandes routes : moi, je les trouve tous mauvais. Une voie inégale, quelquefois large comme un champ, quelquefois fort étroite, passe dans des sables où les chevaux s'enfonçant jusqu'au-dessus du genou, perdent haleine, rompent leurs traits, et refusent de tirer tous les vingt pas; si l'on sort du sable c'est pour tomber dans des boues où se jouent de grosses pierres et d'énormes souches de bois qui brisent les voitures en dansant sous les roues, et en éclaboussant les voyageurs; voilà les chemins de ce pays en toutes saisons, excepté aux époques de l'année où ils deviennent absolument impraticables par l'excès du froid dont la rigueur rend les voyages périlleux, ou par la fonte des neiges et par les inondations, tourbillons sans courant, qui transforment les basses plaines en lacs pendant deux ou trois mois de l'année, six semaines après l'hiver et autant après l'été........

le reste du temps ce sont des marécages. Ces routes toutes semblables entre elles sont bordées de paysages, toujours les mêmes. Deux lignes de petites maisons de bois plus ou moins ornées de ciselures peintes et le pignon regardant inévitablement la rue, chaque maison flanquée d'un bâtiment à deux fins, espèce de cour couverte, ou de vaste hangar clos de trois côtés : voilà le village russe ! Toujours et partout cet unique aspect vous frappe ! Les paroisses sont plus ou moins rapprochées selon que la province est plus ou moins peuplée : mais rares ou nombreux tous se répètent ; il en est de même du site : plaine ondulée, tantôt marécageuse, tantôt sablonneuse : quelques champs, quelques pâturages ceints de forêts de pins, tantôt éloignés, tantôt rapprochés du chemin : quelquefois bien venants, le plus souvent étiolés et grêles : voilà la nature dans ces vastes contrées !!... On rencontre de loin en loin quelques maisons de campagne, quelques fermes d'assez belle apparence : deux grandes allées de bouleaux servent d'avenues à ces habitations qui sont des seigneuries, et que le voyageur salue de la route comme des oasis.

Il y a quelques provinces où la chaumière est bâtie en terre; mais alors son apparence plus misérable est pourtant encore assez semblable à celle des cabanes de bois ; d'un bout de l'Empire à l'autre le plus grand nombre des habitations rurales est construit en longues et grosses solives mal équarries et soigneusement calfeutrées avec de la mousse et de la résine. La Crimée, pays tout à fait méridional, fait exception ; d'ailleurs comparé à l'étendue de l'Empire, ce n'est qu'un point perdu dans l'immensité.

La monotonie est la divinité de la Russie · néanmoins, cette monotonie même a quelque charme pour les âmes capables de jouir de la solitude : le silence est profond dans ces sites invariables ; il devient quelquefois sublime au milieu de la plaine déserte qui n'a de bornes que celles de notre vue.

La forêt lointaine ne varie pas, elle n'est pas belle, mais qui peut la sonder ? Quand on pense qu'elle ne finit qu'à la muraille de la Chine, on est saisi de respect : la nature comme la musique tire une partie de sa puissance des répétitions. Etrange mystère ! c'est par l'uniformité qu'elle multiplie les impressions ; en cherchant à trop renouveler les effets, on tombe dans le fade et dans le lourd : c'est ce qui arrive aux musiciens modernes quand ils sont privés de génie ; mais au contraire lorsque l'artiste brave le danger de la simplicité l'art devient sublime comme la nature. Le style classique, ce mot est ici employé dans l'ancienne acception, n'est pas varié.

La vie pastorale a toujours du charme : ses occupations calmes et régulières conviennent à l'homme primitif; elles maintiennent longtemps la jeunesse des races. Les pâtres qui ne s'éloignent jamais de leur terre natale sont sans contredit les moins à plaindre des Russes. Leur beauté même, qui devient plus frappante en approchant du gouvernement de Yarowslaw, prouve pour leur manière de vivre.

J'ai rencontré, chose nouvelle pour moi en Russie, quelques paysannes fort jolies, aux cheveux d'or, au teint blanc, à la peau délicate et à peine colorée, aux yeux d'un bleu pâle, mais expressifs par leur coupe asiatique et par leurs regards languissants. Si ces jeunes vierges, avec leurs traits semblables à ceux des madones grecques, avaient la tournure et la vivacité de mouvement des femmes espagnoles elles seraient les créatures les plus séduisantes de la terre. Un grand nombre de femmes de ce gouvernement m'ont paru bien habillées. Elles portent par-dessus leur jupe de drap une petite redingote bordée de fourrures. Cette courte houppelande, finissant au-dessus du genou, prend bien la taille, et donne de la grâce à toute la personne.

Je n'ai vu en aucun pays autant de beaux fronts chauves ou de beaux cheveux blancs que dans cette partie de la Russie. Les têtes de Jéhova, ces chefs-d'œuvre du premier élève de Léonard de Vinci, ne sont pas des conceptions aussi idéales que je le croyais lorsque j'admirais les fresques de Luini à Lainate, à Lugano, à Milan. Ces têtes se retrouvent ici vivantes; au seuil de chaque cabane de beaux vieillards au teint frais, aux joues pleines, aux yeux bleus et brillants, à la physionomie reposée, à la barbe d'argent qui luit au soleil autour d'une bouche dont elle rehausse le sourire bienveillant et calme, semblent autant de dieux protecteurs placés à l'entrée des villages. Le voyageur, à son passage, est salué par ces nobles figures majestueusement assises sur la terre qui les a vus naître; vraies statues antiques, emblèmes de l'hospitalité, un païen les adorerait : les chrétiens les admirent avec un respect involontaire, car dans la vieillesse, la beauté n'est plus physique, c'est le chant triomphal de l'âme après la victoire......

Il faut venir chez les paysans russes pour retrouver la pure image de la société patriarcale et pour remercier Dieu de l'heureuse existence qu'il a départie, malgré les fautes des gouvernements, à ces créatures inoffensives dont la naissance et la mort ne sont séparées que par une longue suite d'années d'innocence.

Ah !.... que l'ange ou le démon de l'industrie et des lumières me pardonne ! je ne puis m'empêcher de trouver un grand charme à l'ignorance lorsque j'en vois le fruit dans la physionomie céleste des vieux paysans russes.

Ces patriarches modernes se reposent noblement au déclin de leur vie; travailleurs exempts de la corvée, ils se débarrassent de leur fardeau, vers la fin du jour, et s'asseyent avec dignité sur le seuil de la chaumière qu'ils ont peut-être rebâtie plusieurs fois, car sous ce rude climat la maison de l'homme ne dure pas autant que sa vie. Quand je ne rapporterais de mon voyage en Russie que le souvenir de ces vieillards sans remords, appuyés contre ces portes sans serrures, je ne regretterais pas la peine que j'ai prise pour venir voir des créatures si différentes de tous les autres paysans du monde. La noblesse de la chaumière m'inspire toujours un profond respect.

Tout gouvernement fixe, quelque mauvais qu'il soit d'ailleurs, a son bon résultat, et tout peuple policé a de quoi se consoler des sacrifices qu'il fait à la vie sociale.

Néanmoins, au fond de ce calme que je partage et que j'admire, quel désordre! que de violence! quelle sécurité trompeuse!...

J'en étais là de ma lettre, quand un homme de ma connaissance, aux discours duquel on peut ajouter foi, parti de Moscou quelques heures après moi, arrive à la poste de Troïtza. Sachant que je devais passer la nuit dans ce lieu, il a fait demander à me voir pendant qu'il relayait; il vient de me confirmer ce que je savais : c'est que quatre-vingts villages ont été incendiés tout dernièrement dans le gouvernement de Sembirsk, à la suite de la révolte des paysans. Les Russes attribuent ces troubles aux intrigues des Polonais. « Quel intérêt les Polonais ont-ils à brûler la Russie? dis-je à la personne qui me racontait le fait. — Aucun, me répondit-elle, si ce n'est qu'ils espèrent attirer contre eux-mêmes la colère du gouvernement russe; tout

ce qu'ils craignent, c'est qu'on ne les laisse en paix. — Vous me rappelez, m'écriai-je, les bandes d'incendiaires qui, au commencement de notre première révolution, accusaient les aristocrates de brûler leurs propres châteaux. — Vous n'en croyez pas ma parole, répliqua le Russe; cependant j'observe de près les choses, et je sais par expérience que chaque fois que les Polonais voient l'Empereur pencher vers la clémence, ils forment de nouveaux complots; alors ils envoient chez nous des émissaires déguisés, et simulent des conspirations à défaut de crimes réels; le tout uniquement pour attiser la haine des Russes, et pour provoquer de nouvelles condamnations contre eux et leurs concitoyens; en un mot, ils ne redoutent rien tant que le pardon, parce que la douceur du gouvernement russe changerait le cœur de leurs paysans, qui finiraient par aimer *l'ennemi*, s'ils en recevaient des bienfaits.
— Ceci me paraît du machiavélisme héroïque, répliquai-je; mais je n'y crois pas. D'ailleurs, que ne leur pardonnez-vous, pour les punir? Vous seriez en même temps plus adroits et plus grands qu'eux. Mais vous les haïssez; et je crois bien plutôt que les Russes, pour justifier leur rancune, accusent la victime et cherchent, dans tout ce qui arrive de

malheureux chez eux, quelque prétexte pour appesantir leur joug sur des adversaires dont l'ancienne gloire est un crime irrémissible ; d'autant qu'il faut en convenir, la gloire polonaise n'était pas modeste. —Non plus que la gloire française, reprit malignement mon ami... (je le connaissais de Paris); mais vous jugez mal notre politique, parce que vous ne connaissez ni les Russes ni les Polonais. — Refrain ordinaire de vos compatriotes lorsqu'on ose leur dire des vérités déplaisantes ; les Polonais sont faciles à connaître ; ils parlent toujours, je me fie aux bavards plus qu'aux hommes qui ne disent que ce qu'on ne se soucie pas de savoir. — Il faut pourtant que vous ayez bien de la confiance en moi. — En vous personnellement, oui ; mais quand je me souviens que vous êtes Russe, j'ai beau vous connaître depuis dix ans, je me reproche mon imprudence, c'est-à-dire ma franchise. — Je prévois que vous nous arrangerez mal, à votre retour chez vous. — Si j'écrivais, peut-être ; mais, comme vous le dites, je ne connais pas les Russes, et je me garderai de parler au hasard de cette impénétrable nation. — C'est ce que vous pouvez faire de mieux. — A la bonne heure ; mais n'oubliez pas qu'une fois connus pour être dissimulés, les hommes les plus réservés sont appréciés comme s'ils étaient démasqués. — Vous êtes trop satirique et trop pénétrant pour des barbares tels que nous. » Là-dessus mon ancien ami remonte en voiture et part au galop, et moi je retourne à ma chambre pour vous transcrire notre dialogue. Je cache mes nouvelles lettres parmi des papiers d'emballage; car j'ai toujours peur de quelque perquisition secrète ou même à force ouverte pour découvrir le fond de mes pensées; mais je me figure que ne trouvant rien dans mon écritoire ni dans mon portefeuille, on se tranquilliserait. Je vous ai dit, d'ailleurs, le soin que je prends pour éloigner le feldjæger lorsque je veux écrire; de plus, j'ai établi qu'il n'entre jamais dans ma chambre sans m'en faire demander la permission par Antonio. Un Italien peut lutter de finesse avec un Russe. Celui-ci est depuis quinze ans auprès de moi comme valet de chambre; il a la tête politique des Romains modernes, et le noble cœur des anciens. Je ne me serais pas hasardé dans ce pays avec un domestique ordinaire, ou je me serais abstenu d'écrire; mais Antonio contre-minant l'espionnage du feldjæger m'assure quelque liberté.

LETTRE TRENTIÈME.

(Suite de la même lettre.)

Troïtza, ce 18 août 1839.

S'il fallait m'excuser des redites et de la monotonie, il faudrait vous demander pardon de voyager en Russie. Le retour fréquent des mêmes impressions est inévitable dans tous les voyages consciencieux ; mais dans celui-ci plus que dans tout autre.... Voulant vous donner l'idée la plus exacte possible du pays que je parcours, il faut que je vous dise exactement, heure par heure, ce que j'éprouve : c'est le seul moyen de justifier ce que je penserai plus tard.

Troïtza est, après Kiew, le pèlerinage le plus célèbre et le plus fréquenté de la Russie. Situé à vingt lieues de Moscou, ce monastère historique m'a paru valoir la peine de m'y arrêter un jour, et d'y passer la nuit afin de voir en détail les sanctuaires révérés des chrétiens russes.

Mais pour m'acquitter de ma tâche, il m'a fallu ce matin un effort de raison : après une nuit pareille à celle que je viens de passer, on n'a plus la moindre curiosité ; le dégoût physique l'emporte sur tout.

Des personnes réputées à Moscou pour impartiales, m'avaient assuré que je trouverais à Troïtza un gîte fort supportable. En effet, le bâtiment où l'on reçoit les étrangers, espèce d'auberge appartenant au couvent, mais située hors de l'enceinte sacrée, est un corps de logis spacieux et qui contient des chambres assez habitables en apparence : néanmoins à peine couché, mes précautions ordinaires se sont trouvées en défaut; j'avais gardé de la lumière selon ma coutume, et ma nuit s'est passée à me battre contre des nuées de bêtes; elles étaient noires, brunes, il y en avait de toutes les formes et je crois de toutes les espèces. Elles m'apportaient la fièvre et la guerre : la mort de l'une d'entre elles semblait attirer la vengeance de son peuple, qui se ruait sur moi à la place où le sang avait coulé; je luttais en désespéré, m'écriant dans ma rage : « Il « ne leur manque que des ailes pour faire de ceci « l'enfer! » Ces insectes laissés là par les pèlerins qui affluent à Troïtza de toutes les parties de l'Empire, pullulent à l'abri de la châsse de saint Serge, le fondateur de ce fameux couvent. La bénédiction du ciel se répand sur leur postérité, qui multiplie en cet asile sacré plus qu'en aucun autre lieu du monde. Voyant les légions que j'avais à combattre se renouveler sans cesse, je perdais courage et le mal de la peur devint pire pour moi que le mal

LETTRE TRENTIÈME.

réel; car je ne pouvais me persuader que cette hideuse armée ne renfermât pas quelques escadrons invisibles et dont la présence me serait révélée au grand jour. L'idée que la couleur de leur armure protégeait ceux-ci contre mes recherches, me rendait fou : ma peau était brûlante, mon sang bouillonnait, je me sentais dévoré par d'imperceptibles ennemis; et dans ce moment, je crois que si l'on m'eût donné le choix, j'aurais mieux aimé combattre des tigres que cette milice des gueux, qui fait leur richesse; car, on jette l'argent aux mendiants de peur des présents en nature que le pauvre, s'il était rebuté, pourrait faire au riche dédaigneux. Cette milice fait aussi trop souvent la gloire des saints, car l'extrême austérité marche quelquefois de compagnie avec la malpropreté, alliance impie et contre laquelle les vrais amis de Dieu ne peuvent tonner assez haut. Et que deviendrai-je, moi, pécheur, stigmatisé sans profit pour le ciel par la vermine de la pénitence? me disais-je avec un désespoir qui m'aurait paru comique dans un autre; me lever, marcher au milieu de ma chambre, ouvrir les fenêtres, tout cela me calmait un instant; mais le fléau me poursuivait partout. Les chaises, les tables, les plafonds, les pavés, les murs, étaient vivants ; je n'osais m'approcher d'un meuble, de peur de revenir infecter ensuite tout ce qui est à moi. Mon valet de chambre est entré chez moi avant l'heure convenue, il avait éprouvé les mêmes angoisses et de plus grandes, car le malheureux ne voulant, ne pouvant pas grossir nos bagages, n'a pas de lit; il pose sa paillasse à terre afin d'éviter les canapés et les meubles du pays avec tous leurs accessoires. Si j'insiste sur ces inconvénients, c'est qu'ils vous donnent la mesure des vanteries des Russes, et du degré de civilisation matérielle où sont parvenus les habitants de la plus belle partie de cet Empire. En voyant entrer ce pauvre Antonio les yeux rapetissés, le visage enflé, je n'eus pas besoin de le questionner ; sans parler, il me montra un manteau devenu brun de bleu qu'il était la veille. Ce manteau étendu sur une chaise me paraissait mobile, c'était une broderie dont les fleurs rappelaient les dessins des tapis de Perse; à cette vue l'effroi nous saisit l'un et l'autre; l'eau, l'air, le feu, tous les éléments dont nous pouvions disposer furent mis à contribution; mais dans une pareille guerre la victoire elle-même est encore une douleur ; enfin purifié et habillé du mieux que je pus, je fis semblant de déjeuner et me rendis au couvent, où m'attendait une autre armée d'ennemis; mais cette fois la cavalerie légère, cantonnée dans les plis du froc des moines grecs, ne me causait plus la moindre frayeur, je venais de soutenir l'assaut de bien d'autres soldats; après les combats de géants de la nuit, la guerre en plein jour et les escarmouches des éclaireurs me paraissaient un jeu : pour parler sans figures, la morsure des punaises et la peur des poux m'avait tellement aguerri contre les puces, que je ne m'inquiétais pas plus des légères nuées de ces bêtes soulevées sous nos pas dans les églises et autour des trésors du couvent, que de la poudre du chemin ou de la cendre de l'âtre. Mon indifférence était telle qu'elle me faisait honte à moi-même : il y a des maux auxquels on rougit de se résigner; c'est presque avouer qu'on les mérite... Cette matinée et la nuit qui l'a précédée ont réveillé toute ma pitié pour les pauvres Français restés prisonniers en Russie, après l'incendie et la retraite de Moscou. La vermine, cet inévitable produit de la misère, est de tous les maux physiques celui qui m'inspire la plus profonde compassion. Quand j'entends dire d'un homme : il est si malheureux qu'il en est sale, mon cœur se fend. La malpropreté est quelque chose de plus que ce qu'elle paraît;

elle décèle aux yeux d'un observateur attentif, une dégradation morale pire que les maux du corps; cette lèpre, pour être jusqu'à un certain point volontaire, n'en devient que plus immonde; c'est un phénomène qui procède de nos deux natures : il y a en elle du moral et du physique; elle est le résultat d'une infirmité combinée de l'âme et du corps; c'est tout ensemble un vice et une maladie.

J'ai eu bien souvent dans mes voyages l'occasion de me rappeler les observations pleines de sagacité de Pestalozzi, le grand philosophe pratique, le précepteur des ouvriers bien avant Fourier et les saint-simoniens; il résulte de ses observations sur la manière de vivre des gens du peuple que de deux hommes qui ont les mêmes habitudes l'un peut être sale et l'autre propre. La netteté du corps tient à la santé, au tempérament de l'homme autant qu'au soin qu'il prend de sa personne. Dans le monde, ne voit-on pas des individus fort recherchés, et cependant fort malpropres? Quoi qu'il en soit il règne parmi les Russes un degré de négligence sordide; toute nation policée devrait s'abstenir d'un tel excès de résignation : je crois qu'ils ont dressé la vermine à survivre au bain.

LETTRE TRENTIÈME.

Malgré ma mauvaise humeur je me suis fait montrer en détail l'intérieur du couvent patriotique de la Trinité. Son enceinte n'a pas l'aspect imposant de nos vieux monastères gothiques. On a beau dire que ce n'est pas l'architecture qu'on vient chercher en un lieu sacré : si ces fameux sanctuaires valaient la peine d'être regardés, ils ne perdraient rien de leur sainteté ni les pèlerins de leur mérite.

Sur une éminence s'élève une ville entourée de fortes murailles crénelées : c'est le couvent. Comme les cloîtres de Moscou, il a des flèches et des coupoles dorées qui brillent au soleil, surtout vers le soir, et qui annoncent de loin aux pèlerins le but de leur pieux voyage.

Pendant la belle saison, les chemins d'alentour sont couverts de voyageurs qui marchent en procession ; et dans les villages, des groupes de fidèles, couchés sous des bouleaux, mangent ou dorment à l'ombre ; à chaque pas, on rencontre un paysan chaussé d'une espèce de sandale en écorce de tilleul ; ce rustre marche souvent près d'une femme qui porte ses souliers à la main, tandis qu'elle se garantit avec une ombrelle des rayons du soleil que les Moscovites redoutent en été plus que les habitants des pays méridionaux. Un kibitka attelé d'un cheval suit au pas le ménage ambulant; ils ont dans cet équipage de quoi se coucher et de quoi faire du thé! Le kibitka doit ressembler au chariot des anciens Sarmates. Cette voiture est d'une simplicité primitive, la moitié d'un tonneau coupé en long est posée sur deux brancards à essieux semblables à un affût de canon : voilà le corps du char; il est quelquefois muni d'une capote, c'est-à-dire d'une grande écuelle de bois renversée. Cette couverture d'un aspect un peu barbare est placée en long, de côté, sur les brancards, et elle ferme tout un pan de la voiture à la façon de la capote d'un char à bancs suisse.

Les hommes et les femmes de la campagne qui savent se coucher partout, excepté dans des lits, cheminent étendus tout de leur long dans ces voitures légères et pittoresques; parfois l'un des pèlerins veillant sur ceux qui dorment, s'assied les jambes pendantes au bord du kibitka et berce de songes patriotiques ses compagnons endormis. Il fait alors entendre des chants sourds et plaintifs où le regret parle plus haut que l'espérance, regret mélancolique et jamais passionné : tout est réprimé, prudent, chez ce peuple naturellement léger et enjoué, mais rendu taciturne par son éducation. Si le sort des races ne me paraissait écrit au ciel, je dirais que les Slaves étaient nés pour peupler une terre plus généreuse que celle qu'ils sont venus habiter lorsqu'ils sortirent de l'Asie, la grande pépinière des nations.

Le premier oppresseur des Russes, c'est le climat : n'en déplaise à Montesquieu, l'extrême froid me semble encore plus favorable que le chaud au despotisme : les hommes les plus libres de la terre, peut-être, ne sont-ce pas les Arabes?..... Les rigueurs de la nature, quelles qu'elles soient, inspirent aux hommes la rudesse et la cruauté.... Mais à quoi bon formuler la règle, quand presque tous les faits sont dans l'exception?

En sortant de l'hôtellerie du couvent, on traverse une place et l'on entre dans l'enceinte religieuse. On trouve là d'abord une allée d'arbres, puis quelques petites églises surnommées cathédrales, de hauts clochers séparés des églises dont ils dépendent, et plusieurs chapelles, sans compter de nombreux corps de logis parsemés dans l'espace, sans ordre ni dessin : c'est dans ces bâtisses dénuées de style et de caractère que sont logés aujourd'hui les disciples de saint Serge.

Ce fameux solitaire fonda en 1338 le couvent de Troïtza, dont l'histoire se confond souvent avec celle de la Russie entière : dans la guerre contre le khan Mamaï, ce saint homme aida de ses conseils Dmitry Ivanowitch, et la victoire du prince reconnaissant enrichit les moines politiques : plus tard, leur monastère fut détruit par de nouvelles hordes de Tatares, mais le corps de saint Serge, miraculeusement retrouvé sous les décombres, donna un nouveau renom à cet asile de la prière, qui fut rebâti par Nicon à l'aide des dons pieux des Czars ; plus tard encore, en 1609, les Polonais assiégèrent pendant seize mois ce couvent devenu à cette époque l'asile des défenseurs de la patrie ; l'ennemi ne put emporter d'assaut la sainte forteresse, il fut forcé d'en lever le siége à la plus grande gloire de saint Serge, et à la joie pieuse de ses successeurs qui surent bien mettre à profit l'efficacité de leurs prières. Les murailles sont surmontées d'une galerie couverte : j'en ai fait le tour ; elles ont près d'une demi-lieue et sont garnies de tourelles. Mais de tous les souvenirs patriotiques qui rendent ce lieu célèbre, le plus intéressant, ce me semble, c'est celui de la fuite de Pierre-le-Grand, sauvé par sa mère de la fureur des strélitz, qui le poursuivirent dans la cathédrale de la Trinité jusqu'à l'autel de saint Serge, où l'attitude du jeune héros de dix ans fit rendre les armes aux soldats révoltés.

Toutes les églises grecques se ressemblent : les peintures qu'elles renferment sont toujours byzantines, c'est-à-dire sans naturel, sans vie et dès lors sans variété ; la sculpture manque partout : elle est remplacée par des dorures, des ciselures sans style : c'est riche, ce n'est pas beau ; enfin je n'y vois que des cadres où les tableaux disparaissent : c'est insipide autant que magnifique.

Tous les personnages marquants de l'histoire de Russie ont pris plaisir à enrichir ce couvent, dont le trésor regorge d'or, de diamants, de perles : l'univers a été mis à contribution pour grossir cet amas de richesses réputé une merveille, mais que je contemple avec un étonnement approchant de la stupéfaction plus que de l'admiration. Les Czars, les Impératrices, les grands seigneurs dévots, les libertins, les vrais saints eux-mêmes ont lutté de libéralité pour enrichir, chacun à leur manière, le trésor de Troïtza. Dans cette collection historique, les simples habits et les calices de bois de saint Serge brillent par leur rusticité au milieu des plus magnifiques présents, et contrastent dignement avec les pompeux ornements d'église offerts par le prince Potemkin, qui lui non plus n'a pas dédaigné Troïtza.

Le tombeau de saint Serge, dans la cathédrale de la Trinité, est d'une richesse éblouissante. Ce couvent aurait fourni un riche butin aux Français; mais depuis le xive siècle, il n'a pas été pris.

Il renferme neuf églises qui, avec leurs clochers et leurs coupoles, brillent d'un vif éclat; mais elles sont petites et se perdent dans la vaste enceinte où elles sont dispersées.

La châsse du saint est en vermeil; des colonnes d'argent et un baldaquin de même métal, don de l'Impératrice Anne, la protégent. L'image de saint Serge passe pour miraculeuse; Pierre-le-Grand s'en fit accompagner dans ses campagnes contre Charles XII.

Non loin de cette châsse, à l'abri des vertus du solitaire, repose le corps de l'usurpateur assassin, Boris Godounoff, entouré des restes de plusieurs personnes de sa famille. Ce couvent renferme beaucoup d'autres tombeaux fameux. Ils sont informes: c'est tout à la fois l'enfance et la décrépitude de l'art.

J'ai vu la maison de l'Archimandrite et le palais

des Czars. Ces édifices n'ont rien de curieux. Aujourd'hui le nombre des moines ne s'élève, m'a-t-on dit, qu'à cent; ils étaient autrefois plus de trois cents.

Malgré mes vives et longues instances, on n'a pas voulu me montrer la bibliothèque; mon interprète m'a toujours rendu la même réponse : « C'est défendu!... »

Cette pudeur des moines qui cachent les trésors de la science, tandis qu'ils étalent ceux de la vanité, m'a paru singulière. J'ai conclu de là qu'il y avait moins de poussière sur leurs joyaux que sur leurs livres.

Le même jour, au soir, Dernicki, hameau entre Périaslavle, petite ville de province, et Yaroslaf, capitale du gouvernement auquel elle donne son nom.

Il faut convenir que c'est une singulière manière d'entendre son plaisir que de voyager pour s'amuser dans un pays où il n'y a pas de grandes routes[1], pas d'auberges, pas de lits, pas même de paille pour se coucher; car je suis obligé de remplir de

---

[1] Ce qu'on appelle de ce nom dans le reste de l'Europe n'existe encore en Russie qu'entre Pétersbourg et Moscou, et en partie entre Pétersbourg et Riga.

foin mon matelas, ainsi que la paillasse de mon domestique; pas de pain blanc, pas de vin, pas d'eau à boire, pas un site à contempler dans les campagnes, pas une œuvre d'art à étudier dans les villes, où le froid de l'hiver, si vous n'y prenez garde, vous gèle les joues, le nez, les oreilles, la peau du crâne, les pieds; où, pendant la canicule, vous grillez le jour et vous grelottez la nuit; voilà pourtant les choses divertissantes que je suis venu chercher au cœur de la Russie!

S'il fallait justifier mes plaintes, je le ferais facilement. Laissons là, pour cette fois, le mauvais goût qui règne dans les arts. J'ai parlé et je parlerai peut-être encore ailleurs du style byzantin et de l'espèce de joug qu'il impose à l'imagination des peintres, dont il fait des manœuvres; je ne veux m'occuper maintenant que du matériel de la vie...... On ne peut appeler route un champ labouré, un gazon raboteux, un sillon tracé dans le sable, un abîme de fange, bordé de forêts maigres et mal venantes; il y a encore des encaissements de rondins, longs parquets rustiques où les voitures et les corps se brisent en dansant comme sur une bascule, tant ces grossières charpentes ont d'élasticité. Voilà pour les chemins. Venons aux gîtes. Pouvez-vous qualifier d'auberge un nid d'insectes, un tas d'ordures? Les maisons qu'on trouve sur cette route ne sont pas autre chose : les murs y suent les bêtes ; le jour on y est mangé aux mouches, les jalousies et les volets étant un luxe méridional à peu près inconnu dans un pays où l'on n'imite que ce qui brille ; la nuit... vous savez quels ennemis attendent le voyageur qui ne veut pas dormir en voiture.... La paille est une rareté sous un climat où les champs de froment sont des merveilles, et où, par la même raison, le pain blanc n'est pas connu dans les villages. Le vin des auberges ordinairement blanc, et qu'on baptise du nom de vin de Sauterne, est rare, cher et mauvais; l'eau est malsaine à peu près dans toutes les parties de la Russie ; vous perdez votre santé si vous vous fiez aux protestations des habitants, qui vous engagent à la boire sans la corriger avec des poudres effervescentes. A la vérité, dans toutes les grandes villes vous trouvez de l'eau de Seltz, luxe de boisson étrangère qui confirme ce que je vous dis de la mauvaise qualité de l'eau du pays. Toutefois cette eau de Seltz est une ressource précieuse; mais l'obligation d'en faire provision pour une route souvent assez longue est fort incommode. Pourquoi vous arrêtez-vous? disent les Russes. Faites comme nous, nous voyageons de suite... Charmant plaisir que de faire cent cinquante, deux cents, trois cents lieues sur les routes que je viens de vous décrire sans descendre de voiture!

Quant aux paysages, ils ont peu de variété, les habitations sont si uniformes qu'on dirait qu'il n'y a qu'un village et qu'une maison de paysan dans toute la Russie. Les distances y sont incommensurables, mais les Russes les diminuent par leur manière de voyager; ne sortant de voiture qu'en arrivant au lieu de leur destination, ils s'imaginent être restés couchés chez eux pendant tout le temps du voyage, et ils s'étonnent de ne pas nous voir partager leur goût pour cette manière d'errer en dormant, qu'ils ont empruntée à leurs ancêtres les Scythes. Il ne faut pas croire que leur course soit toujours également rapide; ces gascons du Nord, au moment où ils débarquent, ne nous disent pas tout ce qui les a retardés sur la route. Les postillons mènent vite, quand ils peuvent; mais ils sont arrêtés ou du moins contrariés souvent par des difficultés insurmontables, ce qui n'empêche pas les Russes de nous vanter tous les agréments qui attendent les voyageurs dans leur pays. C'est une conspiration nationale : ils luttent d'éloges mensongers pour

LETTRE TRENTIÈME.

éblouir les étrangers, et rehausser leur patrie dans l'opinion des nations lointaines.

Moi j'ai trouvé que même sur la chaussée de Pétersbourg à Moscou, on est mené inégalement; ce qui fait qu'au bout du voyage on n'a guère épargné plus de temps que dans les autres pays. Hors de la chaussée les inconvénients sont centuplés, les chevaux deviennent rares, et les chemins rudes à tout rompre; le soir, on demande grâce; or, quand on n'a d'autre but que de voir du pays, on se croit fou de s'imposer gratuitement tant d'ennuis, et l'on s'interroge avec une sorte de honte pour savoir ce qu'on est venu chercher dans une contrée sauvage et pourtant dénuée des poétiques grandeurs du désert. C'est la question que je me suis adressée à moi-même ce soir. Je me voyais surpris par la nuit dans un chemin doublement incommode, parce qu'il est à moitié abandonné par une chaussée non encore achevée, qui le traverse tous les cinquante pas : à chaque instant l'on quitte et l'on retrouve cette grande route ébauchée; l'on en sort et l'on y rentre sur des ponts provisoires en rondins; ponts chancelants comme le clavier d'un vieux piano et aussi rudes que périlleux, car il y manque souvent les pièces de bois les plus essentielles ; or, voici la réponse qu'une voix intérieure m'a fait entendre à ma question : pour venir ici comme tu y viens, sans but déterminé, sans y être obligé, il faut avoir un corps de fer et une imagination d'enfer.

Cette réponse m'a décidé à m'arrêter, et au grand scandale de mon postillon et de mon feldjæger, j'ai choisi un gîte dans une petite maison de villageois d'où je vous écris. Oui, cet asile est moins dégoûtant qu'une véritable auberge, nul voyageur ne s'arrête dans un village pareil à celui-ci, et le bois des cabanes n'y sert de refuge qu'aux insectes apportés de la forêt; ma chambre qui est un grenier où l'on accède par une douzaine de degrés en bois, ressemble à une boîte, elle a de neuf à dix pieds en carré et de six à sept de hauteur; ce grossier réduit ressemble assez à l'entre-pont d'un petit navire, il rappelle la chaumière du fou dans l'histoire de Thelenef; toute l'habitation est faite de troncs de sapins, dont les interstices sont calfatés comme une chaloupe avec de la mousse enduite de poix; l'odeur qu'exhale ce goudron combinée avec la puanteur des choux aigres, et le parfum de l'inévitable cuir musqué qui domine dans les villages russes, m'incommode; mais j'aime mieux le mal de tête que le

LETTRE TRENTIÈME. 111

mal de cœur, et je préfère de beaucoup cette couchée à la grande halle replâtrée où j'ai logé dans l'auberge de Troïtza.

Cependant il n'y a pas de lits dans cette maison-ci, pas plus qu'ailleurs; les paysans dorment enveloppés dans leurs peaux de mouton sur des bancs fixés autour de la salle du rez-de-chaussée. Je viens de faire dresser dans la soupente mon lit de fer, qu'on m'a rempli d'un foin nouveau dont le parfum augmente ma migraine.

Antonio couche dans ma voiture, gardée par lui et par le feldjæger, qui n'a pas quitté son siége. Les hommes sont assez en sûreté sur les grands chemins de la Russie; mais les équipages et tous leurs accessoires paraissent de bonne prise aux paysans slaves; et sans une extrême surveillance, je pourrais bien retrouver demain matin ma calèche privée de capote, mise à nu, sans soupentes, sans rideaux, sans tablier, enfin changée en tarandasse primitive, en une vraie téléga; et pas une âme dans tout le village ne saurait ce que serait devenu le cuir volé; si, à force de perquisitions, on le découvrait au fond de quelque hangar, le larron en serait quitte pour dire qu'il l'a porté là après l'avoir trouvé! C'est l'excuse reçue en Russie; le vol y a passé dans les mœurs; aussi les voleurs conservent-ils une entière sûreté de conscience et une physionomie qui, jusqu'à la fin de la vie, exprime une sérénité à laquelle se tromperaient les anges. « Notre-Seigneur volerait aussi, disent-ils, s'il n'avait pas les mains percées. » Ce mot leur revient sans cesse à la bouche.

Ne croyez pas que le vol soit seulement le vice des paysans : il y a autant d'espèces de vol qu'il y a de rangs dans la hiérarchie sociale. Un gouverneur de province sait qu'il est menacé, comme la plupart de ses confrères, d'aller finir ses jours en Sibérie : si durant le temps qu'on le laisse en place il a l'esprit de voler suffisamment pour pouvoir se défendre dans le procès qu'on lui fera avant de l'exiler, il se tirera d'affaire; mais si, par impossible, il était resté honnête homme et pauvre, il serait perdu. Cette remarque n'est pas de moi, je la tiens de la bouche de plusieurs Russes que je crois dignes de foi, mais que je m'abstiens de vous nommer. Vous jugerez comme vous pourrez du degré de confiance que méritent leurs récits.

Les commissaires des guerres trompent les soldats et s'enrichissent en les affamant; enfin, la probité administrative serait ici dangereuse et ridicule.

LETTRE TRENTIÈME.

J'espère arriver demain à Yaroslaf; c'est une ville centrale; je m'y arrêterai un jour ou deux pour trouver enfin dans l'intérieur du pays des Russes vraiment Russes; aussi ai-je eu soin, à Moscou, de me munir de plusieurs lettres de recommandation pour cette capitale d'un des gouvernements les plus intéressants de l'Empire, par sa position et par l'industrie de ses habitants.

SOMMAIRE DE LA LETTRE TRENTE ET UNIÈME.

Importance de Yaroslaf pour le commerce intérieur. — Opinion d'un Russe sur l'architecture de son pays. — Ridicules du parvenu reproduits en grand. — Aspect d'Yaroslaf. — Promenade en terrasse au-dessus du Volga. — La campagne vue de la ville. — Toujours la passion des Russes pour l'imitation servile de l'architecture classique. — Ressemblance de Yaroslaf et de Pétersbourg. — Beauté des villages et de leurs habitants. — Aspect monotone des campagnes. — Chant lointain des mariniers du Volga. — Ton sarcastique des gens du monde. — Coup d'œil sur le caractère des Russes. — Drowskas primitifs. — Chaussure des paysans. — Sculpteurs antiques. — Insuffisance des bains russes *pour* entretenir la propreté. — Visite au gouverneur d'Yaroslaf. — Enfant russe, enfant allemand. — Salon du gouverneur. — Ma surprise. — Souvenirs de Versailles. — Madame de Polignac. — Rencontre invraisemblable. — Politesse exquise. — Influence de notre littérature. — Visite au couvent de la Transfiguration. — Ferveur du prince *** qui me servait de guide. — Traditions de l'art byzantin perpétuées chez les Russes modernes. — Minuties de l'Église grecque. — Distinctions puériles. — Dispute sur la manière de donner la bénédiction. — *Zacuska,* petit repas qui précède immédiatement le dîner. — Le sterléd, poisson du Volga. — Chère russe. — Le dîner n'est pas long. — Bon goût de la conversation. — Souvenir de l'ancienne France. — Soirée en famille. — Conversation d'une dame française. — Supériorité des femmes russes sur leurs maris. — Justification de la Providence. — Tirage d'une loterie de charité. — Ton du monde en France changé par la politique. — Profonde séparation du riche et du pauvre en Russie. — Absence d'une aristocratie bienfaisante. — Par qui en réalité la Russie est gouvernée. — L'Empereur lui-même gêné dans l'exercice de son pouvoir. — Bureaucratie russe.—Enfants des popes. — Influence de Napoléon sur l'administration russe. — Machiavélisme. — Plan de l'Empereur Nicolas. — Gouvernement des étrangers. — Problème à résoudre. — Difficulté particulière.

LETTRE TRENTE ET UNIÈME.

Yaroslaf, ce 18 août 1839.

La prédiction qu'on m'a faite à Moscou s'accomplit déjà ; et je suis à peine au quart de mon voyage. J'arrive à Yaroslaf dans une voiture dont pas une pièce n'est entière ; on va la raccommoder, mais je doute qu'elle me porte au but.

Il fait un temps d'automne ; on prétend ici que c'est celui de la saison ; une pluie froide nous a emporté la canicule en un jour. L'été ne reviendra, dit-on, que l'année prochaine ; cependant, je suis tellement habitué aux inconvénients de la chaleur, à la poussière, aux mouches, aux mousquites, que je ne puis me croire délivré de ces fléaux par un orage... ce serait de la magie... Cette année est extraordinaire pour la sécheresse, et je me persuade que nous aurons encore des jours brûlants et étouffants, car la chaleur du Nord est plus lourde que vive.

Cette ville est un entrepôt important pour le commerce intérieur de la Russie. C'est par elle aussi que Pétersbourg communique avec la Perse, la mer

Caspienne et toute l'Asie. Le Volga, cette grande route naturelle et vivante, passe à Yaroslaf, chef-lieu de la navigation nationale, navigation savamment dirigée, sujet d'orgueil pour les Russes, et l'une des principales sources de leur prospérité. C'est au Volga que se rapporte le vaste système des canaux qui fait la richesse de la Russie.

La ville de Yaroslaf, capitale d'un des gouvernements les plus intéressants de l'Empire, s'annonce de loin comme un faubourg de Moscou. Ainsi que toutes les villes de province, en Russie, elle est vaste et paraît vide. Si elle est vaste, c'est moins par le nombre des habitants et des maisons qu'à cause de l'énorme largeur des rues, de l'étendue des places et de l'éparpillement des édifices qui sont en général séparés les uns des autres par de grands espaces où se perd la population. Le même style d'architecture règne d'un bout de l'Empire à l'autre. Le dialogue suivant vous prouvera le prix que les Russes attachent à leurs édifices soi-disant classiques.

Un homme d'esprit me disait, à Moscou, qu'il n'avait rien vu en Italie qui lui parût nouveau.

« Parlez-vous sérieusement? m'écriai-je.

— Très-sérieusement, répliqua-t-il.

— Il me semble pourtant, repris-je, que nul homme ne peut descendre pour la première fois la pente méridionale des Alpes, sans que l'aspect du pays fasse révolution dans son esprit.

— Pourquoi cela? dit le Russe avec le ton et l'air dédaigneux qu'on prend trop souvent ici pour une preuve de civilisation.

— Quoi! répliquai-je, la nouveauté de ses paysages, qui doivent à l'architecture leur principal ornement; ces coteaux dont les pentes régulières où croissent les vignes, les mûriers et les oliviers, font suite aux couvents, aux palais, aux villages; ces longues rampes de piliers blancs qui supportent les treilles appelées *pergoles*, et continuent les merveilles de l'architecture jusqu'au sein des montagnes les plus âpres; tout ce pompeux aspect qui donne l'idée d'un parc dessiné par Lenôtre afin de servir de promenoir à des princes, plutôt que d'un pays cultivé pour fournir du pain à des laboureurs; toutes ces créations de la pensée de l'homme, appliquée à embellir la pensée d. Dieu, ne vous ont pas semblé nouvelles? Les églises avec leur élégant dessin, avec leurs clochers où se reconnaît le goût classique, modifié par les habitudes féodales, tant d'édifices singuliers et grandioses dispersés dans ce superbe jardin naturel comme des fabriques placées à dessein au milieu d'un paysage, pour en faire ressortir les beautés, ne vous ont causé nulle surprise?

« Mais ces tableaux seuls feraient deviner l'histoire ! Partout d'énormes substractions des routes portées sur des arcades aussi solides qu'elles sont légères à l'œil [1]; partout des monts qui servent de bases à des couvents, à des villages, à des palais annoncent un pays où l'art traite la nature en souverain. Malheur à quiconque peut poser le pied en Italie sans reconnaître à la majesté des sites, comme à celle des édifices, que le pays est le berceau de la civilisation.

— Je me félicite, continua ironiquement mon adversaire, de n'avoir rien vu de tout cela puisque mon aveuglement sert de prétexte à votre éloquence.

— Peu m'importerait, repris-je plus froidement, que mon enthousiasme vous eût paru ridicule, si je parvenais à réveiller en vous le sentiment du beau... Le choix seul des sites où brillent les villages, les

---

[1] Témoin la ville de Bergame, les lacs Majeur et de Côme, etc., et toutes les vallées méridionales des Alpes.

couvents et la plupart des villes de l'Italie, me révèle le génie d'un peuple né pour les arts : dans les contrées où le commerce accumula des richesses comme à Gênes, à Venise, et comme au pied de tous les grands passages des Alpes, quel usage les habitants ont-ils fait des trésors qu'ils amassaient ? ils ont bordé les lacs, les fleuves, la mer, les précipices, de palais enchantés, espèces de quais fantastiques, remparts de marbre bâtis par des fées : ce n'est pas seulement sur les rives de la Brenta qu'on admire ces merveilles; mais on retrouve de nouveaux prodiges à tous les étages des montagnes. Tant d'églises élevées les unes sur les autres attirent les curieux par leur élégance et par le grand style de leurs peintures, tant de ponts étonnent les regards par leur hardiesse et leur solidité; le luxe de l'architecture qui brille dans tous les couvents, dans toutes les villes, dans tous les châteaux, dans les villages, dans les villas, dans les ermitages, dans les retraites de la pénitence comme dans les asiles du plaisir, du luxe et de la volupté frappe tellement l'imagination, que la pensée du voyageur est charmée comme ses yeux dans ce pays fameux entre tous les pays du monde. La grandeur des masses, l'harmonie des lignes : tout est nouveau pour un homme du Nord ; si la connaissance de l'histoire ajoute aux plaisirs des étrangers en Italie, la vue seule des lieux suffit à les intéresser..... La Grèce elle-même, malgré ses sublimes, mais trop rares reliques, étonne moins le grand nombre des pèlerins, parce que la Grèce telle que les âges de barbarie nous l'ont faite, paraît vide, et parce qu'elle a besoin d'être étudiée pour être appréciée ; l'Italie, au contraire, n'a besoin que d'être regardée....

— Comment voulez-vous, s'écrie le Russe impatienté, que nous autres habitants de Pétersbourg et de Moscou nous nous étonnions comme vous autres de l'architecture italienne? N'en voyez-vous point les modèles à chaque pas que vous faites dans les moindres de nos villes? »

Après cette explosion de vanité nationale, je me tus ; j'étais à Moscou, l'envie de rire me gagnait et il eût été dangereux de m'y livrer : il m'en coûta pour être prudent : encore une preuve de l'influence de ce gouvernement, même sur un étranger qui prétend à l'indépendance.

C'est absolument, pensais-je sans le dire, comme si vous ne vouliez pas regarder l'Apollon du Belvédère à Rome parce que vous en avez vu des plâtres ailleurs, ni les Loges de Raphaël parce qu'on aurait mis le Vatican en décoration sur le théâtre de l'Opéra. Ah! l'influence des Mongols survit chez vous à leur domination!! Était-ce donc pour les imiter que vous les avez chassés; on ne va pas loin dans les arts ni en général dans la civilisation par le dénigrement. Vous observez avec malveillance parce que le sens de la perfection vous manque. Tant que vous envierez vos modèles, vous ne les égalerez jamais. Votre Empire est immense, d'accord ; mais qu'y a-t-il là dont je doive être émerveillé ? je n'admire point le colosse d'un singe. C'est dommage pour vos artistes que le bon Dieu ait mis encore autre chose que de l'obéissance et de l'autorité dans les fondements des sociétés destinées à éclairer le genre humain.

Telle était la colère dont je réprimais l'explosion, mais les pensées vives se font jour à travers le front; mon dédaigneux voyageur les devina, je crois, car il ne m'adressa plus la parole, si ce n'est pour me dire nonchalamment qu'il avait vu des oliviers en Crimée et des mûriers à Kiew.

Quant à moi, je me félicite de n'être venu en Russie que pour peu de temps; un long séjour dans ce pays m'ôterait non-seulement le courage, mais l'envie de dire la vérité sur ce que j'y vois et sur ce que j'y entends. Le despotisme inspire l'indifférence et le découragement, même aux esprits les plus déterminés à lutter contre ses abus criants.

Le dédain de ce qu'ils ne connaissent pas me paraît le trait dominant du caractère des Russes. Au lieu de tâcher de comprendre, ils tâchent de se moquer. S'ils réussissent jamais à mettre au jour leur vrai génie, le monde verra, non sans quelque surprise, que c'est celui de la caricature. Depuis que j'étudie l'esprit des Russes et que je parcours la Russie, ce dernier venu des États inscrits sur le grand livre de l'histoire européenne, je vois que les ridicules du parvenu peuvent exister en masse et devenir l'apanage d'une nation tout entière.

Les clochers peints et dorés, presque aussi nombreux que les maisons de Yaroslaf, brillent de loin comme ceux de Moscou; mais la ville est moins pittoresque que ne l'est la vieille capitale de l'Empire. Le Volga la borde, et du côté de ce fleuve elle se termine par une terrasse élevée et plantée d'arbres; un chemin de service passe sous ce large boulevard, il descend de la ville au fleuve dont il coupe à angle droit le chemin de halage. Cette communication nécessaire n'interrompt pas la terrasse, qui se continue par un beau pont, au-dessus du passage ouvert aux besoins du commerce. Le pont déguisé sous la promenade ne s'aperçoit que d'en bas; cet ensemble est d'un bon effet, il ne manque à la scène, pour paraître imposante, que du mouvement et de la lumière; mais malgré son importance commerciale, cette ville, si plate, si régulière, paraît morte; elle est triste, vide et silencieuse; moins triste, moins vide, moins silencieuse encore que la campagne qu'on aperçoit du haut de sa terrasse. Je me suis imposé l'obligation de vous faire voir tout ce que je vois : il faut donc vous décrire ce tableau, au risque de vous paraître insipide, et de vous ennuyer comme je m'ennuie à le contempler.

C'est un immense fleuve gris, aux rives abruptes comme des falaises, mais sableuses, peu élevées et nivelées à leur partie supérieure par d'immenses plaines grises tachetées de forêts de pins et de bouleaux, unique végétation permise à ce sol glacé; c'est un ciel métallique et gris où quelques lames d'argent élargies par le vent et la pluie interrompent la monotonie des nuages de plomb qui se reflètent dans une eau gris-de-fer : tels sont les froids et durs paysages qui m'attendaient aux environs d'Yaroslaf!.... Ce pays est au demeurant aussi bien cultivé qu'il puisse l'être, et il est vanté par les Russes comme le plus riche et le plus riant de leur Empire, excepté la Crimée, qui à ce que m'assurent des voyageurs dignes de foi, est elle-même bien loin de valoir les corniches de Gênes, et les côtes de la Calabre; d'ailleurs quelle est l'étendue et l'importance de la Crimée, comparée aux plaines de cette vaste partie du monde?

Pierre-le-Grand qui admirait tant les Hollandais et qui les prenait pour modèles, aurait dû inspirer leur opiniâtreté aux Russes. Les édifices byzantins avec leur sévère solidité, le Kremlin avec ses libres imitations qui équivalent à des créations, seraient devenus les types d'une architecture nationale. Les cités remplies d'édifices conformes à leur destination animeraient les bord du Volga, et l'aspect général du pays serait aussi pittoresque, aussi original que celui de Yaroslaf l'est peu.

L'arrangement intérieur des habitations russes est raisonnable; leur aspect extérieur et le plan général des villes ne l'est pas. Yaroslaf n'a-t-il pas sa colonne comme Pétersbourg, et en face quelques bâtiments percés d'un arc de triomphe en forme de porte cochère pour imiter l'état-major de la Capitale? Tout cela est du plus mauvais goût, et contraste d'une manière étrange avec l'architecture des églises et des clochers; ces édifices semblent appartenir à d'autres villes qu'à celles pour lesquelles on les a faits.

Plus on approche d'Yaroslaf, plus on est frappé de la beauté de la population. Les villages sont riches et bien bâtis; j'y ai même vu quelques maisons de pierre, mais ces dernières sont encore en trop petit nombre pour varier l'aspect des campagnes, dont nul objet n'interrompt la monotonie.

Le Volga est la Loire de la Russie, si ce n'est qu'au lieu de nos riants coteaux de la Touraine, glorieux de porter les plus beaux châteaux du moyen âge et de la renaissance, on ne trouve ici que des rives unies, formant des quais naturels, des terrains couverts de maisons grises, alignées comme des tentes, et qui par leur apparence mesquine, uniforme, et leurs petites dimensions, appauvrissent le paysage plus qu'elles ne l'égaient : voilà le pays que les Russes recommandent à notre admiration.

Tantôt en me promenant le long du Volga, j'avais à lutter contre le vent du nord, tout-puissant sur cette terre où il règne par la destruction, balayant devant lui la poussière avec violence pendant trois mois, et la neige pendant le reste de l'année. Ce soir, dans les intervalles des bourrasques, durant les poses où l'ennemi semblait respirer, les mélodies lointaines des mariniers du fleuve arrivaient jusqu'à mon oreille. A cette distance, les sons nasillards qui déparent le chant populaire des Russes se perdaient dans l'espace, et je n'entendais qu'une plainte vague dont mon cœur devinait le sens. Sur un long train de bois qu'ils conduisaient habilement, quelques hommes descendaient le cours du Volga, leur fleuve natal; arrivés devant Yaroslaf, ils ont voulu mettre pied à terre; quand je vis ces indigènes amarrer leur radeau pour s'avancer au-devant de moi, je m'arrêtai : ils passèrent sans regarder l'étranger, sans même se parler entre eux. Les Russes sont taciturnes et ne sont pas curieux; je le comprends, ce qu'ils savent les dégoûte de ce qu'ils ignorent.

J'admirais leurs physionomies fines et leurs nobles traits. Hors les hommes de race calmoucke, au nez cassé, aux pommettes des joues saillantes, je vous l'ai répété souvent, les Russes sont parfaitement beaux.

Un autre agrément qui leur est naturel, c'est la douceur de la voix, la leur est toujours basse et vibrante sans effort. Ils rendent euphonique une langue qui, parlée par d'autres, serait dure et sifflante; c'est la seule des langues de l'Europe qui me paraisse perdre quelque chose dans la bouche des personnes bien élevées. Mon oreille préfère le russe des rues au russe des salons; dans les rues, le russe est la langue naturelle; dans les salons, à la cour, c'est une langue nouvellement importée, et que la politique du maître impose aux courtisans.

La mélancolie déguisée sous l'ironie est en ce pays la disposition la plus ordinaire des esprits; dans les salons surtout, car c'est là plus qu'ailleurs qu'il faut dissimuler la tristesse; de là un ton sarcastique, persifleur, et des efforts pénibles pour ceux qui les font comme pour ceux qui les voient faire. Les hommes du peuple noient leur tristesse dans l'ivrognerie silencieuse, les grands seigneurs dans l'ivrognerie bruyante. Ainsi, le même vice prend des formes diverses chez le serf et chez le maître. Celui-ci a une ressource de plus contre l'ennui : c'est l'ambition, ivresse de l'esprit. Au surplus il règne chez ce peuple, dans toutes les classes, une élégance innée, une délicatesse naturelle; ni la barbarie, ni la civilisation, pas même celle qu'il affecte, ne peuvent lui faire perdre cet avantage primitif.

Il faut avouer cependant qu'il lui manque une qualité plus essentielle : la faculté d'aimer. Cette faculté n'est rien moins que dominante en son cœur ; aussi, dans les circonstances ordinaires, dans les petites choses, les Russes n'ont-ils nulle bonhomie ; dans les grandes, nulle bonne foi ; un égoïsme gracieux, une indifférence polie, voilà ce qu'on trouve en eux quand on les examine de près. Cette absence de cœur est ici l'apanage de toutes les classes, et se révèle sous diverses formes, selon le rang des hommes qu'on observe ; mais le fond est le même dans tous. La faculté de s'attendrir et de s'attacher, si rare parmi les Russes, domine chez les Allemands, qui l'appellent *gemüth*. Nous la nommerions sensibilité expansive, cordialité, si nous avions besoin de définir ce qui n'est guère plus commun chez nous que chez les Russes. Mais la fine et naïve plaisanterie française est ici remplacée par une surveillance hostile, par une malignité observatrice, par une causticité envieuse, par une tristesse satirique enfin, qui me paraît bien autrement redoutable que ne l'est notre frivolité rieuse. Ici la rigueur du climat qui oblige l'homme à une lutte continuelle, la sévérité du gouvernement, l'habitude de l'espionnage rendent les caractères mélancoliques, les amours-propres défiants. On craint toujours quelqu'un et quelque chose; le pis, c'est que cette crainte est fondée; elle ne s'avoue pas, mais elle ne se cache pas non plus, surtout aux regards d'un observateur un peu attentif et habitué, comme je le suis, à comparer entre elles des nations diverses.

Jusqu'à un certain point, la disposition d'esprit peu charitable des Russes envers les étrangers me paraît excusable. Avant de nous connaître, ils viennent au-devant de nous avec un empressement apparent, parce qu'ils sont hospitaliers comme des Orientaux, et qu'ils s'ennuient comme des Européens; mais tout en nous accueillant avec une prévenance où il y a plus d'ostentation que de cordialité, ils scrutent nos moindres paroles, ils soumettent nos actions les plus insignifiantes à un examen critique, et comme ce travail leur fournit nécessairement beaucoup à blâmer, ils triomphent intérieurement et se disent : « Voilà donc les hommes qui se croient en tout supérieurs à nous ! »

Il faut ajouter que ce genre d'étude leur plaît, car leur nature étant plus fine que tendre, il leur en coûte peu pour rester sur la défensive vis-à-vis des étrangers. Cette disposition n'exclut ni une certaine politesse, ni une sorte de grâce, mais elle est contraire à l'amabilité véritable. Peut-être qu'à force de soins et de temps, on parviendrait à leur inspirer quelque confiance, néanmoins, je doute que tous mes efforts pussent me faire atteindre à ce but, car la nation russe est une des plus légères et en même temps des plus impénétrables du monde. Qu'a-t-elle fait pour aider la marche de l'esprit humain? elle n'a pas encore eu de philosophes, de moralistes, de législateurs, de savants dont le nom marquât dans l'histoire; mais à coup sûr elle n'a jamais manqué ni ne manquera jamais de bons diplomates, d'habiles têtes politiques; et si les classes inférieures ne fournissent pas des ouvriers inventifs, elles abondent en manœuvres excellents; si les domestiques capables d'ennoblir leur profession par des sentiments élevés y manquent, on y trouve en abondance d'excellents espions.

Je vous conduis dans le dédale des contradictions, c'est-à-dire que je vous montre les choses de ce monde telles qu'elles m'apparaissent au premier et au second coup d'œil; c'est à vous que je laisse le soin de résumer, de coordonner mes remarques, afin de conclure de mes opinions personnelles à une opinion générale. Mon ambition sera satisfaite si en comparant et en élaguant de ce recueil une foule d'arrêts hasardés et précipités vous pouvez formuler une opinion solide, impartiale et n.ûre. Je ne l'ai pas fait parce que j'aime mieux voyager que travailler : un écrivain n'est pas libre, un voyageur l'est : je raconte le voyage et vous laisse le livre à compléter.

Les réflexions que vous venez de lire sur le caractère russe m'ont été suggérées par plusieurs visites que j'ai faites en arrivant à Yaroslaf. Je regardais ce point central comme l'un des plus intéressants de mon voyage; voilà pourquoi, avant de quitter Moscou, je m'étais muni de plusieurs recommandations pour cette ville.

Vous saurez demain le résultat de ma visite chez le principal personnage du pays, car je viens d'envoyer ma lettre au gouverneur. On m'a dit, ou pour parler plus juste, fait penser de lui beaucoup de mal dans les diverses maisons où j'ai été reçu ce matin.

Dans ce gouvernement, on retrouve le drowska primitif : cette voiture ainsi simplifiée (une planchette sur quatre roues) disparaît entièrement sous l'homme; ce n'est plus qu'un cheval attelé à une personne; des quatre roues de la voiture, deux restent cachées par les jambes du *voituré* et les deux autres sont si basses qu'elles disparaissent dans le mouvement rapide de la machine.

Les paysannes russes marchent en général nu-pieds : les hommes se servent le plus souvent d'une espèce de sabots de jonc grossièrement natté; de loin cette chaussure ressemble assez aux sandales antiques. La jambe est entourée d'un pantalon large, dont les plis arrêtés à la cheville par des bandelettes à l'antique, se perdent dans le soulier. Cet ajustement rappelle tout à fait les statues des Scythes par les sculpteurs romains. Je ne crois pas que les mêmes artistes aient jamais représenté des femmes barbares dans leur costume.

Je vous écris d'une mauvaise auberge; il n'y en a que deux qui vaillent quelque chose en Russie, et elles sont tenues par deux étrangers : la pension anglaise à Saint-Pétersbourg et madame Howard à Moscou.

Il y a même bien des maisons de particuliers où je ne m'assieds sur un divan qu'en tremblant.

J'ai vu plusieurs bains publics à Pétersbourg et à Moscou; on s'y baigne de diverses manières; quelques personnes entrent dans des chambres chauffées à un degré de chaleur qui me paraît insupportable : une vapeur pénétrante vous suffoque dans

LETTRE TRENTE ET UNIÈME.

ces étuves; ailleurs des hommes nus sur des planches brûlantes sont lavés et savonnés par d'autres hommes nus; les élégants ont des baignoires comme partout; mais tant de gens affluent dans ces établissements, l'humidité chaude qu'on y fait régner incessamment y nourrit tant d'insectes, les habits qu'on y dépose servent d'asile à tant de vermine, que rarement vous en sortez sans rapporter chez vous quelque preuve irrécusable de la sordide négligence des gens du peuple en Russie. Ce seul souvenir et la continuelle inquiétude qu'il me laisse me ferait haïr tout un pays.

Avant de se nettoyer elles-mêmes, les personnes qui font usage des bains publics devraient songer à nettoyer les bains, les baigneurs, les planches, le linge, et tout ce qu'on touche, et tout ce qu'on voit, et tout ce qu'on respire dans ces antres où les vrais Moscovites vont entretenir leur soi-disant propreté, et hâter la vieillesse par l'abus de la vapeur et de la transpiration qu'elle provoque.

Il est dix heures du soir : le gouverneur me fait dire que son fils et sa voiture vont venir me chercher: je réponds par des excuses et des remercîments; j'écris qu'étant couché, je ne puis profiter ce soir de la bonté de M. le gouverneur, mais que demain je passerai la journée tout entière à Yaroslaf, et que je m'empresserai d'aller le remercier. Je ne suis pas fâché de profiter de cette occasion de faire une étude approfondie de l'hospitalité russe en province.

A demain donc.

(*Suite de la même lettre.*)

Yaroslaf, ce 19 août 1839, après minuit.

Ce matin vers onze heures, le fils du gouverneur qui n'est encore qu'un enfant, est venu en grand uniforme me prendre dans une voiture coupée, attelée de quatre chevaux, et menée par un cocher et un *faleiter*, perché sur le cheval de droite de la volée; équipage tout pareil aux voitures des gens de la cour à Pétersbourg. Cette élégante apparition à la porte de mon auberge me déconcerta; je sentis tout d'abord que ce n'était pas à de vieux Russes que j'allais avoir affaire, et que mon attente serait encore trompée : ce n'était pas là des Moscovites purs, de vrais boyards. Je craignais de me retrouver une fois de plus chez des Européens voyageurs, chez des courtisans de l'Empereur Alexandre, parmi des grands seigneurs cosmopolites.

« Mon père connaît Paris, me dit le jeune homme ; il sera charmé de recevoir un Français.

— A quelle époque a-t-il vu la France ? »

Le jeune Russe garda le silence ; il me parut déconcerté de ma question, qui pourtant m'avait semblé bien simple ; d'abord je ne pus m'expliquer son embarras ; plus tard je le compris, et je lui en sus gré comme d'une preuve de délicatesse exquise, sentiment rare par tout pays et à tout âge.

M***, gouverneur d'Yaroslaf, avait fait en France à la suite de l'Empereur Alexandre les campagnes de 1813 et de 1814, et c'est ce dont son fils ne voulait pas me faire souvenir. Cette preuve de tact me rappelle un trait bien différent : un jour dans une petite ville d'Allemagne, je dînais chez l'envoyé d'un autre petit pays allemand ; le maître de la maison en me présentant à sa femme, lui dit que j'étais Français...

« C'est donc un ennemi, » interrompt leur fils qui paraissait âgé de treize à quatorze ans.

Cet enfant n'avait pas été envoyé à l'école en Russie.

En entrant dans le vaste et brillant salon où m'attendait le gouverneur, sa femme et leur nombreuse famille, je me crus à Londres ou plutôt à Pétersbourg, car la maîtresse de la maison se tenait à la russe dans le petit cabinet fermé d'une grille dorée, qui occupe un coin du salon, et qui s'appelle l'*altane* : il est élevé de quelques degrés et fait l'ornement des habitations russes : on dirait d'un théâtre de société fermé par des treillages. Je vous ai décrit ailleurs cette brillante claire-voie, dont l'effet est aussi original qu'élégant. Le gouverneur me reçut avec politesse; puis passant à travers le salon devant plusieurs femmes et plusieurs hommes de ses parents qui se trouvaient là réunis, il me conduisit dans le cabinet de verdure où j'aperçus enfin sa femme.

A peine m'eut-elle fait asseoir au fond de ce sanctuaire, qu'elle me dit en souriant : « Monsieur de Custine, Elzéar fait-il toujours des fables ? »

Le comte Elzéar de Sabran, mon oncle, était devenu, dès son enfance, célèbre dans la société de Versailles par son talent poétique, et il le serait dans le public si ses amis et ses parents avaient pu obtenir de lui qu'il publiât le recueil de ses fables, espèce de code poétique, grossi par l'expérience et par le temps, car chaque circonstance de sa vie, chaque événement public et particulier, chaque rêverie lui inspire un de ces apologues toujours ingénieux et souvent profonds, auxquels une versification élégante, facile, un débit original et piquant prêtent un charme particulier. Au moment où j'entrais chez le gouverneur d'Yaroslaf, ce souvenir était loin de moi, car j'avais l'esprit tout occupé de l'espoir trop rarement satisfait de trouver enfin de vrais Russes en Russie.

Je réponds à la femme du gouverneur par un sourire d'étonnement qui voulait dire : Ceci ressemble au conte d'Aline ; expliquez-moi ce mystère.

L'explication ne se fit pas attendre.

« J'ai été élevée, continua la dame, par une amie de madame de Sabran, votre grand'mère ; cette amie m'a parlé souvent des grâces naturelles et du charmant esprit de madame de Sabran, de l'esprit et des talents de votre oncle, de votre mère ; elle m'a même souvent parlé de vous, quoiqu'elle eût quitté la France avant votre naissance ; c'est madame de *** ; elle suivit en Russie la famille de Polignac, émigrée, et depuis la mort de la duchesse de Polignac, elle ne m'a jamais quittée.

En achevant ces mots, madame *** me présenta à sa gouvernante, personne âgée qui parlait français mieux que moi, et dont la physionomie exprimait la finesse et la douceur.

Je sentis qu'il fallait renoncer pour cette fois à mon rêve de boyards, rêve qui, malgré sa niaiserie, ne laissait pas que de m'inspirer quelques regrets; mais j'avais de quoi me dédommager de mon mécompte. Madame ***, la femme du gouverneur, est d'une des grandes familles originaires de la Lithuanie; elle est née princesse ***. Outre la politesse commune à presque toutes les personnes de ce rang dans tous les pays, elle a pris le goût et le ton de la société française du meilleur temps, et quoique jeune encore, elle me rappelle, par la noble simplicité de son maintien, les manières des personnes âgées que j'ai connues dans mon enfance. Ce sont les traditions de la vieille cour, le respect de toutes les convenances, le bon goût dans sa perfection, car il s'élève jusqu'à la bonté, jusqu'au naturel; enfin c'est le grand monde de Paris dans ce qu'il avait de plus séduisant au temps où notre supériorité sociale était incontestée; au temps où madame de Marsan, se réduisant à une modeste pension, s'enfermait volontairement dans un petit appartement, à l'Assomption, et engageait pour dix ans ses immenses revenus afin d'aider son frère, le prince de Guémenée, à payer ses dettes en atténuant autant qu'il dépendait d'elle, par ce noble sacrifice, le scandale d'une banqueroute de grand seigneur.

Tout cela ne m'apprendra rien sur le pays que je parcours, pensais-je; mais j'y trouve un plaisir dont je me garde de me défendre, car il est devenu plus rare peut-être que la satisfaction de simple curiosité qui m'attirait ici.

Je me crois dans la chambre de ma grand'mère[1], à la vérité les jours où le chevalier de Boufflers n'y était pas, ni madame de Coaslin, ni même la maîtresse de la maison, car ces brillants modèles de l'espèce d'esprit qui se dissipait autrefois en France dans la conversation ont disparu sans retour, même en Russie; mais je me retrouve dans le cercle choisi de leurs amis et de leurs disciples rassemblés chez eux pour les attendre les jours où ils avaient été forcés de sortir. Il me semble qu'ils vont reparaître.

Je n'étais nullement préparé à ce genre d'émotion; certes, de toutes les surprises du voyage, celle-ci est pour moi la plus inattendue.

[1] La comtesse de Sabran, depuis marquise de Boufflers; morte à Paris en 1827 à soixante-dix-huit ans.

La maîtresse de la maison, qui partageait mon étonnement, me raconta l'exclamation qu'elle avait faite la veille en apercevant mon nom au bas du billet par lequel j'envoyais au gouverneur les lettres de recommandation qu'on m'avait données pour lui à Moscou. La singularité de cette rencontre dans un pays où je me croyais aussi inconnu qu'un Chinois, donna tout de suite un tour familier, presqu'amical à la conversation, qui devint générale sans cesser d'être agréable et facile. Tout cela me parut très-original; il n'y avait rien d'apprêté, rien d'affecté dans le plaisir qu'on paraissait trouver à me recevoir. La surprise avait été réciproque, un vrai coup de théâtre. Personne ne m'attendait à Yaroslaf; je ne me suis décidé à prendre cette route que la veille du jour où je quittai Moscou, et malgré les minuties de l'amour-propre russe, je n'étais pas un homme assez important aux yeux de la personne à qui j'avais demandé au dernier moment quelques lettres de recommandation pour supposer qu'elle m'eût fait devancer par un courrier.

La femme du gouverneur a pour frère un prince ***, qui écrit parfaitement notre langue. Il a publié des ouvrages en vers français, et il a bien voulu me faire présent d'un de ses recueils. En ouvrant le livre, j'ai trouvé ce vers plein de sentiment; il est dans une pièce intitulée : *Consolations à une mère :*

Les pleurs sont la fontaine où notre âme s'épure.

Certes, on est heureux d'exprimer si bien sa pensée dans une langue étrangère.

A la vérité les Russes du grand monde, surtout ceux de l'âge du prince ***, ont deux langues; mais je ne prends pas ce luxe pour de la richesse.

Toutes les personnes de la famille *** se sont empressées à l'envi de me faire les honneurs de la maison et de la ville.

On m'a comblé d'éloges détournés et ingénieux sur mes livres, qu'on citait en se rappelant une foule de détails que j'avais oubliés. La manière délicate et naturelle dont ces citations étaient ramenées m'aurait plu, quand elle m'aurait moins flatté. J'aurais voulu être admis dans ce cercle élégant, même pour y voir fêter un autre. Les livres en petit nombre que la censure laisse arriver si loin, vivent longtemps ici une fois qu'ils y sont parvenus. Je dois dire, non pas à ma gloire personnelle, mais à la louange du temps où nous vivons, qu'en parcourant l'Europe, je n'ai reçu d'hospitalité vraiment digne de gratitude que celle que j'ai due à mes ouvrages; ils m'ont fait, parmi les étrangers, un petit nombre d'amis inconnus dont la bienveillance toujours nouvelle n'a pas peu contribué à prolonger mon goût inné pour les voyages et pour la poésie. Si une place aussi peu importante que celle que j'occupe dans notre littérature m'a valu de tels avantages, il est facile de se figurer l'influence que doivent exercer au loin des talents comme ceux qui dominent chez nous la société pensante. Cet apostolat de nos écrivains est la vraie puissance de la France; mais quelle responsabilité une telle vocation n'entraîne-t-elle pas avec elle? A la vérité, il en est de cette charge comme de toutes les autres; l'espoir de l'obtenir fait oublier le danger de l'exercer. Quant à moi, si dans le cours de ma vie j'ai compris et senti une ambition, c'était celle de participer, selon mes forces, à ce gouvernement de l'esprit, aussi supérieur au pouvoir politique que l'électricité l'est à la poudre à canon.

On m'a beaucoup parlé de Jean Sbogar; et lorsqu'on a su que j'avais le bonheur d'être personnellement connu de l'auteur, on m'a fait mille questions à son sujet : que n'avais-je pour y répondre le talent de conter qu'il possède à un si haut degré!

Un des beaux-frères du gouverneur m'a mené voir

en détail le couvent de la Transfiguration, qui sert de résidence à l'archevêque d'Yaroslaf. Ce monastère, comme tous les couvents grecs, est une espèce de citadelle basse renfermant plusieurs églises et des édifices petits, nombreux et de tous les styles, excepté du bon. L'effet général de ces amas de maisons, soi-disant pieuses, est mesquin; c'est une quantité de bâtiments blancs éparpillés sur un grand terrain vert : cela ne fait pas un ensemble. J'ai retrouvé la même chose dans tous les couvents russes.

Ce qui m'a paru frappant et nouveau pendant la visite que j'ai faite à celui-ci, c'est la dévotion de mon guide, le prince ✶✶✶. Il approchait avec une ferveur surprenante son front et sa bouche de tous les objets offerts à la vénération des fidèles; et dans ce couvent qui renferme différents sanctuaires, il a fait la même chose en vingt endroits. Cependant sa conversation de salon n'annonçait rien moins que cette dévotion de cloître. Il a fini par m'inviter moi-même à baiser les reliques d'un saint dont un moine nous ouvrait le tombeau; je lui ai vu faire... non pas une fois, mais cinquante le signe de la croix, il a baisé vingt images et reliques, enfin il n'y a pas chez nous de nonne au fond d'un couvent qui répéterait tant de génuflexions, de salutations, d'inclinations de tête en passant et repassant devant le maître autel de son église, qu'en a fait dans le monastère de la Transfiguration en présence d'un étranger, ce prince russe, ancien militaire, aide-de-camp de l'Empereur Alexandre.

Les Grecs couvrent les murs de leurs églises de peintures à fresque dans le style byzantin. Un étranger respecte d'abord ces images, parce qu'il les croit anciennes, mais quand il vient à s'apercevoir que telle est encore la manière des peintres russes d'aujourd'hui, sa vénération se change en un profond ennui. Les églises qui nous paraissent les plus vieilles, sont rebâties et coloriées d'hier : leurs madones, même le plus nouvellement peintes, ressemblent à celles qui furent apportées en Italie vers la fin du moyen âge pour y réveiller le goût de la peinture. Mais depuis lors, les Italiens ont marché, leur génie électrisé par l'esprit conquérant de l'Église romaine a compris et poursuivi le grand et le beau; il a produit dans tous les genres ce que le monde a vu de plus sublime en fait d'art. Pendant ce temps-là les Grecs du Bas-Empire, et après eux les Russes, continuaient de calquer fidèlement leurs vierges du vm^e siècle.

L'Église d'Orient n'a jamais été favorable aux arts. Depuis que le schisme fut déclaré, elle n'a fait comme auparavant qu'engourdir les esprits dans les subtilités de la théologie. A l'heure qu'il est, les vrais croyants en Russie disputent très-sérieusement entre eux pour savoir s'il est permis de donner le ton naturel de la chair à la tête des vierges, où s'il faut continuer de les colorier comme les soi-disant madones de Saint-Luc, d'une teinte de bistre qui n'a rien de vrai; on s'inquiète aussi de la manière de représenter le reste de la personne; il n'est pas certain que le corps doive être peint, il vaudrait mieux peut-être l'imiter en métal et l'enfermer dans une cuirasse ciselée qui ne laisse voir que le visage, et n'est même parfois percée qu'aux yeux, et coupée qu'au poignet pour rendre les mains libres. Vous vous expliquerez comme vous pourrez pourquoi un corps de métal paraît plus décent aux yeux des prêtres grecs qu'une toile peinte en couleur de robe de femme.

Vous n'êtes pas au bout : certains docteurs dont le nombre est assez grand pour faire secte, se séparent consciencieusement de l'Église mère, parce que celle-ci renferme aujourd'hui d'impies novateurs qui permettent aux popes de donner la bénédiction sacerdotale avec trois doigts de la main, tandis que la vraie tradition veut que l'index et le doigt du milieu soient seuls chargés du soin de répandre les grâces du ciel sur les fidèles.

Telles sont les questions agitées aujourd'hui dans l'Église gréco-russe, et ne croyez pas qu'elles y passent pour puériles : elles enflamment les passions, provoquent l'hérésie et décident du sort des populations dans ce monde et dans l'autre. Si je connaissais mieux le pays, je recueillerais pour vous bien d'autres documents. Revenons à nos hôtes.

Les grands seigneurs russes me paraissent plus aimables en province qu'à la cour.

La femme du gouverneur d'Yaroslaf a, dans ce moment, toute sa famille réunie chez elle; plusieurs de ses sœurs avec leurs maris et leurs enfants sont logées dans sa maison : elle admet à sa table les principaux employés de son mari qui sont des habitants de la ville; enfin son fils (celui qui est venu me chercher en voiture), est encore d'âge à avoir un gouverneur : aussi au dîner de famille étions-nous vingt personnes à table.

Il est d'usage dans le Nord de faire précéder le repas principal par un petit repas qui se sert dans le salon, un quart d'heure avant qu'on se mette à table; ce préliminaire, espèce de déjeuner qui touche au dîner, est destiné à aiguiser l'appétit et s'appelle en russe, si mon oreille ne m'a pas trompé : *zacusca*. Des domestiques apportent sur des plateaux de petites assiettes couvertes de caviar frais et tel qu'on n'en mange qu'en ce pays, de poisson fumé, de fromage, de viande salée, de biscuits de mer et d'autres pâtisseries, sucrées et non sucrées; on sert aussi des liqueurs amères, du vermout, de l'eau-de-vie de France, du porter de Londres, du vin de Hongrie et de l'or potable de Dantzick, et l'on mange et l'on boit tout cela debout en se promenant. Il ne tiendrait qu'à un étranger ignorant des usages du pays, et d'un appétit facile à contenter, de se rassasier ainsi tout d'abord, et de rester ensuite simple spectateur du véritable dîner, qui ne serait pour lui qu'un hors-d'œuvre. On mange beaucoup en Russie, et l'on fait bonne chère dans les bonnes maisons; mais on aime trop les hachis, la farce et les boulettes de viande ou de poisson dans des pâtés à l'allemande, à l'italienne, ou dans des pâtés chauds à la française.

Un des poissons les plus délicats du monde (le

sterléd), se pêche dans le Volga où il est abondant; il tient du poisson de mer et du poisson d'eau douce, sans toutefois ressembler à aucun de ceux que j'ai mangés ailleurs : il est grand, sa chair est fine, légère, sa peau d'un goût exquis, et sa tête pointue, toute composée de cartilages, passe pour délicate : on assaisonne ce monstre d'une manière recherchée, mais sans trop d'épices : la sauce à laquelle on le sert a tout à la fois le goût du vin et du bouillon et celui du jus de citron. Je préfère ce mets national à tous les autres ragoûts du pays, et surtout à la soupe froide et aigre, espèce de bouillon de poisson à la glace, détestable régal des Russes. Ils font aussi des soupes au vinaigre sucré, dont j'ai goûté pour n'y plus revenir.

Le dîner du gouverneur était bon et bien servi, sans superfluité, sans recherche inutile. L'abondance et la bonne qualité des melons d'eau m'étonne; on dit qu'ils viennent des environs de Moscou, je croyais qu'on les allait chercher plus loin et jusqu'en Crimée, où le sol est plus fécond en pastèques que celui de la Russie centrale. Il est d'usage en ce pays de poser le dessert sur la table dès le commencement du dîner, et de servir plat à plat. Cette méthode a des avantages et des inconvénients; elle ne me paraît parfaitement convenable que pour les grands dîners.

Les dîners russes sont d'une longueur raisonnable, et les convives se dispersent presque tous au sortir de table. Quelques personnes ont l'habitude de faire la sieste à l'orientale; d'autres vont à la promenade ou retournent à leurs affaires après avoir pris le café. Le dîner n'est pas ici le repas qui finit les travaux de la journée; aussi quand je pris congé de la maîtresse de la maison, eut-elle la bonté de m'engager à revenir passer la soirée chez elle; j'ai accepté cette invitation qu'il m'eût paru impoli de refuser: tout ce qui m'est offert ici l'est avec tant de bon goût, que ni la fatigue ni l'envie de me retirer afin de vous écrire ne me suffisent pour défendre ma liberté : une pareille hospitalité est une douce tyrannie, je sens qu'il serait indélicat de ne la point accepter: on met une voiture à quatre chevaux, une maison à ma disposition, une famille entière s'occupe à me distraire, à me montrer le pays: c'est à qui s'empressera de me faire les honneurs de quelque chose; et cela se passe sans compliments affectés, sans protestations superflues, sans empressement importun, avec une simplicité souveraine: je n'ai pas appris à résister à tant de bonne grâce, à dédaigner tant d'élégance; je céderais, ne fût-ce que par instinct patriotique, car il y a au fond de ces manières si agréables un souvenir d'ancienne France qui me touche et me séduit; il me semble que je ne suis venu jusqu'aux fontières du monde civilisé que pour y recueillir une part de l'héritage de l'esprit français au xviiie siècle, esprit depuis longtemps perdu chez nous. Ce charme inexprimable des bonnes manières et du langage simple me rappelle le paradoxe d'un des hommes les plus spirituels que j'aie connus : « Il n'y a pas, disait-il, une mauvaise action ou un mauvais sentiment, qui n'ait leur source dans un défaut de savoir-vivre; aussi la vraie politesse est-elle la vertu; c'est toutes les vertus réunies. » Il allait plus loin : il prétendait qu'il n'y a de vice que la grossièreté.

Ce soir, à neuf heures, je suis retourné chez le gouverneur. On s'est mis d'abord à faire de la musique, ensuite on a tiré une loterie.

Un des frères de la maîtresse de la maison joue du violoncelle de manière à faire grand plaisir; il était accompagné sur le piano par sa femme, personne pleine d'agréments. Grâce à ce duo, ainsi qu'à des airs nationaux chantés avec goût, la soirée m'a paru courte:

La conversation de madame de***, l'ancienne amie

de ma grand'mère et de madame de Polignac, n'a pas peu contribué à l'abréger pour moi. Cette dame vit en Russie depuis quarante-sept ans; elle a vu et jugé ce pays avec un esprit fin et juste, et elle raconte la vérité sans hostilité, mais sans précautions oratoires; c'était nouveau pour moi; sa franchise contraste avec la dissimulation universelle pratiquée par les Russes. Une Française spirituelle et qui a passé sa vie chez eux, doit, je crois, les connaître mieux qu'ils ne se connaissent eux-mêmes; car ils s'aveuglent pour mieux mentir. Madame de *** m'a dit et répété qu'en ce pays le sentiment de l'honneur n'est puissant que dans le cœur des femmes : elles se sont fait un culte de la fidélité à leur parole, du mépris du mensonge, de la délicatesse en affaires d'argent, de l'indépendance en politique; enfin selon madame de ***, la plupart d'entre elles possèdent ce qui manque ici à la plupart des hommes : la probité appliquée aux circonstances de la vie, même aux moins graves. En général les femmes en Russie pensent plus que les hommes, parce qu'elles n'agissent pas. Le loisir, cet avantage inhérent à la manière de vivre des femmes, profite à leur caractère autant qu'à leur esprit; elles ont plus d'instruction, moins de servilité, plus d'énergie de sentiment que les hommes. Souvent l'héroïsme lui-même leur semble naturel, et leur devient facile. La princesse Troubetzkoï n'est pas la seule femme qui ait suivi son mari en Sibérie ; beaucoup d'hommes exilés ont reçu de leurs épouses cette sublime preuve de dévouement, qui ne perd rien de son prix pour être moins rare que je ne la croyais ; malheureusement leur nom m'est inconnu. Qui leur trouvera un historien et un poëte ? c'est surtout pour les vertus ignorées qu'on a besoin de croire au jugement dernier. La gloire des bons manquerait à la justice de Dieu ; on conçoit le pardon du Tout-Puissant, on ne concevrait pas son indifférence. La vertu n'est vertu que parce qu'elle ne peut être récompensée par les hommes. Elle perdrait de sa perfection et deviendrait un calcul servile si elle était assurée de se voir toujours appréciée et rémunérée sur la terre ; la vertu qui n'irait pas jusqu'au surnaturel, au sublime, serait incomplète. Si le mal n'existait pas y aurait-il des saints ? le combat est nécessaire à la victoire, et la victoire force Dieu même à couronner le vainqueur. Ce beau spectacle justifie la Providence, qui pour le procurer au ciel attentif, tolère les égarements du monde.

Vers la fin de la soirée, avant de me permettre de me retirer, on a, pour me faire honneur, avancé de quelques jours une solennité attendue depuis six mois dans cette famille : c'était le tirage d'une loterie de charité ; tous les lots composés d'ouvrages faits par la maîtresse de la maison elle-même et par ses parents ou ses amis, furent étalés avec goût sur des tables ; celui qui m'est échu, je n'ose dire par hasard, car on avait choisi mes billets avec soin, est un joli petit livre de notes avec une couverture en laque. Je me suis hâté d'y écrire le jour du mois, l'année, et d'ajouter quelques mots de souvenir en forme de notes. Du temps de nos pères, on eût improvisé là des vers ; mais aujourd'hui que l'improvisation publique envahit l'existence, la mode des impromptu de salon est passée. On ne va chercher dans le monde que du repos d'esprit ; et il y paraît. Les discours, la littérature éphémère, la politique ont détrôné le quatrain et la chanson. Je n'eus pas l'esprit d'écrire un seul couplet ; mais je me dois la justice d'ajouter que je n'en eus pas l'envie.

Après avoir pris congé de mes aimables hôtes que je dois retrouver à la foire de Nijni, je suis retourné à mon auberge, fort satisfait de la journée que je viens de vous raconter. La maison de paysan d'avant-hier où j'étais hébergé, vous savez comment, et le salon d'aujourd'hui ; le Kamtschatka et Versailles, à trois heures de distance : voilà la Russie. Je vous sacrifie mes nuits pour vous peindre ce pays tel que je le vois. Ma lettre n'est pas finie, et déjà l'aube paraît.

Les contrastes sont brusques en ce pays ; tellement que le paysan et le seigneur ne semblent pas appartenir à la même terre. Il y a une patrie pour le serf et une patrie pour le maître. Rappelez-vous que les paysans russes ont cru longtemps le ciel réservé pour leurs maîtres. Ici l'État est divisé en lui-même, et l'unité n'y est qu'apparente, c'est ce que je remarque en Russie : les grands y ont l'esprit cultivé comme s'ils devaient vivre dans un autre pays ; et le paysan est ignorant, sauvage comme s'il était soumis à des seigneurs qui lui ressemblent.

C'est bien moins l'abus de l'aristocratie que je reproche au gouvernement russe, que l'absence d'un pouvoir aristocratique autorisé et dont les attributions seraient nettement et constitutionnellement définies. Les aristocraties politiquement reconnues m'ont toujours paru bienfaisantes, tandis que l'aristocratie qui n'a de fondement que les chimères ou les injustices des privilégiés, est pernicieuse, parce que ses attributions restent indécises et mal réglées. Il est vrai que les seigneurs russes sont maîtres et maîtres trop absolus dans leurs terres : de là il résulte des excès que la peur et l'hypocrisie déguisent sous des phrases d'humanité prononcées d'un ton doucereux, qui trompe les voyageurs et trop souvent les chefs du gouvernement eux-mêmes. Mais à vrai dire, ces hommes, bien que souverains dans leurs domaines les plus éloignés du centre d'action politique, ne sont rien dans l'État; chez eux ils abusent de tout, ils se moquent de l'Empereur parce qu'ils corrompent ou qu'ils intimident les agents secondaires du pouvoir légitime : mais le pays n'en est pas plus pour cela gouverné par eux; tout-puissants pour le mal qui se fait en détail et à l'insu de l'autorité suprême, ils sont sans force comme sans considération dans la direction générale du pays. Un homme du plus grand nom en Russie ne représente réellement que lui-même, il ne jouit d'aucune considération étrangère à son mérite individuel dont l'Empereur est l'unique juge, et tout grand seigneur qu'il est, il n'a d'autorité que celle qu'il usurpe chez lui. Mais il a du crédit et ce crédit peut devenir immense s'il est habile à le faire valoir, et s'il sait s'avancer à la cour et par la cour dans le tchinn¹; la flatterie est une industrie comme une autre, mais comme une autre et plus qu'une autre, elle ne permet qu'une existence précaire; cette vie de courtisan exclut l'élévation des sentiments, l'indépendance de l'esprit, les vues vraiment humaines et patriotiques, les grands desseins politiques, qui sont le propre des corps aristocratiques légalement constitués dans les États organisés pour étendre au loin leur domination et pour vivre longtemps. D'un autre côté elle exclut la juste fierté de l'homme qui fait sa fortune par son travail : elle réunit donc les désavantages de la démocratie et ceux du despotisme, en excluant ce qu'il y a de bon sous ces deux régimes.

La Russie est gouvernée par une classe d'employés subalternes, sortie des écoles publiques pour entrer dans les administrations publiques; chacun de ces gens-là, le plus souvent fils d'un père venu des pays étrangers, est noble dès qu'il a une croix à sa boutonnière; et notez que ce n'est pas l'Empereur seul qui donne ces décorations; munis de ce signe magique, ils deviennent propriétaires; ils possèdent

---

¹ *Voir* lettre dix-neuvième, vol. III.

de la terre et des hommes : et ces nouveaux seigneurs, parvenus au pouvoir sans avoir reçu en héritage la magnanimité d'un chef habitué de père en fils à commander, usent de leur autorité en parvenus qu'ils sont; aussi rendent-ils odieux à la nation et au monde le régime du servage définitivement établi en Russie à l'époque où la vieille Europe commençait à ruiner chez elle l'édifice féodal. Du fond de leurs chancelleries ces despotes invisibles oppriment le pays impunément, ils gênent jusqu'à l'Empereur lui-même qui s'aperçoit bien qu'il n'est pas aussi puissant qu'on lui dit qu'il l'est, mais qui, dans son étonnement, qu'il voudrait se dissimuler à lui-même, ne sait pas toujours où est la borne de son pouvoir. Il la sent et il en souffre sans même oser s'en plaindre : cette borne, c'est la bureaucratie, force terrible partout, parce que l'abus qu'on en fait s'appelle l'amour de l'ordre, mais plus terrible en Russie que partout ailleurs. Quand on voit la tyrannie administrative substituée au despotisme Impérial, on frémit pour un pays où s'est établi sans contrepoids ce système de gouvernement propagé en Europe sous l'Empire français.

La Russie n'avait ni les mœurs démocratiques,

fruit des révolutions sociales et judiciaires que la France a subies, ni la presse, fruit et germe de la liberté politique qu'elle perpétue après avoir été enfantée par elle. Les Empereurs de Russie également mal inspirés dans leur défiance et dans leur confiance, ne voyaient que des rivaux dans les nobles et ne voulaient trouver que des esclaves dans les hommes qu'ils prenaient pour ministres; ainsi, doublement aveuglés, ils ont laissé aux directeurs de l'administration et à leurs employés qui ne leur faisaient nul ombrage, la liberté de jeter leurs réseaux sur un pays sans défense et sans protecteurs. Il est né de là une fourmilière d'agents obscurs travaillant à régir ce pays d'après des idées qui ne sont pas sorties de lui : d'où il arrive qu'elles ne peuvent satisfaire ses besoins réels. Cette classe d'employés, hostiles dans le fond du cœur à l'ordre de choses qu'ils administrent, se recrute en grande partie parmi les fils de popes [1], espèce d'ambitieux vulgaires, de parvenus sans talent parce qu'ils n'ont pas besoin de mérite pour obliger l'État à s'embarrasser d'eux, gens approchant de tous les rangs et qui n'ont pas de rang,

[1] Prêtres grecs.

esprits qui participent à la fois de toutes les préventions des hommes populaires et de toutes les prétentions des hommes aristocratiques, moins l'énergie des uns et la sagesse des autres; bref, pour tout dire en un mot : les fils de prêtres sont des révolutionnaires chargés de maintenir l'ordre établi.

Vous comprenez que de tels administrateurs sont le fléau de la Russie.

Éclairés à demi, libéraux comme des ambitieux, despotes comme des esclaves, imbus d'idées philosophiques mal coordonnées et entièrement inapplicables dans le pays qu'ils appellent leur patrie, quoique tous leurs sentiments et toutes leurs demi-lumières viennent d'ailleurs, ces hommes poussent la nation vers un but qu'ils ne connaissent peut-être pas eux-mêmes, que l'Empereur ignore, et qui n'est pas celui où doivent tendre les vrais Russes, les vrais amis de l'humanité.

Cette conspiration permanente remonte, à ce qu'on m'assure, au temps de Napoléon. Le politique italien avait pressenti le danger de la puissance russe; et voulant affaiblir l'ennemi de l'Europe révolutionnée, il recourut d'abord à la puissance des idées. Il profita de ses rapports d'amitié avec l'Empereur Alexandre, et de la tendance innée de ce prince vers les institutions libérales, pour envoyer à Pétersbourg, sous prétexte d'aider à l'accomplissement des desseins de l'Empereur, un grand nombre d'ouvriers politiques, espèce d'armée masquée chargée de préparer en secret la voie à nos soldats. Ces intrigants habiles avaient mission de s'ingérer dans le gouvernement, de s'emparer surtout de l'éducation publique et d'infiltrer dans l'esprit de la jeunesse des doctrines contraires à la religion politique du pays. Ainsi le grand homme de guerre, l'héritier de la révolution française et l'ennemi de la liberté du monde, jetait au loin des semences de troubles, parce que l'unité despotique lui paraissait prêter un ressort dangereux au gouvernement militaire qui fait l'immense pouvoir de la Russie.

Cet Empire recueille aujourd'hui le fruit de la lente et profonde politique de l'adversaire qu'il a cru vaincre, mais dont le machiavélisme posthume survit à des revers inouïs dans l'histoire des guerres humaines.

J'attribue en grande partie à l'influence occulte de ces éclaireurs de nos armées, et à celle de leurs enfants et de leurs disciples, les idées révolutionnaires qui germent dans beaucoup de familles et

LETTRE TRENTE ET UNIÈME.

jusque dans les armées russes; et dont l'explosion a produit les conspirations que nous avons vues jusqu'ici échouer contre la force du gouvernement établi. Je me trompe peut-être, mais je me persuade que l'Empereur actuel triomphera de ces idées en écrasant jusqu'au dernier tous les hommes qui les défendaient.

J'étais loin de m'attendre à trouver en Russie ces vestiges de notre politique et à entendre sortir de la bouche des Russes des reproches analogues à ceux que nous font les Espagnols depuis trente-cinq ans. Si les malignes intentions que les Russes attribuent à Napoléon furent réelles, nul intérêt, nul patriotisme ne les peut justifier. On ne sauve pas une partie du monde en trompant l'autre. Autant notre propagande religieuse me paraît sublime, parce que le gouvernement de l'Église catholique s'accorde avec chaque forme de gouvernement et chaque degré de civilisation qu'il domine de toute la supériorité de l'âme sur le corps, autant m'est odieux le prosélytisme politique, c'est-à-dire l'étroit esprit de conquête, ou pour parler plus juste encore, l'esprit de rapine justifié par un trop habile sophiste qu'on appelle la gloire; loin de rallier le genre humain, cette ambition étroite le divise : l'unité ne peut naître que de l'élévation et de l'étendue des idées : or, la politique de l'étranger est toujours petite, sa libéralité hypocrite ou tyrannique; ses bienfaits sont toujours trompeurs : chaque nation doit puiser en elle-même les moyens de perfectionnement dont elle a besoin. La connaissance de l'histoire des autres peuples est utile comme science, elle est pernicieuse quand elle provoque l'adoption d'un symbole de foi politique : c'est substituer un culte superstitieux à un culte vrai.

Je me résume : voici le problème proposé non par les hommes, mais par les événements, par l'enchaînement des circonstances, par les choses enfin à tout Empereur de Russie : favoriser parmi la nation les progrès de la science, afin de hâter l'affranchissement des serfs; et tendre à cette fin par l'adoucissement des mœurs, par l'amour de l'humanité, de la liberté légale, en un mot améliorer les cœurs pour adoucir les destinées : telle est la condition sans laquelle nul homme ne peut régner aujourd'hui, pas même à Moscou; mais ce qu'il y a de particulier dans la charge imposée aux Empereurs de Russie, c'est qu'il leur faut marcher vers ce but en échappant d'un côté à la tyrannie muette et bien organisée d'une administration révolutionnaire, et de l'autre à l'arrogance et aux conspirations d'une aristocratie vague d'autant plus ombrageuse et plus redoutable que sa puissance est moins définie.

Il faut avouer qu'aucun souverain ne s'est encore acquitté de cette terrible tâche avec autant de fermeté, de talent et de bonheur que l'Empereur Nicolas.

Il est le premier des princes de la Russie moderne qui ait enfin compris qu'il faut être Russe pour faire du bien aux Russes. Sans doute l'histoire dira : ce fut un grand souverain.

Il n'est plus temps de dormir, les chevaux sont à ma voiture, je pars pour Nijni.

SOMMAIRE DE LA LETTRE TRENTE-DEUXIÈME.

Aspect des rives du Volga. — Manière dont les Russes mènent les voitures sur les routes montueuses. — Violence des cahots. — Maison de poste. — Serrure russe portative. — Kostroma. — Souvenir d'Alexis Romanow. — Bac sur le Volga à Kunitcha. — Vertu qui devient vice. — Accident dans une forêt. — La civilisation a nui aux Russes. — Rousseau justifié. — Traits distinctifs du caractère et de la figure des Russes. — Étymologies du mot syromède. — Mot de Tacite. — Élégance des paysans. — Leur industrie. — La hache du mugic. — Tarandasse. — Simplicité d'esprit du paysan russe. — Différence de manière de voir de cet homme et des paysans des autres pays. — Caractère des chants nationaux. — Musique accusatrice. — Imprudence du gouvernement. — Manière de suppléer à une roue cassée. — Route de Sibérie. — Paysages russes. — Bords du Volga. — Rencontre de trois exilés. — Espionnage de mon feldjæger. — Derniers relais pour arriver à Nijni. — Difficulté du chemin.

LETTRE TRENTE-DEUXIÈME.

**Yourewetch-Powolskoï, petite ville entre Yaroslaf et Nijni-Nvogorod
ce 21 août 1839.**

Notre route longe le Volga. J'ai passé hier ce fleuve à Yaroslaf, et l'ai repassé aujourd'hui à Kunitcha. Dans beaucoup d'endroits, les deux rives qui le bordent sont différentes l'une de l'autre; d'un côté s'étend une plaine immense qui vient finir à fleur d'eau; de l'autre, c'est un mur coupé à pic. Cette espèce de digue naturelle a quelquefois de cent à cent cinquante pieds de haut; elle forme muraille du côté du fleuve, tandis que, du côté de la terre, c'est un plateau qui s'étend assez loin dans les broussailles de l'intérieur du pays où il s'abaisse en talus prolongé. Ce rempart, hérissé de cépées d'osiers et de bouleaux, est déchiré de distance en distance par les affluents du grand fleuve. Ces cours d'eau forment des espèces de sillons très-profonds dans la berge qu'ils traversent pour déboucher au Volga. Cette berge, comme je viens de vous le dire, est si large qu'elle ressemble à un vrai plateau de montagnes : c'est comme un pays élevé et boisé, et les déchirements qu'opèrent dans son épaisseur les eaux tributaires du fleuve, sont de vraies vallées adjacentes au cours principal du Volga. On ne peut éviter ces abîmes lorsqu'on veut voyager le long du grand fleuve ; car pour les tourner il faudrait faire des zigzags d'une lieue et plus : voilà pourquoi on a trouvé plus facile de tracer la route de manière à descendre du haut de la berge dans le fond des ravins latéraux ; après avoir traversé la petite rivière qui les sillonne, la route remonte sur la côte opposée qui fait la continuation de la jetée élevée par la nature le long du principal fleuve de la Russie.

Les postillons, ou, pour parler plus juste, les cochers russes, si adroits qu'ils soient en plaine, deviennent dans les chemins montueux les plus dangereux conducteurs du monde. La route que nous suivons en côtoyant le Volga met leur prudence et mon sang-froid à l'épreuve. Ces continuelles montées et descentes, si elles étaient plus longues, deviendraient périlleuses, vu la manière de mener des hommes de ce pays. Le cocher commence la côte au pas ; arrivé au tiers de la descente, qui d'ordinaire est l'endroit le plus rapide, l'homme et les chevaux, peu habitués à retenir, s'ennuient réciproquement de la prudence, la voiture part au triple galop et roule avec une vitesse toujours croissante jusqu'au milieu d'un pont de madriers peu solides, disjoints, inégaux et mouvants, car ils sont posés et non fixés sur les poutres qui les portent et sous les gaules qui servent à peine de garde-fou au tremblant édifice; là, si la caisse, les roues, les ressorts et les soupentes tiennent encore ensemble (on ne s'embarrasse pas des personnes), la voiture continue d'un train plus modéré sa marche cahotante. Un pont semblable se trouve au fond de chaque ravin; si les chevaux lancés au galop ne l'enfilaient pas droit, l'équipage serait culbuté; bêtes et hommes deviendraient ce qu'ils pourraient : c'est un tour d'adresse d'où dépend la vie des voyageurs. Qu'un cheval bronche, qu'un clou manque, qu'une courroie casse, tout est perdu. Votre vie repose sur les jambes de quatre bêtes courageuses, mais faibles et fatiguées.

Au troisième coup de ce jeu de hasard, j'exigeai qu'on enrayât, mais il se trouve que ma voiture louée à Moscou n'a pas de sabot; on m'avait assuré en partant que jamais il n'était nécessaire d'enrayer en Russie. Pour suppléer le sabot, il a fallu dételer un des quatre chevaux et prendre les traits de l'animal un moment mis en liberté. J'ai fait recommencer la même opération, au grand étonnement des postillons, chaque fois que la longueur et la rapidité des côtes me paraissait pouvoir compromettre la sûreté de la voiture dont je n'ai déjà que trop éprouvé le peu de solidité. Les postillons, tout surpris qu'ils paraissent, ne font jamais la moindre objection à mes étranges fantaisies, ils n'opposent nulle résistance aux ordres que je leur fais donner par mon feldjæger; mais je lis leur pensée sur leur visage. La présence d'un employé du gouvernement me vaut en tous lieux des marques de déférence; on respecte en moi la volonté qui m'a donné ce protecteur. Une telle marque de faveur de la part de l'autorité me rend l'objet des égards du peuple. Je ne conseillerais à aucun étranger aussi peu expérimenté que je le suis de se hasarder sans un tel guide sur les chemins de la Russie, surtout s'il veut parcourir des gouvernements un peu éloignés de la capitale.

Quand vous êtes parvenu au fond du ravin, il s'agit de regrimper sur la terrasse en gravissant la pente opposée à celle que vous venez de descendre; le cocher, qui ne sait franchir les côtes qu'en les escaladant à la volée, rajuste ses harnais et lance encore une fois ses quatre chevaux contre l'obstacle. Les chevaux russes ne connaissent que le galop ; si le chemin n'est pas tirant, si le roidillon est court et la voiture légère, du premier bond vous arrivez au sommet ; mais si la pente est sablonneuse, ce qui arrive souvent, ou si elle excède l'espace que les chevaux peuvent parcourir d'une haleine, ceux-ci s'arrêtent bientôt, essoufflés, haletants, au milieu de la montée ; ils se butent sous les coups de fouet, ruent et reculent immanquablement au risque de jeter l'équipage dans les fossés ; mais à chaque embarras de ce genre, je répète en me moquant de la prétention des Russes : Il n'y a pas de distance en Russie !!

Cette manière de cheminer par à-coup est toujours conforme au caractère des hommes, analogue au tempérament des bêtes, et presque toujours d'accord avec la nature du sol. Cependant s'il arrive par hasard que le terrain que vous avez à parcourir soit profondément inégal, vous vous trouvez arrêté à chaque pas par la fougue des chevaux et par l'inexpérience des hommes. Ceux-ci sont lestes et adroits, mais leur intelligence ne peut suppléer la connaissance qui leur manque ; nés pour la plaine, ils ignorent la vraie manière de dresser les chevaux pour voyager dans les montagnes. A la première marque d'hésitation tout le monde met pied à terre, les domestiques poussent à la roue, de trois en trois pas on est forcé de laisser souffler l'attelage; alors on retient la voiture avec une grosse bûche jetée derrière; puis pour aller plus loin, on excite les bêtes de la bride, de la voix, de la main, on les prend par la tête, on leur frotte les naseaux avec du vinaigre afin de les aider à respirer; enfin moyennant ces précautions, et des cris de sauvages, et des coups de fouet assenés ordinairement avec un à-propos que je ne me lasse pas d'admirer, vous atteignez à grand'peine la cime de ces formidables falaises, que dans d'autres pays vous graviriez sans seulement les remarquer.

La route d'Yaroslaf à Nijni est une des plus montueuses de toutes celles de l'intérieur de la Russie; pourtant dans les points mêmes où le plateau qui borde un des côtés du Volga est le plus profondément entaillé par les affluents du grand fleuve, je ne crois pas que de la rive au sommet de la côte ce rempart naturel surpasse la hauteur d'une maison de cinq ou six étages à Paris. Cette espèce de quai, coupé par les filets d'eau qui dévalent vers le courant principal, est d'un effet imposant, mais triste: cette jetée pourrait servir de base à une magnifique route; mais ne pouvant tourner les ravins, il fallait ou les franchir sur des arceaux qui auraient coûté autant que des voûtes d'aqueducs, ou descendre jusqu'au fond de ces étroits abîmes : or, comme on n'a pas tracé ces descentes en pentes douces, elles sont parfois dangereuses à cause de la rapidité de la côte.

Les Russes m'avaient vanté comme riants et variés les paysages qu'on découvre en suivant les bords du Volga; c'est toujours la campagne des environs d'Yaroslaf, et c'est toujours la même température.

S'il y a quelque chose d'inattendu dans un voyage en Russie, ce n'est assurément pas l'aspect du pays; mais ce que ni vous ni moi nous n'aurions pu prévoir, c'est un danger que je vais vous signaler : le danger de se casser la tête contre la capote de sa calèche. Ne riez pas : le péril est positif et imminent; les rondins dont on fait les ponts de ce pays, et souvent les chemins eux-mêmes exposent les voitures à de tels chocs que les voyageurs non avertis seraient jetés dehors si leur calèche était découverte, ou se briseraient le crâne si la capote était levée. Il est donc prudent de se servir en Russie de voiture dont l'impériale est le plus élevée possible. Une cruche d'eau de Seltz (vous savez qu'elles sont solides), bien emballée dans du foin, vient d'être cassée au fond du coffre de mon siége par la violence des secousses.

Hier j'ai couché dans une maison de poste où je manquais de tout : ma voiture est tellement dure et les chemins sont si raboteux, que je ne puis guère voyager plus de vingt-quatre heures de suite sans éprouver de violentes douleurs de tête; alors comme j'aime mieux un mauvais gîte qu'une fièvre cérébrale, je m'arrête quelque part que je me trouve. Ce qu'il y a de plus rare dans ces gîtes improvisés et dans toute la Russie, c'est le linge blanc. Vous savez que je voyage avec mon lit, mais je n'ai pu me charger d'une grande provision de linge, et les serviettes qu'on me donne dans les maisons de poste ont toujours servi; j'ignore à qui est réservé l'honneur de les salir. Hier, à onze heures du soir, le maître de poste a envoyé chercher pour moi du linge blanc à un village distant de sa maison de plus d'une lieue. J'aurais protesté contre cet excès de zèle du feldjæger, mais je l'ai ignoré jusqu'au matin. Par la fenêtre de mon chenil, à travers le demi-jour qu'on appelle la nuit en Russie, je pouvais admirer à loisir l'inévitable péristyle romain avec son fronton de bois blanchi à la chaux, et ses colonnes de mortier qui ornent du côté de l'étable la façade des maisons de poste russes. Cette architecture maladroite est un cauchemar qui me poursuivra d'un bout de l'Empire à l'autre. La colonne classique est devenue le cachet de l'édifice public en Russie; la fausse magnificence se rencontre ici à côté de la pénurie la plus complète; mais le comfort, l'élégance bien entendue et partout la même, n'existe nulle part, pas plus dans les palais des riches où les salons sont superbes et où la chambre à coucher n'est qu'un paravent, que dans les taudis des paysans. Vous trouveriez peut-être dans tout l'Empire trois exceptions à cette règle. L'Espagne m'a paru moins dénuée que ne l'est la Russie des choses de première nécessité.

Autre précaution indispensable pour voyager en ce pays : — vous ne vous attendez guère à celle-ci : — c'est une serrure russe avec ses deux anneaux; la serrure russe est une mécanique aussi simple qu'ingénieuse. Vous arrivez dans une auberge remplie de gens de plusieurs sortes; vous savez d'ailleurs que tous les paysans slaves sont voleurs, si ce n'est de grands chemins, au moins de maison; vous faites déposer vos paquets dans votre chambre, puis vous vous apprêtez à vous aller promener. Toutefois avant de sortir vous voulez, non sans raison, fermer votre porte et tirer votre clef : point de clef..... pas même de serrure ! à peine un loquet, un clou, une ficelle; enfin rien : c'est l'âge d'or dans une caverne.... l'un de vos gens garde votre voiture ; si vous ne voulez pas faire de l'autre une seconde sentinelle à la porte de votre chambre, ce qui ne serait ni très-sûr, car une sentinelle assise s'endort, ni très-humain, vous avez recours à l'expédient que voici : vous fichez un grand anneau de fer à vis dans le chambranle de la porte, un autre anneau de même dimension dans la porte, piqué le plus près possible du premier, puis vous passez dans ces deux anneaux qui font pitons, le col d'un cadenas également à vis ; cette vis qui ouvre et ferme le cadenas, lui sert de clef ; vous l'emportez, et votre porte est parfaitement close ; car les anneaux, une fois vissés, ne peuvent s'enlever qu'en les faisant tourner un à un sur eux-mêmes, opération qui ne saurait avoir lieu tant qu'ils sont liés ensemble par le cadenas. La clôture s'opère assez vite et fort aisément : la nuit, dans une maison suspecte, vous pouvez vous enfermer en un moment moyennant cette serrure, invention habile et digne d'un pays où fourmillent les plus habiles et les plus effrontés des voleurs ! Les délits sont tellement fréquents que la justice n'ose être rigoureuse, et puis tout se fait ici par exception, par boutades ; régime capricieux, qui malheureusement n'est que trop d'accord avec l'imagination fantasque de ce peuple menteur, aussi indifférent à l'équité qu'à la vérité.

J'ai visité hier matin le couvent de Kostroma où l'on m'a fait voir les appartements d'Alexis Romanow et de sa mère; c'est de cette retraite qu'Alexis est sorti pour monter sur le trône et pour fonder la dynastie actuellement régnante. Ce couvent ressemble à tous les autres : un jeune moine, qui n'était pas à jeun et qui de très-loin sentait le vin assez fort, m'a montré la maison en détail; j'aime mieux les vieux moines à barbe blanche et les popes à têtes chauves que les jeunes solitaires bien nourris. Ce trésor aussi ressemble à tous ceux qui m'ont été montrés ailleurs. Voulez-vous savoir en deux mots ce que c'est que la Russie? la Russie, c'est un pays où l'on trouve et où l'on voit la même chose et les mêmes gens partout. Cela est si vrai, qu'en arrivant dans un lieu, on croit toujours y retrouver les personnes qu'on vient de quitter ailleurs.

A Kunitcha, le bac dans lequel nous avons repassé le Volga n'est pas rassurant; la barque a si peu de bord que peu de chose la ferait chavirer. Rien ne m'a paru triste comme l'aspect de cette petite ville par un ciel gris, une température humide et froide et pendant une pluie battante qui retenait les habitants prisonniers dans leurs maisons; un vent violent soufflait;

si la tourmente eût augmenté, nous eussions couru des risques. Je me suis rappelé qu'à Pétersbourg personne ne s'émeut pour repêcher les gens qui tombent dans la Néva, et je me disais : si je me noie dans le Volga à Kunitcha, nul homme ne se jettera à l'eau afin de me secourir.... pas un cri ne sera poussé pour moi sur ces bords populeux, mais qui paraissent déserts tant les villes, le sol, le ciel et les habitants sont tristes et silencieux. La vie des hommes est de peu d'importance aux yeux des Russes; et ils ont l'air si mélancoliques, que je les crois indifférents à leur propre vie autant qu'à celle des autres.

C'est le sentiment de sa dignité, c'est la liberté qui attache l'homme à lui-même, à la patrie, à tout; ici, l'existence est tellement accompagnée de gêne que chacun me paraît nourrir en secret le désir de changer de place sans le pouvoir. Les grands n'ont point de passe-ports, les paysans pas d'argent et l'homme reste comme il est, patient par désespoir, c'est-à-dire aussi indifférent à sa vie qu'à sa mort. La résignation, qui partout ailleurs est une vertu, devient un vice en Russie parce qu'elle y perpétue la violente immobilité des choses.

Il n'est pas ici question de liberté politique, mais d'indépendance personnelle, de facilité de mouvement, et même de l'expression spontanée d'un sentiment naturel; voilà pourtant ce qui n'est à la portée de personne en Russie, excepté du maître. Les esclaves ne se disputent qu'à voix basse ; la colère est un des priviléges du pouvoir. Plus je vois les gens conserver l'apparence du calme sous ce régime, plus je les plains; la tranquillité ou le knout!!... telle est ici la condition de l'existence; Le knout des grands, c'est la Sibérie!!... et la Sibérie n'est elle-même que l'exagération de la Russie.

(*Suite de la même lettre.*)

Au milieu d'un bois le même jour, au soir.

Me voici retenu dans un chemin de sable et de rondins : le sable est si profond que les plus grosses pièces de bois s'y perdent. Nous nous trouvons arrêtés au milieu d'une forêt, à plusieurs lieues de toute habitation. Un accident arrivé à ma voiture, qui pourtant est du pays, nous retient dans ce désert, et tandis que mon valet de chambre, avec l'aide d'un paysan que le ciel nous envoie, raccommode le dommage, moi, humilié du peu de ressources que je trouve en moi-même dans cette occurrence, moi qui sens que je ne ferais que gêner les travailleurs si je m'avisais de les aider, je me mets à vous écrire pour vous prouver l'inutilité de la culture d'esprit, lorsque l'homme privé de tous les accessoires de la civilisation est obligé de lutter corps à corps, sans autres ressources que ses propres forces, contre une nature sauvage et encore tout armée de la puissance primitive qu'elle avait reçue de Dieu. Vous savez cela mieux que moi, mais vous ne le sentez pas comme je le sens en ce moment.

Les jolies paysannes sont rares en Russie ; c'est ce que je répète chaque jour; pourtant celles qui sont belles le sont parfaitement. Leurs yeux, taillés en amande, ont une expression particulière; la coupe de leurs paupières est pure et nette, mais le bleu de la prunelle est souvent trouble, ce qui rappelle le portrait des Sarmates, par Tacite, qui dit qu'ils ont les yeux *glauques;* cette teinte donne à leur regard voilé une douceur, une innocence dont le charme devient irrésistible. Elles ont à la fois la délicatesse des vaporeuses beautés du Nord, et la volupté des femmes de l'Orient. L'expression de bonté de ces ravissantes créatures inspire un sentiment singulier : c'est un mélange de respect et de confiance. Il faut venir dans l'intérieur de la Russie pour savoir tout ce que valait l'homme primitif, et tout ce que les raffinements de la société lui ont fait perdre. Je l'ai dit, je le répète, et je le répéterai peut-être encore avec plus d'un philosophe : dans ce pays patriarcal, c'est la civilisation qui gâte l'homme. Le Slave était naturellement ingénieux, musical, presque compatissant ; le Russe policé est faux, oppresseur, singe et vaniteux. Un siècle et demi sera nécessaire pour mettre ici d'accord les mœurs nationales avec les nouvelles idées européennes, en supposant toutefois que, pendant cette longue succession de temps, les Russes né seront gouvernés que par des princes éclairés, et amis du progrès, comme on dit aujourd'hui. En attendant cet heureux résultat, la complète séparation des classes fait de la vie sociale en Russie une chose violente et immorale ; on dirait que c'est dans ce pays que Rousseau est venu chercher la première idée de son système, car il n'est pas même nécessaire d'employer les ressources de sa magique éloquence pour prouver que les arts et les sciences ont fait plus de mal que de bien aux Slaves. L'avenir apprendra au monde si la gloire militaire et politique doit dédommager la nation russe du bonheur dont la privent son organisation sociale et les emprunts qu'elle ne cesse de faire aux étrangers.

L'élégance est innée chez les hommes de pure race

slave. Ils ont dans le caractère un mélange de simplicité, de douceur et de sensibilité qui maîtrise les cœurs; il s'y joint souvent beaucoup d'ironie et un peu de fausseté, mais dans les bons naturels ces défauts ont tourné en grâce : il n'en reste qu'une physionomie dont l'expression de finesse est incomparable; on est dominé par un charme inconnu, c'est une mélancolie tendre et qui n'a rien d'amer, une douceur souffrante qui naît presque toujours d'un mal secret qu'on se cache à soi-même pour le mieux déguiser aux yeux des autres. Bref, les Russes sont une nation résignée...... cette simple parole dit tout. L'homme qui manque de liberté — ici ce mot exprime des droits naturels, des besoins véritables, — eût-il d'ailleurs tous les autres biens, est comme une plante privée d'air; on a beau arroser la racine, la tige produit tristement quelques feuillages sans fleurs.

Les vrais Russes ont quelque chose de particulier dans l'esprit, dans l'expression du visage et dans la tournure. Leur démarche est légère, et tous leurs mouvements dénotent un naturel distingué. Ils ont les yeux très-fendus, peu ouverts et dessinés en forme d'ovale allongé; le trait qu'ils ont presque tous dans le regard donne à leur physionomie une ex-

pression de sentiment et de malice singulièrement
agréable. Les Grecs, dans leur langue créatrice,
appelaient les habitants de ces contrées syromèdes,
mot qui veut dire œil de lézard; le mot latin sarmates est venu de là. Ce trait dans l'œil a donc
frappé tous les observateurs attentifs. Le front des
Russes n'est ni très-élevé ni très-large; mais il est
d'une forme gracieuse et pure; ils ont à la fois dans
le caractère de la méfiance et de la crédulité, de la
fourberie et de la tendresse; et tous ces contrastes
sont pleins de charme; leur sensibilité voilée est
plutôt communicative qu'expansive, c'est d'âme à
âme qu'elle se révèle; car c'est sans le vouloir,
sans y penser, sans paroles, qu'ils se font aimer.
Ils ne sont ni grossiers, ni apathiques comme la
plupart des hommes du Nord. Poétiques comme la
nature, ils ont une imagination qui se mêle à toutes
leurs affections; pour eux l'amour tient de la super-
stition: leurs attachements ont plus de délicatesse
que de vivacité; toujours fins, même quand ils se
passionnent, on peut dire qu'ils ont de l'esprit
dans le sentiment. Ce sont toutes ces nuances fugitives qu'exprime leur regard, si bien caractérisé
par les Grecs.

C'est que les anciens Grecs étaient doués du talent

exquis d'apprécier les hommes et les choses, et de les peindre en les nommant; faculté qui a rendu leur langue féconde entre toutes les langues européennes, et leur poésie divine entre toutes les poésies.

Le goût passionné des paysans russes pour le thé me prouve l'élégance de leur nature et s'accorde bien avec la peinture que je viens de vous faire de leur caractère. Le thé est un breuvage raffiné. Cette boisson est devenue en Russie une chose de première nécessité. Les gens du peuple, quand ils veulent vous demander pour boire poliment, disent : pour du thé, *na tchiai*, comme on dit ailleurs pour un verre de vin.

Cet instinct de bon goût est indépendant de la culture de l'esprit, il n'exclut pas même la barbarie, la cruauté; mais il exclut ce qui est vulgaire.

Le spectacle que j'ai dans ce moment sous les yeux me prouve la vérité de ce qu'on m'a toujours dit : c'est que les Russes sont singulièrement adroits et industrieux.

Un paysan russe a pour principe de ne reconnaître nul obstacle, non pas à ses désirs, pauvre aveuglé!.... mais à l'ordre qu'il reçoit. Armé de la hache qu'il porte partout avec lui, il devient une espèce de magicien qui crée en un moment tout ce qui manque au désert. Il saura vous faire retrouver les bienfaits de la civilisation dans la solitude ; il raccommodera votre voiture ; il suppléera même à une roue cassée et qu'il remplacera par un arbre habilement posé sous la caisse, attaché d'un bout à une traverse, et de l'autre traînant à terre ; si malgré cette industrie votre téléga est hors d'état de marcher, il en substituera un autre qu'il met sur pied en un moment, sachant faire servir avec beaucoup d'intelligence les débris de l'ancien à la construction du nouveau. On m'avait conseillé à Moscou de voyager en tarandasse, et j'aurais bien fait de suivre cet avis, car, avec cette sorte d'équipage, on ne risque jamais de rester en chemin !.... Il peut être raccommodé, même reconstruit par chaque paysan russe.

Si vous voulez camper, cet homme universel vous bâtira une maison pour la nuit : et votre cabane improvisée vaudra mieux qu'aucune auberge de ville. Après vous avoir établi aussi comfortablement que vous pouvez l'être, il s'enveloppera dans sa peau de mouton retournée et se couchera sur le nouveau seuil de votre porte, dont il défendra l'entrée avec la fidélité d'un chien ; ou bien il s'assiéra au pied d'un arbre devant la demeure qu'il vient de créer pour vous, et, tout en regardant le ciel, il vous désennuiera dans la solitude de votre gîte par des chants nationaux dont la mélancolie répond aux plus doux instincts de votre cœur, car le talent inné pour la musique est encore une des prérogatives de cette race privilégiée;.... et jamais l'idée ne lui viendra qu'il serait juste qu'il prît place à côté de vous dans la cabane qu'il vient de vous construire.

Ces hommes d'élite resteront-ils longtemps cachés dans les déserts où la Providence les tient en réserve........ à quel dessein? elle seule le sait!... Quand sonnera pour eux l'heure de la délivrance, et bien plus, du triomphe? c'est le secret de Dieu.

J'admire la simplicité d'idées et de sentiments de ces hommes. Dieu, le roi du ciel : le Czar, le roi de la terre : voilà pour la théorie; les ordres, les caprices même du maître, sanctionnés par l'obéissance de l'esclave : voilà pour la pratique. Le paysan russe croit se devoir corps et âme à son seigneur.

Conformément à cette dévotion sociale, il vit sans joie, mais non pas sans orgueil; or, la fierté suffit à l'homme pour subsister; c'est l'élément moral de l'intelligence. Elle prend toutes sortes de formes, même celle de l'humilité, de cette modestie religieuse découverte par les chrétiens.

Un Russe ne sait ce que c'est que de dire non à ce maître qui lui représente deux autres maîtres bien plus grands, Dieu et l'Empereur, et il met toute son intelligence, toute sa gloire à vaincre les petites difficultés de l'existence que respectent, qu'invoquent, qu'amplifient les hommes du commun chez les autres nations, parce qu'ils considèrent ces ennuis comme des auxiliaires de leur vengeance contre les riches, qu'ils regardent en ennemis parce qu'ils les appellent les heureux de ce monde.

Les Russes sont trop dénués de tous les biens de la vie pour être envieux; les hommes vraiment à plaindre ne se plaignent plus : les envieux de chez nous sont des ambitieux manqués; la France, ce pays du bien-être facile, des fortunes rapides, est une pépinière d'envieux; je ne puis m'attendrir sur les regrets haineux de ces hommes dont l'âme est énervée par les douceurs de la vie; tandis que la patience de ce peuple-ci m'inspire une compassion, j'ai presque dit une estime profonde. L'abnégation politique des Russes est abjecte et révoltante : leur résignation domestique est noble et touchante. Le vice de la nation devient la vertu de l'individu.

La tristesse des chants russes frappe tous les

étrangers : mais cette musique n'est pas seulement mélancolique, elle est savante et compliquée : elle se compose de mélodies inspirées, et en même temps de combinaisons d'harmonie très-recherchées et qu'on n'obtient ailleurs qu'à force d'étude et de calcul. Souvent en traversant les villages, je m'arrête pour écouter des morceaux d'ensemble exécutés à trois et à quatre parties avec une précision et un instinct musical que je ne me lasse pas d'admirer. Les chanteurs de ces rustiques quintetti devinent les lois du contre-point, les règles de la composition, l'harmonie, les effets des diverses natures de voix, et ils dédaignent les unissons. Ils exécutent des suites d'accords recherchés, inattendus, entrecoupés de roulades et d'ornements délicats. Mais malgré la finesse de leur organisation ils ne chantent pas toujours parfaitement juste ; ce qui n'est pas surprenant lorsqu'on s'attaque à une musique difficile avec des voix rauques et fatiguées ; mais lorsque les chanteurs sont jeunes, les effets qu'ils produisent par l'exécution de ces morceaux savamment travaillés, me paraissent très-supérieurs à ceux des mélodies nationales qu'on entend dans les autres pays.

Le chant des paysans russes est une lamentation

nasillarde, fort peu agréable à une voix; mais exécutées en chœur, ces complaintes prennent un caractère grave, religieux, et produisent des effets d'harmonie surprenants. La manière dont les différentes parties sont placées, la succession inattendue des accords, le dessin de la composition, les entrées de voix : tout cela est touchant et n'est jamais commun ; ce sont les seuls chants populaires où j'aie entendu prodiguer les roulades. De tels ornements, toujours mal exécutés par des paysans, sont désagréables à l'oreille; néanmoins l'ensemble de ces chœurs rustiques est original et même beau.

Je croyais la musique russe apportée de Byzance en Moscovie, on m'assure au contraire qu'elle est indigène; ceci expliquerait la profonde mélancolie de ces airs, surtout de ceux qui affectent la gaîté par la vivacité du mouvement. Si les Russes ne savent pas se révolter contre l'oppression, ils savent soupirer et gémir.

A la place de l'Empereur je ne me contenterais pas d'interdire à mes sujets la plainte, je leur défendrais aussi le chant, qui est une plainte déguisée; ces accents si douloureux sont un aveu et peuvent devenir une accusation, tant il est vrai que, sous le despotisme, les arts eux-mêmes, lorsqu'ils sont nationaux, ne sauraient passer pour innocents; ce sont des protestations déguisées.

De là sans doute le goût du gouvernement et des courtisans russes pour les ouvrages, les littérateurs et les artistes étrangers, la poésie empruntée a peu de racines. Chez les peuples esclaves, on craint les émotions profondes causées par les sentiments patriotiques; aussi tout ce qui est national y devient-il un moyen d'opposition, même la musique. C'est ce qu'elle est en Russie où, des coins les plus reculés du désert, la voix de l'homme élève au ciel ses plaintes vengeresses pour demander à Dieu la part de bonheur qui lui est refusée sur la terre!... Donc si l'on est assez puissant pour opprimer les hommes, il faut être assez conséquent pour leur dire : ne chantez pas. Rien ne révèle la souffrance habituelle d'un peuple, comme la tristesse de ses plaisirs. Les Russes n'ont que des consolations, ils n'ont pas de plaisirs. Je suis surpris que personne avant moi n'ait averti le pouvoir de l'imprudence qu'il commet en permettant aux Russes un délassement qui trahit leur misère et donne la mesure de leur résignation : une résignation si profonde, c'est un abîme de douleur.

LETTRE TRENTE-DEUXIÈME.

(*Suite de la lettre précédente.*)

Ce 22 août 1839, de la dernière poste avant Nijni.

Nous sommes arrivés ici sur trois roues et sur une gaule de sapin traînante pour remplacer la quatrième. Je n'ai cessé d'admirer l'ingénieuse simplicité de cette manière de voyager; il est facile d'adapter l'arbre au train de devant, en l'attachant à l'encastrure avec des cordes; on le laisse ainsi traîner au loin, en passant sous le lisoir de derrière où on le fixe pour remplacer celle des grandes roues qui manque : la perte d'une des petites serait plus embarrassante.

Une grande partie de la route de Yaroslaf à Nijni est une vaste allée de jardin; ce chemin, tracé presque toujours en ligne droite, est plus large que notre grande allée des Champs-Élysées à Paris, et il est bordé de deux autres allées tapissées de gazons naturels et plantées de bouleaux. Cette route est douce, car on y roule presque toujours sur l'herbe, excepté quand on traverse des marais sur des ponts élastiques, espèces de parquets flottants plus singuliers que commodes. Ces assemblages de pièces de bois inégales sont dangereux pour les chevaux et pour les voitures. Une route où croît tant de gazon, doit être peu fréquentée; ce qui la rend d'autant plus facile à entretenir. Hier, avant de casser, nous avancions au grand galop su`` `n chemin dont je m'avisai de vanter la beauté à mon feldjæger. « Je crois bien qu'il est beau, me répondit cet homme aux membres grêles, à la taille de guêpe, à la tenue roide et militaire, à l'œil gris et vif, aux lèvres pincées, à la peau naturellement blanche, mais tannée, brûlée et rougie par l'habitude des voyages en voitures découvertes, homme à l'air tout à la fois timide et redoutable, comme la haine réprimée par la peur : —je le crois bien.... c'est la grande route de Sibérie! »

Ce mot me glaça. C'est pour mon plaisir que je fais ce chemin, pensai-je; mais quels étaient les sentiments et les idées de tant d'infortunés qui l'ont fait avant moi? et ces sentiments et ces idées évoqués par mon imagination revenaient m'obséder. Je vais chercher une distraction, un divertissement sur les traces du désespoir des autres.... La Sibérie!... cet enfer russe est incessamment devant moi... et avec tous ses fantômes, il me fait l'effet du regard du basilic sur l'oiseau fasciné!... Quel pays!... la nature y est comptée pour rien; car il faut oublier la nature dans une plaine sans limites,

LETTRE TRENTE-DEUXIÈME.

sans couleur, sans plans, sans lignes, si ce n'est la ligne toujours égale, tracée par le cercle de plomb du ciel sur la surface de fer de la terre!!... Telle est, à quelques inégalités près, la plaine que j'ai traversée depuis mon départ de Pétersbourg : d'éternels marais entrecoupés de quelques champs d'avoine ou de seigle, qui sont de niveau avec les joncs; quelques carrés de terre cultivés en concombres, en melons et en divers légumes aux environs de Moscou, culture qui n'interrompt pas la monotonie du paysage; puis, dans les lointains, des bois de pins mal venants, quelques bouleaux maigres, noueux; puis enfin, le long des routes, des villages de planches grises, à maisons plates, dominés toutes les vingt, trente ou cinquante lieues par des villes un peu plus élevées, quoique plates aussi, villes où l'espace fait disparaître les hommes, rues qui ressemblent à des casernes bâties pour un jour de manœuvres : pour la centième fois voilà la Russie telle qu'elle est. Ajoutez-y quelques décorations, quelques dorures et beaucoup de gens aux discours flatteurs, aux pensers moqueurs, et vous l'aurez telle qu'on nous la veut montrer; il faut tout dire : on y assiste à de superbes revues. Savez-vous ce que c'est que les manœuvres russes? ces mouvements de troupes équivalent à des guerres, moins la gloire; mais la dépense n'en est que plus grande, car l'armée n'y peut pas vivre aux dépens de l'ennemi.

Dans ce pays sans paysages coulent des fleuves immenses, mais sans couleur; ils coulent à travers un pays grisâtre, dans des terrains sablonneux, et disparaissent sous des coteaux pas plus hauts que des digues, et brunis par des forêts marécageuses. Les fleuves du Nord sont tristes comme le ciel qu'ils reflètent; le Volga est, dans certaines parties de son cours, bordé de villages qu'on dit assez riches; mais ces piles de planches grises aux faîtes mousseux n'égayent pas la contrée. On sent l'hiver et la mort planer sur tous ces sites : la lumière et le climat du Nord donnent aux objets une teinte funèbre; au bout de quelques semaines, le voyageur épouvanté se croit enterré vif; il voudrait déchirer son linceul et fuir ce cimetière sans clôture, et qui n'a de bornes que celles de la vue; il lutte de toutes ses forces pour soulever le voile de plomb qui le sépare des vivants. N'allez jamais dans le Nord pour vous amuser, à moins que vous ne cherchiez votre amusement dans l'étude : car il y a beaucoup à étudier ici.

LETTRE TRENTE-DEUXIÈME.

Je suivais donc, désenchanté, la grande route *de la Sibérie*, quand j'aperçus de loin un groupe d'hommes d'armes arrêté sous une des contre-allées de la route.

« Que font là ces soldats? dis-je à mon courrier.

—Ce sont, me répondit cet homme, des Cosaques qui conduisent des exilés en Sibérie!!... »

Ainsi ce n'est pas un rêve, ce n'est pas de la mythologie de gazettes; je vois là de vrais malheureux, de véritables déportés qui vont à pied, chercher péniblement la terre où ils doivent mourir oubliés du monde, loin de tout ce qui leur fut cher, seuls avec le Dieu qui ne les avait pas créés pour subir un tel supplice. J'ai peut-être rencontré leurs mères, leurs femmes, ou je les rencontrerai; ce ne sont pas des criminels, au contraire; ce sont des Polonais, des héros de malheur et de dévouement; et les larmes me venaient aux yeux en approchant de ces infortunés auprès de qui je n'osais pas même m'arrêter de peur de devenir suspect à mon argus. Ah!... devant de tels revers, le sentiment de mon impuissante compassion m'humiliait, et la colère refoulait l'attendrissement dans mon cœur! J'aurais voulu être bien loin d'un pays où le misérable qui me sert de courrier pouvait devenir assez formidable pour me forcer par sa présence à dissimuler les sentiments les plus naturels de mon cœur. J'ai beau me répéter que nos forçats sont peut-être plus à plaindre que ne le sont les colons de la Sibérie, il y a dans cet exil lointain une vague poésie qui prête à la sévérité de la loi toute la puissance de l'imagination, et cette alliance inhumaine produit un résultat terrible. D'ailleurs, nos forçats sont jugés sérieusement; mais après quelques mois de séjour en Russie, on ne croit plus aux lois.

Il y avait là trois exilés, et ces condamnés étaient innocents à mes yeux, car sous le despotisme il n'y a de criminel que l'homme qui n'est pas puni. Ces trois condamnés étaient conduits par six hommes à cheval, par six Cosaques. La capote de ma voiture était fermée, et plus nous approchions du groupe, plus mon courrier observait attentivement ce qui se passait sur ma figure; il me dévisageait. Je fus singulièrement frappé des efforts qu'il faisait pour me persuader que les gens devant lesquels nous passions étaient de simples malfaiteurs, et que pas un condamné politique ne se trouvait parmi eux. Je gardais un morne silence; le soin qu'il prenait de répondre à ma pensée me parut très-significatif. Il la lit donc sur mon visage, me disais-je, ou la sienne lui fait deviner la mienne.

Affreuse sagacité des sujets du despotisme ! tous sont espions, même en amateurs et sans rétribution.

Les derniers relais de la route qui conduit à Nijni sont longs et difficiles, à cause des sables qui deviennent de plus en plus profonds[1], tellement qu'on y reste comme enterré; et dans ces sables, d'énormes blocs de bois et de pierres se remuent sous les roues des voitures et sous les pieds des chevaux; on dirait d'une plage jonchée de débris. Cette partie de la route est bordée de forêts, où campent, de demi-lieue en demi-lieue, des postes de Cosaques destinés à protéger le passage des marchands qui vont à la foire. Cet appareil est plus sauvage que rassurant. On se croit au moyen âge.

Ma roue est raccommodée : on la remet en place, ce qui me fait espérer que nous arriverons à Nijni avant ce soir. Le dernier relais est de huit lieues, par un chemin dont je viens de vous décrire tous

[1] On fait une chaussée de Moscou à Nijni : elle sera terminée bientôt.

les inconvénients, sur lesquels j'insiste, parce que les mots qui vous les peignent passent trop vite, en comparaison du temps que me prennent les choses.

SOMMAIRE DE LA LETTRE TRENTE-TROISIÈME.

Site de Nijni-Novgorod. — Mot de l'Empereur Nicolas. — Prédilection de ce prince pour Nijni. — Le Kremlin de Nijni. — Peuples accourus à cette foire de toutes les extrémités de la terre. — Nombre des étrangers. — Le gouverneur de Nijni. — Pavillon du gouverneur à la foire. — Le pont de l'Oka. — Barques qui obstruent le fleuve. — Aspect de la foire. — Peine qu'on a pour se loger. — Je m'installe dans un café. — Insectes inconnus. — Orgueil de mon feldjæger. — Emplacement de la foire. — Aspect des populations. — Terrain de la foire. — Ville souterraine. — Cloaque magnifique : ouvrage imposant. — Aspect singulier des femmes. — Les alentours de la foire. — Ville du thé. — Ville des chiffons. — Ville des bois de charronnage. — Ville des fers de Sibérie. — Origine de la foire de Nijni. — Village persan. — Poissons salés de la mer Caspienne. — Cuirs. — Fourrures. — Lazzaronis du Nord. — Intérieur de la foire. — Site mal choisi. — Crédit commercial des serfs russes. — Manière de calculer des gens du peuple. — Bonne foi des paysans. — Comment les seigneurs trompent leurs serfs. — Rivalité de l'autocratie et de l'aristocratie. — Prix des denrées à la foire de Nijni. — Turquoises apportées par les Boukares. — Chevaux kirguises : leur attachement les uns pour les autres. — La foire après le coucher du soleil. — Convoi de rouliers debout sur leur essieu. — Gravité des Russes. — Encore des chants russes. — Ce que dit la musique en Russie.

LETTRE TRENTE-TROISIÈME.

Nijni-Novgorod, ce 22 août au soir 1839.

Le site de Nijni est le plus beau que j'aie vu en Russie : il y a là non plus de petites falaises, de basses jetées qui se prolongent au bord d'un grand fleuve, des ondulations de terrain qualifiées de collines, au sein d'une vaste plaine : il y a une montagne, une vraie montagne qui fait promontoire au confluent du Volga et de l'Oka, deux fleuves également imposants, car, à son embouchure, l'Oka paraît aussi considérable que le Volga, et s'il perd son nom c'est parce qu'il ne vient pas d'aussi loin. La ville haute de Nijni bâtie sur cette montagne, domine une plaine immense comme la mer : un monde sans bornes s'ouvre au pied de cette crique devant laquelle se tient la plus grande foire du monde; pendant six semaines de l'année le commerce des deux plus riches parties du monde s'est donné rendez-vous au confluent du Volga et de l'Oka. C'est un lieu à peindre; jusqu'à présent je n'avais admiré de vues vraiment pittoresques en Russie que dans les rues de Moscou et le long des quais de Pétersbourg, encore ces sites étaient-ils de création humaine; mais ici la campagne est belle en elle-même; cependant l'ancienne ville de Nijni au lieu de regarder les fleuves et de profiter des moyens de richesse qu'ils lui offrent, reste entièrement cachée derrière la montagne; là, perdue dans l'intérieur du pays, elle semble fuir ce qui ferait sa gloire et sa prospérité : cette maladresse a frappé l'Empereur Nicolas qui s'écria la première fois qu'il vit ce lieu : « A Nijni la nature a tout fait, les hommes ont tout gâté. » Pour remédier à l'erreur des fondateurs de Nijni-Novgorod, un faubourg en forme de quai se bâtit aujourd'hui sous la côte, à l'une des deux pointes de terre qui séparent le Volga de l'Oka. Ce faubourg s'agrandit chaque année, il devient plus important et plus populeux que la cité; et le vieux Kremlin de Nijni (chaque ville russe a le sien), sépare l'ancien du nouveau Nijni, situé sur la rive droite de l'Oka.

La foire se tient de l'autre côté de ce fleuve sur une terre basse qui fait triangle entre la rivière et le Volga. Cette terre d'alluvion marque le point où les deux cours d'eau se réunissent, par conséquent d'un côté elle sert de rive à l'Oka et de l'autre au Volga; c'est aussi ce que fait le promontoire de

Nijni sur la rive droite de l'Oka. Les deux bords de cette rivière sont joints par un pont de bateaux qui conduit de la ville à la foire et qui m'a paru aussi long que celui du Rhin devant Mayence. Ces deux angles de terre, quoique séparés seulement par un fleuve, sont bien différents l'un de l'autre : l'un domine de toute la hauteur d'une montagne le sol nivelé de la plaine qu'on appelle Russie et il est pareil à une borne colossale, à une pyramide naturelle : c'est le promontoire de Nijni qui s'élève majestueusement au milieu de ce vaste pays; l'autre angle, celui de la foire, se cache au niveau des eaux qui l'inondent une partie de l'année; la beauté singulière de ce contraste n'a point échappé au coup d'œil de l'Empereur Nicolas; ce prince, avec la sagacité qui le caractérise, a senti que Nijni était un des points importants de son Empire. Il aime particulièrement ce lieu central favorisé par la nature et devenu le lieu de réunion des populations les plus lointaines qui s'y pressent de toutes parts, attirées par un puissant intérêt commercial. Dans sa minutieuse vigilance, l'Empereur ne néglige rien pour embellir, étendre et enrichir cette ville; il a ordonné des terrassements, des quais, et commandé pour dix-sept millions de travaux qui ne sont contrôlés que par lui. La foire de Makarief qui se tenait autrefois dans les terres d'un boyard à vingt lieues plus bas, en suivant le cours du Volga vers l'Asie, a été confisquée au profit de la couronne et du pays; puis l'Empereur Alexandre l'a transportée à Nijni. Je regrette la foire asiatique tenue dans les domaines d'un ancien prince moscovite : elle devait être plus pittoresque et plus originale, quoique moins grandiose et moins régulière que ce que je trouve ici.

Je vous ai dit que chaque ville russe a son Kremlin; de même que chaque ville espagnole a son Alcazar; le Kremlin de Nijni avec ses tours d'aspects divers et ses murailles crénelées qui serpentent sur une montagne bien plus élevée que ne l'est la colline du Kremlin de Moscou, a près d'une demi-lieue de tour.

Lorsque le voyageur aperçoit cette forteresse du fond de la plaine, il est frappé d'étonnement; il découvre par moments au-dessus de la cime des pins mal venants, les flèches brillantes et les lignes blanches de cette citadelle : c'est le phare vers lequel il se dirige à travers les déserts sablonneux qui gênent l'abord de Nijni par la route de Yaroslaf. L'effet de cette architecture nationale est toujours puissant;

ici les tours bizarres, les minarets chrétiens, ornements obligés de tous les Kremlins, sont encore embellis par la singulière coupe du terrain, qui dans certains endroits oppose de véritables précipices aux créations des architectes. Dans l'épaisseur des murailles on a pratiqué, comme à Moscou, des escaliers qui servent à monter de créneaux en créneaux jusqu'au sommet de la côte et des hauts remparts qui la couronnent : ces imposants degrés avec les tours dont ils sont flanqués, avec les rampes, les voûtes, les arcades qui les soutiennent, font tableau de quelque point des environs qu'on les aperçoive.

La foire de Nijni, devenue aujourd'hui la plus considérable de la terre, est le rendez-vous des peuples le plus étrangers les uns aux autres, et par conséquent les plus divers dans leur aspect, dans leur costume et leur langage, dans leurs religions et dans leurs mœurs. Des hommes du Thibet, de la Boukarie, des pays voisins de la Chine, viennent rencontrer là des Persans, des Finois, des Grecs, des Anglais, des Parisiens : c'est le jugement dernier des commerçants. Le nombre des étrangers constamment présents à Nijni pendant le temps que dure la foire est de deux cent mille; les hommes qui composent cette foule se renouvellent plusieurs fois, mais le chiffre reste toujours à peu près le même; cependant à certains jours de ce congrès du négoce, il se trouve dans Nijni jusqu'à trois cent mille personnes à la fois; le taux moyen de la consommation du pain, dans ce camp pacifique, est de quatre cent mille livres par jour : passé ces saturnales de l'industrie et du trafic, la ville est morte. Jugez de l'effet singulier que doit produire une transition si brusque!...... Nijni contient à peine vingt mille habitants qui se perdent dans ses vastes rues et dans ses places nues, pendant que le terrain de la foire reste abandonné pour neuf mois.

Cette foire occasionne peu de désordres; en Russie, le désordre est chose inconnue; il serait un progrès, car il est fils de la liberté; l'amour du gain et les besoins du luxe toujours croissants, jusque chez les nations barbares, font que même des populations à demi sauvages, telles que celles qui viennent ici de la Perse et de la Boukarie, trouvent du bénéfice à la tranquillité, à la bonne foi : d'ailleurs il faut avouer qu'en général les mahométans ont de la probité en affaires d'argent.

Il n'y a que peu d'heures que je suis dans cette

LETTRE TRENTE-TROISIÈME.

ville et j'ai déjà vu le gouverneur : on m'avait donné pour lui plusieurs lettres de recommandation très-pressantes; il m'a paru hospitalier et communicatif pour un Russe. La foire de Nijni montrée par lui, et vue de son point de vue, aura pour moi un double intérêt : celui qui s'attache aux choses mêmes, presque toutes nouvelles pour un Français, et celui que je mets à pénétrer la pensée des hommes employés par ce gouvernement.

Cet administrateur porte un nom anciennement illustré dans l'histoire de Russie : il s'appelle Boutourline. Les Boutourline sont une famille de vieux boyards; illustration qui devient rare. Je vous raconterai demain mon arrivée à Nijni, la peine que j'ai eue à trouver un gîte et la manière dont j'ai fini par m'établir, si tant est que je puisse me dire établi.

(*Suite de la même lettre.*)

Ce 23 août 1839, au matin.

Je n'ai rencontré de foule en Russie qu'à Nijni sur le pont de l'Oka; à la vérité ce défilé est l'unique chemin qui conduit de la ville à la foire; c'est aussi par là qu'on arrive à Nijni quand on vient d'Yaroslaf. A l'entrée de la foire on tourne à droite pour passer sur le pont, en laissant à gauche toutes les boutiques de la foire et le palais de jour du gouverneur qui descend tous les matins de sa maison de la ville haute dans ce pavillon, espèce d'observatoire administratif d'où il préside et surveille toutes les rues, toutes les files de boutiques et toutes les affaires de la foire. La poussière qui aveugle, le bruit qui assourdit, les voitures, les piétons, les soldats chargés de maintenir l'ordre, tout embarrasse le passage du pont, et comme l'eau du fleuve disparaît sous une multitude de barques, on se demande à quoi sert ce pont, car au premier coup d'œil on croit la rivière à sec. Les bateaux sont si serrés au confluent du Volga et de l'Oka, qu'on pourrait traverser ce dernier fleuve à pied en enjambant de jonque en jonque. J'emploie ce terme chinois parce qu'une grande partie des bâtiments qui affluent à Nijni sert à porter à la foire des marchandises de la Chine et surtout du thé. Tout cela captive l'imagination; mais je ne trouve pas que les yeux soient également satisfaits. Les tableaux pittoresques manquent à cette foire dont tous les bâtiments sont neufs.

Hier à mon arrivée, j'ai cru que nos chevaux écraseraient vingt personnes avant d'atteindre le quai de l'Oka; ce quai est la nouvelle Nijni, faubourg qui d'ici à peu d'années deviendra considérable. C'est une longue rangée de maisons resserrées entre l'Oka qui s'approche de son embouchure dans le Volga et la côte qui l'encaisse de ce côté de son cours; la crête de cette côte est hérissée de murailles formant l'enceinte extérieure du Kremlin de Nijni; la ville haute disparaît derrière ces murailles et derrière la montagne. Quand j'eus touché au bord désiré, je trouvai bien d'autres difficultés qui m'attendaient; il fallait avant tout me loger, et les auberges étaient combles. Mon feldjæger frappait à toutes les portes et revenait toujours me dire avec le même sourire, féroce à force d'immobilité, qu'il n'avait pu trouver une seule chambre. Il me conseillait d'aller demander l'hospitalité au gouverneur; c'est ce que je ne voulais pas faire.

Enfin, arrivés à l'extrémité de cette longue rue, au pied de la route qui monte à la vieille ville par une pente très-rapide et qui passe sous un arc obscur, pratiqué à travers un pan de l'épaisse muraille crénelée de la forteresse, nous aperçûmes, dans un endroit où la rue s'enfonce et se resserre, entre la jetée de la rivière et les substructions de la côte, un café, le dernier de la ville vers le Volga. Les abords de ce café sont obstrués par un marché public, espèce de petite halle couverte, d'où s'exhalent des odeurs qui ne sont rien moins que des parfums. Là je me fis descendre de voiture et conduire à ce café, qui ne consiste pas en une seule salle, mais en une espèce de marché qui occupe toute une suite d'appartements. Le maître m'en fit les honneurs en m'escortant poliment à travers la foule bruyante qui remplissait cette longue enfilade de chambres; parvenu avec moi à la dernière de ces salles, obstruée comme toutes les autres de tables où des buveurs en pelisses prenaient du thé et des liqueurs, il me prouva qu'il n'avait pas une seule chambre qui fût libre.

« Cette salle fait le coin de votre maison, lui dis-je; a-t-elle une sortie particulière?

— Oui.

— Eh bien, condamnez la porte qui la sépare des autres salles de votre café, et donnez-la-moi pour chambre à coucher. »

L'air que j'y respirais me suffoquait déjà; c'était un mélange infect d'émanations les plus diverses: la graisse des fourrures de mouton, le musc des peaux préparées, qu'on appelle cuir de Russie, le suif des bottes, le chou aigre, principale nourriture des paysans, le café, le thé, les liqueurs, l'eau-de-vie épaississaient l'atmosphère. On respirait du poison! mais que pouvais-je faire? c'était ma dernière ressource. J'espérais d'ailleurs qu'une fois la chambre déblayée et bien lavée, les mauvaises odeurs se dissiperaient comme la foule des convives. J'insistai donc pour que mon feldjæger expliquât nettement ma proposition au maître du café.

« J'y perdrai, répondit l'homme.

— Je vous paierai ce que vous voudrez; seulement vous me trouverez quelque part un asile pour mon valet de chambre et pour mon courrier. »

Le marché se conclut, et me voici tout fier d'avoir pris d'assaut un cabaret infect, qu'on me fait payer plus cher que le plus bel appartement de l'hôtel des Princes à Paris. Je me consolais de la dépense en songeant à la victoire que je venais de remporter. Il faut être en Russie, dans un pays où les fantaisies des hommes qu'on croit puissants ne connaissent pas d'obstacles, pour changer en un moment une salle de café en une chambre à coucher.

Mon feldjæger engage les buveurs à se retirer; ils sortent sans faire la moindre objection, et on les parque comme on peut dans la salle voisine dont on condamne la porte avec une serrure de l'espèce de celle que je vous ai décrite. Une vingtaine de tables étaient rangées autour de la chambre; un essaim de prêtres en robes, autrement dit une troupe de garçons de café en chemises, se précipitent dans la salle et la démeublent en un instant. Mais qu'est-ce que je vois? de dessous chaque table, de dessous chaque tabouret, sortent des nuées de bêtes telles que je n'en avais jamais aperçu; c'est un insecte noir, long d'un demi-pouce, assez gros, mou, rampant, gluant, infect et courant assez vite. Ce fétide animal est connu dans une partie de l'Europe orientale, en Volhynie, en Ukraine, en Russie, et je crois dans la grande Pologne, où on l'appelle, ce me semble, *persica*, parce qu'il y fut apporté d'Asie; je n'ai pu distinguer le nom que lui donnent les garçons du café de Nijni. En voyant le pavé de mon gîte tout marbré de ces bêtes grouillantes et qu'on y écrasait involontairement et volontairement, non par centaines, mais par milliers; en m'apercevant surtout du nouveau genre de mauvaise odeur produit par ce massacre, le désespoir me prit; je me sauvai de la chambre, de la rue, et je courus me présenter au gouverneur. Je ne rentrai dans mon détestable gîte que lorsqu'on m'eut dit et répété qu'il était aussi net qu'il pouvait l'être. Mon lit, rempli de foin frais, à ce qu'on m'assura, était dressé au milieu de la salle, les quatre pieds posés dans quatre terrines pleines d'eau, et je m'entourai de lumière pour la nuit. Malgré tant de précautions, je n'en ai pas moins trouvé au sortir d'un sommeil inquiet, lourd, agité, deux ou trois *persica* sur mon oreiller. Ces bêtes ne sont pas malfaisantes; mais je ne saurais vous dire le dégoût qu'elles m'inspirent. La malpropreté, l'apathie que dénote la présence de pareils insectes dans les habitations des hommes, me fait regretter d'être venu parcourir cette partie de la terre. Il me semble que c'est une dégradation morale que de se laisser approcher par des animaux immondes, il y a telle répulsion physique qui triomphe de tout raisonnement.

Maintenant que je vous ai avoué ma misère et décrit mes infortunes, je ne vous en parlerai plus. Pour compléter le tableau de cette chambre usurpée sur le café, vous saurez qu'on m'a fait des rideaux avec des nappes dont les coins sont cloués aux fenêtres par des fourchettes de fer; des ficelles servent d'embrasses à ces draperies; deux malles sous un tapis de Perse me tiennent lieu de canapé; le reste à l'avenant.

Un négociant de Moscou qui tient un magasin de soieries des plus magnifiques et des plus considérables de la foire, doit venir me chercher ce matin pour me montrer toutes choses avec ordre et détail; je vous dirai le résultat de cette revue.

(*Suite de la même lettre.*)

Ce 24 août 1839, au soir.

Je retrouve ici une poussière méridionale et une chaleur suffocante; aussi m'avait-on bien conseillé de ne me rendre à la foire qu'en voiture; mais l'affluence des étrangers est telle en ce moment à Nijni, que je n'ai pu trouver une voiture à louer; j'ai été réduit à me servir de celle dans laquelle j'ai voyagé depuis Moscou, et à l'atteler de deux chevaux seulement, ce qui m'a contrarié comme un Russe : ce n'est pas par vanité qu'on va ici à quatre chevaux ; la race a du nerf, mais elle n'est pas robuste : les chevaux russes courent longtemps lorsqu'ils n'ont rien à traîner, mais ils se fatiguent bientôt de tirer. Quoi qu'il en soit, mes deux chevaux et ma calèche composaient un équipage plus commode qu'élégant; ils m'ont promené tout le jour dans la foire et dans la ville.

LETTRE TRENTE-TROISIÈME.

En montant dans cette voiture avec le négociant qui voulait bien me servir de *cicerone* et avec son frère, je dis à mon feldjæger de nous suivre. Celui-ci sans hésiter, sans m'en demander la permission, s'élance dans la calèche d'un air délibéré, puis, avec un aplomb qui me surprend, il s'établit à côté du frère de M ***, lequel, malgré mes instances, avait absolument voulu s'asseoir sur le devant de ma voiture.

En ce pays, il n'est pas rare de voir le maître d'une voiture établi dans le fond, même lorsqu'il n'est pas à côté d'une femme, tandis que ses amis se placent sur le devant. Cette impolitesse qu'on ne se permet chez nous que dans la plus étroite intimité, n'étonne ici personne.

Craignant que la familiarité du courrier ne parût choquante à mes obligeants conducteurs, je crus devoir faire descendre cet homme, en lui disant fort doucement de monter sur le siége de devant, à côté du cocher.

« Je n'en ferai rien, me répond le feldjæger avec un sang-froid imperturbable.

— Pourquoi ne m'obéissez-vous pas ? » répliquai-je d'un ton encore plus calme; car je sais que chez cette nation à demi orientale, il faut faire assaut d'impassibilité pour conserver son autorité.

Nous parlions allemand. « Ce serait déroger, » me répondit le Russe toujours du même ton.

Ceci me rappelait les disputes de préséance entre boyards, disputes dont les conséquences ont souvent été si graves sous le règne des Ivan, qu'elles remplissent bien des pages de l'histoire de Russie de cette époque.

« Qu'entendez-vous par déroger, repris-je? Cette place n'est-elle pas celle que vous avez occupée depuis notre départ de Moscou?

— Il est vrai, monsieur, que c'est ma place en voyage ; mais à la promenade, je dois monter dans la voiture. Je porte l'uniforme. »

Cet uniforme que j'ai décrit ailleurs, est l'habit d'un facteur de la poste.

« Je porte l'uniforme; monsieur, j'ai mon rang dans le tchinn; je ne suis pas un domestique; je suis serviteur de l'Empereur.

— Je m'occupe fort peu de ce que vous êtes; au surplus, je ne vous ai pas dit que vous êtes un domestique.

— J'en aurais l'air, si je m'asseyais à cette place quand monsieur se promène dans la ville. J'ai plusieurs années de service, et pour récompense de ma bonne conduite, on m'a fait espérer la noblesse : j'aspire à l'obtenir, car je suis ambitieux. »

Cette confusion de nos vieilles idées aristocratiques et de la nouvelle vanité insufflée par des despotes ombrageux à des peuples malades d'envie, m'épouvantait. J'avais sous les yeux un échantillon de la pire espèce d'émulation, de celle du parvenant qui veut se donner des airs de parvenu !

Après un instant de silence, je repris : « J'approuve votre fierté, si elle est fondée ; mais étant peu au fait des usages de votre pays, je veux avant de vous permettre d'entrer dans ma voiture, soumettre votre réclamation à M. le gouverneur. Mon intention est de n'exiger de vous rien de plus que ce que vous me devez, d'après les ordres qu'on vous a donnés en vous envoyant auprès de moi ; dans le doute, je vous dispense de votre service pour aujourd'hui : je sortirai sans vous. »

J'avais envie de rire du ton d'importance dont je parlais ; mais je croyais cette dignité de comédie nécessaire à ma sûreté pendant le reste de mon voyage. Il n'y a pas de ridicule qui ne soit excusé par les conditions et les conséquences inévitables du despotisme.

Cet aspirant à la noblesse, si scrupuleux observateur de l'étiquette du grand chemin, me coûte, en dépit de son orgueil, trois cents francs de gages par mois; je le vis rougir en écoutant mes dernières paroles, et sans répliquer un mot, il descendit enfin de ma voiture où il était resté jusque-là fort insolemment cramponné; il rentra dans la maison en silence. Je ne manquerai pas de raconter au gouverneur le résumé du colloque que vous venez de lire.

L'emplacement de la foire est très-vaste, et j'habite fort loin du pont qui conduit à cette ville d'un mois. J'eus donc lieu de m'applaudir d'avoir pris des chevaux, car, par la chaleur qu'il fait, je me serais senti sans force avant même d'être arrivé à la foire, s'il avait fallu faire à pied ce trajet dans des rues poudreuses, le long d'un quai découvert et sur un pont où le soleil darde des rayons ardents pendant des jours qui sont encore environ de quinze heures, malgré la promptitude avec laquelle ils vont commencer à décroître dans la saison avancée où nous entrons.

Des hommes de tous les pays du monde, mais surtout des dernières extrémités de l'Orient, se donnent rendez-vous à cette foire; mais ces hommes sont plus singuliers de nom que d'aspect. Tous les Asiatiques se ressemblent, ou du moins on peut les partager en deux classes : les hommes à figure de singes : Calmoucks, Mongols, Baskirs, Chinois; les hommes à profil grec : Circassiens, Persans, Géorgiens, Indiens, etc., etc., etc.

La foire de Nijni se tient, comme je l'ai déjà dit, sur un immense triangle de terre sablonneuse et parfaitement plane qui forme pointe entre l'Oka, près d'arriver à son embouchure dans le Volga, et le large cours de ce fleuve. Cet espace est donc borné de chaque côté par l'une des deux rivières. Le sol où se déposent tant de richesses ne s'élève presque pas au-dessus de l'eau; aussi ne voit-on sur les rives de l'Oka et sur celles du Volga que des hangars, des baraques et des dépôts de marchandises, tandis que la ville foraine proprement dite est située assez avant dans les terres à la base du triangle formé par les deux fleuves; elle n'a de bornes que celles qu'on a voulu lui assigner du côté de la plaine aride qui s'étend à l'ouest et au nord-ouest vers Yaroslaf et Moscou. Cette ville marchande est un vaste assemblage de longues et larges rues tirées au cordeau; disposition qui nuit à l'effet pittoresque de l'ensemble : une douzaine de pavillons censés chinois, dominent les boutiques, mais leur style fantastique ne suffit pas pour corriger la tristesse et la monotonie de l'aspect général de la foire. C'est un bazar en carré long qui paraît solitaire, tant il est grand : on ne voit plus de foule dès qu'on a pénétré dans l'intérieur des lignes où sont rangées les boutiques, tandis que les abords de ces rues sont obstrués par des populations entières. La ville foraine est comme toutes les autres villes russes modernes, trop vaste pour sa population, et pourtant vous avez déjà vu que le taux moyen de cette population quotidienne était de deux cent mille âmes : il est vrai que, dans ce nombre immense d'étrangers, il faut comprendre tous ceux qui sont dispersés sur les fleuves dans les barques qui servent d'asile à toute une population amphibie; et dans les camps volants qui environnent la foire proprement dite. Les maisons des marchands reposent sur une ville souterraine, superbe cloaque voûté, immense labyrinthe où l'on se perdrait, si l'on y pénétrait sans un guide expérimenté. Chaque rue de la foire est doublée par une galerie supérieure qui la suit sous terre dans toute sa longueur et sert d'issue aux immondices. Ces égouts construits en pierre de taille sont nettoyés plusieurs fois par jour au moyen d'une multitude de pompes qui servent à tirer l'eau des rivières voisines. On pénètre dans ces galeries par de larges escaliers en belles pierres. Toute personne qui se disposerait à salir les rues du bazar est invitée poliment par les Cosaques chargés de la police de la foire, à descendre dans ces catacombes d'immondices. C'est un des ouvrages les plus imposants que j'aie vus en Russie. Il y a là des modèles à proposer aux faiseurs d'égouts de Paris. Tant de grandeur et de solidité rappelle Rome. Ces souterrains sont l'œuvre de l'Empereur Alexandre qui, à l'instar de ses prédécesseurs, prétendit vaincre la nature en établissant la foire sur un sol inondé pendant la moitié de l'année. Il a prodigué des millions pour remédier aux inconvénients du choix peu judicieux qu'il fit le jour où il ordonna que la foire de Makarief fût transportée à Nijni.

L'Oka, près de son embouchure dans le Volga, est bien quatre fois large comme la Seine; ce fleuve sépare la ville permanente de la ville foraine, il est tellement couvert de bateaux que, pendant l'espace de plus d'une demi-lieue, l'eau disparaît sous les barques. Quarante mille hommes bivouaquent toutes les nuits et se nichent comme ils peuvent sur ces embarcations devenues les baraques d'un camp, mais d'un camp mobile. Ce peuple aquatique fait lit de toutes choses; un sac, une tonne, un banc, une planche, un fond de bateau, une caisse, une bûche, une pierre, un tas de voiles, tout est bon à des hommes qui ne se déshabillent point pour dormir; ils étendent leur pelisse de peau de mouton sur la couche qu'ils choisissent et ils s'y couchent comme sur un matelas. Cet amas de bateaux est un parquet volant. Du fond de la ville humide, le soir, on entend sortir des voix sourdes, des murmures humains qu'on prend pour le bouillonnement des flots; quelquefois des chants s'élèvent du milieu d'une île de barques qui paraissait inhabitée; car ce qu'il y a de plus singulier, c'est que les navires où se produisent ces bruits, semblent vides au moins pendant le jour; leurs habitants n'y demeurent que pour dormir, et même alors ils s'enfuient dans les cales des bateaux et disparaissent sous l'eau comme les fourmis sous la terre. Des agglomérations de canots toutes semblables se forment sur le Volga aux approches de l'embouchure de l'Oka, et en remontant le cours de ce dernier fleuve au-dessus du pont de bateaux de Nijni on en voit d'autres encore qui s'étendent à des distances considérables. Enfin quelque part que l'œil se repose, il s'arrête sur des séries de barques dont plusieurs ont des formes et des couleurs singulières ; toutes ont des mâts, c'est un marécage américain, et cette forêt submergée est peuplée d'hommes accourus là de tous les coins de la terre, vêtus d'habits aussi bizarres que leurs figures et leurs physionomies sont étranges. Voilà ce qui m'a le plus frappé dans cette foire immense ; ces fleuves habités nous retracent les descriptions des villes de la Chine où les rivières sont changées en rues par les hommes qui vivent sur l'eau faute de terrain.

Certains paysans de cette partie de la Russie portent des chemises-blouses toutes blanches et ornées de broderies rouges : c'est un costume emprunté aux Tatares. On le voit briller de loin sous les rayons du soleil, et la nuit, le blanc du linge fait apparition dans les ténèbres ; l'ensemble de toutes ces choses produit des tableaux fort extraordinaires, mais si vastes et si plats qu'au premier coup d'œil ils dépassent la force d'attention de mon esprit et trompent ma curiosité. Malgré tout ce qu'elle a de singulier et d'intéressant, la foire de Nijni n'est point pittoresque : c'est la différence d'un plan à un dessin ; l'homme qui s'occupe d'économie politique, d'industrie, d'arithmétique, a plus affaire ici que le poëte ou que le peintre; il s'agit de la balance et des progrès commerciaux des deux principales parties du monde :. rien de plus, rien de moins. D'un bout de la Russie à l'autre, je vois un gouvernement minutieux, hollandais, faisant hypocritement la guerre aux facultés primitives d'un peuple ingénieux, gai, poétique, oriental, et né pour les arts.

On trouve toutes les marchandises de la terre rassemblées dans les immenses rues de la foire, mais elles s'y perdent : la denrée la plus rare, ce sont les acheteurs; je n'ai encore rien vu dans ce pays sans m'écrier : « Il y a trop peu de monde ici pour un si vaste espace. » C'est le contraire des vieilles sociétés où le terrain manque à la civilisation. Les boutiques françaises et anglaises sont les plus élégantes de la foire et les plus recherchées; on se croit à Paris, à Londres: mais ce Bond-Street du Levant, ce palais royal des steppes n'est pas ce qui fait la richesse véritable du marché de Nijni; pour avoir une juste idée de l'importance de cette foire, il faut se souvenir de son origine, et du lieu où elle se tint d'abord. Avant Makarief c'était Kazan : on venait à Kazan des deux extrémités de l'ancien monde :

l'Europe occidentale et la Chine se donnaient rendez-vous dans l'ancienne capitale de la Tartarie russe pour échanger leur produit. C'est encore ce qui arrive à Nijni; mais on n'aurait qu'une idée bien incomplète de ce marché où deux continents envoient leurs produits, si l'on ne s'éloignait des boutiques tirées au cordeau et des élégants pavillons soi-disant chinois qui ornent le moderne bazar d'Alexandre; il faut avant tout parcourir quelques-uns des divers camps dont la foire élégante est flanquée. L'équerre et le cordeau ne poursuivent pas le négoce jusque dans les faubourgs de la foire : ces faubourgs sont comme la basse-cour ou la ferme d'un château; quelque pompeuse, quelque magnifique que soit l'habitation principale, le désordre de la nature règne dans les dépendances.

Ce n'est pas un petit travail que de parcourir même rapidement ces dépôts extérieurs, car ils sont eux-mêmes grands comme des villes. Là règne un mouvement continuel et vraiment imposant : véritable chaos mercantile où l'on aperçoit des choses qu'il faut avoir vues de ses yeux, et entendu chiffrer par des hommes graves et dignes de foi pour y croire.

Commençons par la ville du thé : c'est un camp

asiatique qui s'étend sur les rives des deux fleuves à la pointe de terre où s'opère leur réunion. Le thé vient de la Chine en Russie par Kiatka, qui est au fond de l'Asie ; dans ce premier dépôt, on l'échange contre des marchandises : il est transporté de là en ballots qui ressemblent à de petites caisses en forme de dés d'environ deux pieds en tous sens : ces ballots carrés sont des châssis couverts de peaux dans lesquelles les acheteurs enfoncent des espèces d'éprouvettes pour connaître, en retirant leur sonde, la qualité de la marchandise. De Kiatka, le thé chemine par terre jusqu'à Tomsk ; il est chargé là dans des barques et voyage sur plusieurs rivières dont l'Irtitch et le Tobol sont les principales ; il arrive ainsi à Tourmine, de là on le transporte de nouveau par terre jusqu'à Perm en Sibérie, où il est embarqué sur la Kama qui le fait descendre jusqu'au Volga, d'où il remonte en bateaux vers Nijni : la Russie reçoit chaque année 75 à 80 mille caisses de thé, dont la moitié reste en Sibérie pour être transportée à Moscou pendant l'hiver par le traînage et dont l'autre moitié arrive à cette foire.

C'est le principal négociant de thé de la Russie qui m'a écrit l'itinéraire que vous venez de lire. Je ne réponds pas de l'orthographe ni de la géographie de ce richard; mais un millionnaire a toujours beaucoup de chances pour avoir raison, car il achète la science des autres.

Vous voyez que ce fameux thé de caravanes, si délicat parce qu'il vient par terre, dit-on, voyage presque toujours par eau; il est vrai que c'est de l'eau douce, et que les brouillards des rivières sont loin de produire les effets de la brume de mer..... d'ailleurs quand je ne puis expliquer les faits, je me contente de les noter.

Quarante mille caisses de thé !... c'est bientôt dit; mais vous ne pouvez vous figurer comme c'est long à voir, même ne fît-on que passer devant les monceaux de ballots sans les compter. Cette année on en a vendu trente-cinq mille en trois jours. Je viens de contempler les hangars sous lesquels on les a déposées; un seul homme, mon négociant géographe, en a pris quatorze mille, moyennant dix millions de roubles d'argent (il n'y a plus de roubles de papier), payables une partie comptant, une partie dans un an.

C'est le taux du thé qui fixe le prix de toutes les marchandises de la foire; tant que ce taux n'est pas publié, les autres marchés ne se font qu'à condition.

Il y a une ville aussi vaste, mais moins élégante

et moins parfumée que la ville du thé : c'est celle des chiffons. Heureusement qu'avant de porter les loques de toute la Russie à la foire, on les fait blanchir. Cette marchandise, nécessaire à la fabrication du papier, est devenue si précieuse que les douanes russes en défendent l'exportation avec une extrême sévérité.

Une autre ville m'a paru remarquable entre tous les bourgs annexés à cette foire : c'est celle des bois écorcés. A l'instar des faubourgs de Vienne ces villes secondaires sont plus considérables que la ville principale. Celle dont je vous parle sert d'abri aux bois apportés de la Sibérie, et destinés à faire des roues aux charrettes russes, et des colliers aux chevaux. C'est ce demi-cercle qu'on voit fixé d'une manière si originale et si pittoresque aux extrémités du brancard, et qui domine la tête de tous les limoniers russes ; il est d'un seul morceau de bois ployé à la vapeur, les jantes de roue apprêtées par le même procédé sont aussi d'une seule pièce ; les approvisionnements nécessaires pour fournir ces jantes et ces colliers à toute la Russie occidentale font ici des montagnes de bois pelé dont nos chantiers de Paris ne donnent pas même une idée.

Une autre ville, et c'est, je crois, la plus étendue

et la plus curieuse de toutes, sert de dépôt aux fers de Sibérie. On marche pendant un quart de lieue sous des galeries où sont artistement rangées toutes les espèces de barres de fer connues, puis viennent des grilles, puis vient du fer travaillé; on voit des pyramides toutes bâties en instruments aratoires et en ustensiles de ménage. On voit des maisons pleines de vases de fonte; c'est une cité de métal; on peut évaluer là une des principales sources de la richesse de l'Empire. Cette richesse fait peur. Que de coupables ne faut-il pas pour exploiter de tels trésors! Si les criminels manquent, on en fait; on fait au moins des malheureux; dans ce monde souterrain d'où sort le fer, la politique du progrès succombe, le despotisme triomphe et l'État prospère!!... Une étude curieuse à faire, si on la permettait aux étrangers, ce serait celle du régime imposé aux mineurs de l'Oural; mais il faudrait voir par ses yeux et ne pas s'en rapporter à ce qui est écrit. Cette tâche serait aussi difficile à accomplir pour un Européen de l'Occident que l'est le voyage de la Mecque à un chrétien.

Toutes ces villes foraines, succursales de la ville principale, ne sont que l'extérieur de la foire; elles s'étendent sans plan autour du centre commun; en les comprenant toutes dans la même enceinte, leur circonférence serait celle d'une des grandes capitales de l'Europe. Une journée ne suffirait pas pour parcourir tous ces faubourgs provisoires qui sont autant de satellites de la foire proprement dite. Dans cet abîme de richesses, on ne peut tout voir; il faut donc choisir; d'ailleurs la chaleur étouffante des derniers jours caniculaires, la poussière, la foule, les mauvaises odeurs ôtent les forces au corps et l'activité à la pensée. Cependant j'ai vu comme on verrait à vingt ans, sous le rapport de l'exactitude, mais avec moins d'intérêt.

J'abrégerai mes descriptions : en Russie on se résigne à la monotonie : c'est une condition de la vie; mais c'est en France que vous me lirez, et je n'ai pas le droit d'espérer que vous preniez votre parti d'aussi bonne grâce que je prends ici le mien. Vous n'êtes pas obligé à la patience, comme si vous aviez fait mille lieues pour apprendre à pratiquer cette vertu des vaincus.

J'oubliais de noter une ville de laine de cachemire. En voyant ce vilain poil poudreux, ficelé par énormes ballots, je songeais aux belles épaules qu'il recouvrira un jour, aux magnifiques parures qu'il complétera, quand il sera changé en châles de Ternaux et autres.

J'ai vu aussi une ville de fourrure et une ville

de potasse : c'est à dessein que je me sers de ce mot ville : lui seul peut vous dépeindre l'étendue des divers dépôts qui entourent cette foire et qui lui donnent un caractère de grandeur que n'aura jamais aucune autre foire.

Ce phénomène commercial ne pouvait se produire qu'en Russie : il fallait, pour créer une foire de Nijni, un extrême besoin de luxe chez des populations encore à demi barbares, vivant dans des contrées séparées les unes des autres par des distances incommensurables, sans moyens faciles ni prompts de communications ; il fallait un pays où il résulte de l'intempérie des saisons que chaque localité se trouve isolée pendant une partie de l'année ; la réunion de ces circonstances et de bien d'autres, sans doute, que je n'ai pu discerner, était nécessaire pour empêcher dans un empire déjà opulent le débit journalier dont le détail dispense les négociants des frais et des fatigues occasionnés par l'entassement annuel de toutes les richesses du sol et de l'industrie sur un seul point du pays à une époque fixe. On peut prédire le temps qui, je crois, n'est pas très-éloigné, où les progrès de la civilisation matérielle, en Russie, diminueront infiniment l'importance de la foire de Nijni.

Aujourd'hui, je le répète, elle est la plus grande foire du monde.

Dans un faubourg séparé par un bras de l'Oka, se trouve un village persan dont les boutiques sont uniquement remplies de marchandises venant de Perse : parmi les plus remarquables de ces objets lointains j'ai surtout admiré des tapis qui m'ont paru magnifiques; des pièces de soie écrue et des termolama, espèce de cachemire de soie qui ne se fabrique, dit-on, qu'en Perse. Je ne serais pas surpris cependant si les Russes en faisaient chez eux pour vendre cette étoffe comme un produit étranger. Ceci est une pure supposition, et je ne pourrais la justifier par aucun fait.

Les figures persanes font peu d'effet en ce pays où la population indigène est elle-même asiatique et conserve les traces de son origine.

On m'a fait traverser une ville uniquement destinée à loger les poissons séchés et salés qui sont envoyés de la mer Caspienne pour les carêmes russes. Les Grecs dévots font une grande consommation de ces momies aquatiques. Quatre mois d'abstinence chez les Moscovites enrichissent les mahométans de la Perse et de la Tartarie. Cette ville des poissons est située au bord de l'eau; on voit les peaux de ces monstres divisées par moitié, les unes sont rangées à terre, les autres restent entassées dans la cale des vaisseaux qui les apportent : si l'on ne comptait pas ces corps morts par millions, on se croirait dans un cabinet d'histoire naturelle. On les appelle, je crois, *sordacs*. Ils exhalent même en plein air une odeur désagréable. Une autre ville est la ville des cuirs, objets de la plus haute importance à Nijni, parce qu'on en apporte là suffisamment pour fournir à la consommation de toute la Russie occidentale.

Une autre, c'est la ville des fourrures ; on y voit des peaux de toutes sortes de bêtes, depuis la zibeline, le renard bleu et certaines fourrures d'ours qu'il faut payer douze mille francs pour s'en faire une pelisse, jusqu'aux renards communs et aux loups qui ne coûtent rien ; les gardiens de ces trésors se font pour la nuit des tentes de leurs marchandises, sauvages abris dont l'aspect est pittoresque. Ces hommes, quoiqu'ils habitent des pays froids, vivent de peu : ils se vêtent mal et dorment en plein air quand il fait beau ; quand il pleut, ils sont nichés sous des piles de marchandises, dans des trous : véritables lazzaronis du Nord, ils sont moins gais, moins brillants, moins mimes et plus malpropres que ceux de Naples, parce qu'à la saleté d leurs personnes se joint celle de leurs vêtements qu'ils ne peuvent quitter.

Ce que vous venez de lire suffit pour vous donner une idée de l'extérieur de la foire : l'aspect de l'intérieur, je vous le répète, est beaucoup moins intéressant ; il fait un contraste singulier et peu agréable avec celui du dehors. Là, au dehors, roulent les chars, les brouettes ; là règnent le désordre, le bruit, la foule, les cris, les chants, la liberté enfin ! Ici, au dedans, on retrouve la régularité, le silence, la solitude, l'ordre, la police, en un mot la Russie !

D'immenses files de maisons, ou plutôt de boutiques, séparent de longues et larges rues, au nombre de douze ou treize, je crois, qui se terminent à une église russe et à douze pavillons chinois. Poursuivre chaque rue et parcourir la foire entière en circulant de boutique en boutique, il faut faire dix lieues. Voilà ce que je sais, mais quand je vois les lieux je ne le crois pas. Notez que je ne vous parle ici que de la ville foraine proprement dite, et non plus des faubourgs dont nous avons fui le tumulte pour nous réfugier dans la paix du bazar gardé par les Cosaques qui, pour le sérieux, la roideur et l'exacte obéissance, équivalent, du moins pendant les heures du service, aux muets du sérail.

L'Empereur Alexandre, après avoir choisi le nouvel emplacement de cette foire, ordonna les travaux nécessaires à son établissement; il ne l'a jamais vue; il a donc ignoré les sommes immenses qu'on fut obligé d'ajouter à son budget, et qui ont été enfouies depuis sa mort dans ce terrain trop bas pour l'usage auquel on l'avait destiné. Grâce à des efforts inouïs et à des dépenses énormes la foire est maintenant habitable pendant l'été; c'est tout ce qu'il faut au commerce. Mais il n'en est pas moins vrai qu'elle est mal située, poudreuse ou fangeuse au premier rayon de soleil, à la moindre pluie; et malsaine quelque temps qu'il fasse; ce qui n'est pas un mince inconvénient pour les marchands, obligés de coucher au-dessus de leurs magasins pendant six semaines.

Malgré le goût des Russes pour la ligne droite, bien des gens pensent ici comme moi, qu'il aurait mieux valu mettre la foire à côté de la vieille ville, sur la crête de la montagne, dont on aurait rendu le sommet abordable par de belles rampes d'une pente insensible et d'un effet grandiose dans le paysage, quitte à déposer au pied du coteau, sur les bords de l'Oka, les objets trop pesants et trop volumineux pour être hissés sur la colline. Ainsi les fers, les bois, les laines, les chiffons, les thés seraient restés près des bateaux qui les apportent, et la foire marchande et brillante se serait tenue sur un plateau spacieux à la porte de la ville haute; disposition plus convenable sous tous les rapports que ne l'est l'arrangement actuel! Vous figurez-vous une côte habitée par les représentants de toutes les nations de l'Asie et de l'Europe? cette montagne peuplée ferait un prodigieux effet; le marais où grouillent ces populations voyageuses en produit peu.

Les ingénieurs modernes, si habiles dans tous es pays, auraient trouvé là de quoi exercer leur talent; les admirateurs de la mécanique n'eussent pas manqué d'objets dignes de piquer leur curiosité, car on eût inventé des machines pour aider les marchandises à grimper la montagne; les poëtes, les peintres, les amateurs des beaux sites et des effets pittoresques, les curieux qui sont devenus un peuple dans ce siècle où l'abus de l'activité produit des fanatiques de fainéantise, tous ces hommes, utiles par l'argent qu'ils dépensent, auraient joui d'une promenade magnifique, et bien autrement intéressante que celle qu'on leur a ménagée dans un bazar uni d'où l'on n'a point de vue et où l'on respire un air méphitique; enfin ceci mérite considération : ce résultat aurait coûté à l'Empereur beaucoup moins d'argent qu'il n'en a dépensé pour sa foire aquatique, ville d'un mois, plate comme une table, chaude l'été comme une savane, humide l'hiver comme un bas-fond.

Les paysans russes sont les principaux agents du commerce de cette foire prodigieuse. La loi défend pourtant à un serf de demander, et aux hommes libres de lui accorder du crédit pour plus de *cinq roubles*. Eh bien, on traite sur parole avec plusieurs de ces hommes pour deux cent mille, pour cinq cent mille francs, et les termes de paiement sont fort reculés. Ces esclaves millionnaires, ces Aguado attachés à la glèbe ne savent pas lire. Aussi arrive-t-il en Russie que l'homme dépense prodigieusement d'intelligence pour suppléer à son ignorance. Dans les pays éclairés, les bêtes savent à dix ans ce que, dans les sociétés arriérées, les hommes d'esprit parviennent seuls à apprendre, et encore ne l'apprennent-ils qu'à trente ans.

En Russie le peuple ignore l'arithmétique; depuis des siècles il fait ses comptes avec des cadres qui contiennent des séries de boules mobiles.

Chaque ligne a sa couleur, laquelle désigne les unités, les dizaines, les centaines, etc., etc. Cette manière de calculer est sûre et prompte.

N'oubliez pas que le seigneur des serfs millionnaires peut les dépouiller demain de tout ce qu'ils possèdent, pourvu qu'il ait soin de leurs personnes; à la vérité ces actes de violences sont rares, mais ils sont possibles.

On ne se souvient pas qu'il y ait eu un seul négociant trompé dans sa confiance en la bonne foi des paysans avec lesquels il a traité d'affaires; tant il est vrai que dans toute société, pourvu qu'elle soit stable, le progrès des mœurs corrige les défauts des institutions.

On m'a pourtant conté que le père d'un comte Tcheremitcheff, aujourd'hui vivant, j'ai presque dit régnant, avait un jour promis la liberté à une famille de paysans, moyennant l'exorbitante somme de cinquante mille roubles. Il reçoit l'argent, puis il maintient parmi ses serfs la famille dépouillée.

Telle est l'école de bonne foi et de probité où s'instruisent les paysans russes, sous le despotisme aristocratique qui les écrase, malgré le despotisme autocratique qui les gouverne; mais celui-ci se trouve bien souvent sans force contre son rival. L'orgueil impérial se contente des mots, des formes, des chiffres; l'ambition aristocratique vise aux choses, et fait bon marché des paroles. Nulle part maître plus adulé ne fut moins obéi et plus trompé que ne l'est le souverain soi-disant absolu de l'Empire de Russie; pourtant la désobéissance est périlleuse, mais le pays est vaste et la solitude muette.

Le gouverneur de Nijni, M. Boutourline, m'a invité avec beaucoup de politesse à dîner avec lui tous les jours pendant le temps que je compte passer à Nijni ; demain il m'expliquera comment des traits pareils à la fausse promesse du comte Tcheremitcheff, rares partout et en tout temps, ne peuvent aujourd'hui se renouveler en Russie. Je vous ferai le résumé de sa conversation si toutefois j'en puis tirer quelque chose; jusqu'à présent je n'ai recueilli de la bouche des Russes que des discours confus. Est-ce défaut de logique, est-ce volonté arrêtée d'embrouiller les idées des étrangers? c'est, je crois, l'un et l'autre. A force de vouloir déguiser la vérité aux yeux des autres, on finit par ne plus l'apercevoir soi-même qu'à travers un voile qui, chaque jour, s'épaissit davantage. Les vieux Russes vous trompent innocemment sans s'en douter;

le mensonge sort de leur bouche naïf comme un aveu. Je serais curieux de savoir à quel âge la fraude cesse d'être un péché à leurs yeux. La fausse conscience commence de bonne heure chez des hommes qui vivent de peur.

Rien n'est à bon marché à la foire de Nijni, si ce n'est ce que personne ne se soucie d'acheter. L'époque des grandes différences de prix, selon les diverses localités, est passée; on sait partout la valeur de toutes choses; les Tatares eux-mêmes qui viennent du centre de l'Asie à Nijni pour payer très-cher, parce qu'ils ne peuvent faire autrement, les objets de luxe envoyés de Paris et de Londres, y portent en échange des denrées dont ils connaissent parfaitement la valeur. Les marchands peuvent encore abuser de la situation où se trouvent les acheteurs, mais ils ne peuvent plus les tromper. Ils ne surfont pas, comme on dit en langage de boutique; ils rabattent encore moins; ils demandent imperturbablement trop cher; et leur probité consiste à ne se départir jamais de leurs prétentions les plus exagérées.

Je n'ai trouvé à Nijni aucune étoffe de soie de l'Asie, si c'est quelques rouleaux de vilain satin de la Chine, d'une couleur fausse, d'un tissu peu épais, et fripé comme une vieille soierie. J'en avais vu de plus beau en Hollande ; et ces rouleaux se vendent ici plus cher que les plus belles étoffes de Lyon.

Sous le rapport financier, l'importance de cette foire croît tous les ans ; mais l'intérêt qui s'attachait à la singularité des marchandises, à la figure étrange des hommes, diminue. En général la foire de Nijni trompe l'attente des curieux sous le rapport pittoresque et amusant ; tout est morne et roide en Russie ; les esprits mêmes y sont tirés au cordeau, excepté le jour où ils envoient tout promener. Dans ces moments, l'instinct de la liberté, si longtemps comprimé, fait explosion ; alors les paysans mettent leur seigneur à la broche et le font rôtir à petit feu, ou le seigneur épouse une esclave ; c'est la fin du monde ; mais ces rares bouleversements produisent peu d'effet au loin, personne n'en parle ; les distances et l'action de la police permettent que les faits isolés restent ignorés des masses ; l'ordre ordinaire n'est pas troublé par des révoltes impuissantes ; il repose sur une prudence, sur un silence universels, qui sont synonymes d'ennui et d'oppression.

Dans ma promenade aux boutiques de la foire proprement dite, j'ai vu des Boukares. Ce peuple habite un coin du Thibet, voisin de la Chine. Les marchands boukares viennent à Nijni vendre des pierres précieuses. Les turquoises que je leur ai achetées sont chères comme celles qu'on vend à Paris, encore n'est-on pas sûr qu'elles soient véritables; toutes les pierres de quelque valeur montent ici à des prix très-élevés. Ces hommes passent leur année dans le voyage, car il leur faut, disent-ils, plus de huit mois, rien que pour aller et venir. Ni leurs figures, ni leurs costumes ne m'ont paru très-remarquables. Je ne crois guère à l'authenticité des Chinois de Nijni; mais les Tatares, les Persans, les Kirguises et les Calmoucks suffisent à la curiosité.

A propos de Kirguises et de Calmoucks, ces barbares amènent ici, du fond de leurs steppes, des troupeaux de petits chevaux sauvages pour les vendre à la foire de Nijni. Ces animaux ont beaucoup de qualités physiques et morales, mais ils n'ont pas de figure; ils sont précieux pour la selle, et leur caractère les fait estimer. Pauvres bêtes! ils ont plus de cœur que bien des hommes; ils s'aiment les uns les autres avec une tendresse et une passion telles qu'ils sont inséparables. Tant qu'ils restent ensemble, ils oublient l'exil, l'esclavage; ils

LETTRE TRENTE-TROISIÈME.

se croient toujours dans leur pays ; pour en vendre un, il faut l'abattre et le traîner de force avec des cordes hors de l'enceinte où sont enfermés ses frères, qui, pendant cette exécution, ne cessent de tenter la fuite ou la révolte, de gémir et de hennir douloureusement en s'agitant dans leur parc. Jamais, que je sache, les chevaux de nos contrées n'ont donné de telles preuves de sensibilité. J'ai rarement été touché comme je le fus hier par le désespoir de ces malheureuses bêtes arrachées à la liberté du désert, et violemment séparées de ce qu'elles aiment; répondez-moi si vous le voulez par le joli vers de Gilbert :

Un papillon souffrant lui fait verser des larmes,

peu m'importent vos moqueries, je suis sûr que si vous étiez témoin de ces cruels marchés qui en rappellent de plus impies, vous partageriez mon attendrissement. Le crime, reconnu crime par les lois, a des juges en ce monde; mais la cruauté permise n'est punie que par la pitié des honnêtes gens pour les victimes et, je l'espère, par l'équité divine. C'est cette barbarie tolérée qui me fait regretter les bornes de mon éloquence; un Rousseau, même un Sterne, saurait bien vous faire pleurer sur le sort de mes pauvres chevaux kirguises, destinés à venir en Europe porter des hommes esclaves comme eux, mais de qui la condition ne mérite pas toujours autant de pitié que celle des bêtes quand elles sont privées de la liberté.

Vers le soir, l'aspect de la plaine devient imposant. L'horizon se voile légèrement sous la brume, qui plus tard retombe en rosée, et sous la poussière du sol de Nijni, espèce de petit sable brun, qui voilent le ciel d'une teinte rougeâtre : ces accidents de lumière ajoutent à l'effet du site dont la grandeur est imposante. Du sein des ombres sortent des lueurs fantastiques, une multitude de lampes s'allument dans les bivouacs dont la foire est environnée; tout parle, tout murmure; la forêt lointaine prend une voix, et du milieu même des fleuves habités, les bruits de la vie viennent encore frapper l'oreille attentive. Quelle imposante réunion d'hommes! Quelle confusion de langues, quels contrastes d'habitudes!... mais quelle uniformité de sentiments et d'idées!... Le but de ce rassemblement immense n'est pour chaque individu que de gagner un peu d'argent. Ailleurs, la gaîté des populations voile leur cupidité; ici, le com-

LETTRE TRENTE-TROISIÈME.

merce est à nu, et la stérile rapacité du marchand domine la frivolité du promeneur, l'abrutissement de l'esclave : rien n'est poétique; tout est lucratif. Je me trompe, la poésie de la crainte et de la douleur est au fond de tout en ce pays; mais quelle est la voix qui l'ose exprimer?....

Pourtant quelques tableaux pittoresques consolent l'imagination et récréent les regards.

Sur les chemins qui servent de communications aux divers campements des marchands dont la foire est entourée, sur les ponts, le long des grèves, aux abords des rivières, vous rencontrez d'immenses files d'équipages singuliers; ce sont des trains qui marchent à vide. Ces roues, réunies par un essieu, reviennent des dépôts où elles ont servi à transporter de longues pièces de bois de construction. Les troncs d'arbres en allant étaient portés sur quatre et quelque fois six roues, mais quand le train retourne au magasin, chaque essieu avec ses deux roues est séparé du reste et chemine ainsi, traîné par un cheval guidé par un homme. Ce cocher, en équilibre, debout sur l'essieu, se tient et mène son coursier à peine dressé avec une grâce sauvage, avec une dextérité que je n'ai vues qu'aux Russes. Ces Franconi bruts me retracent les cochers du cirque à Byzance; ils sont vêtus de la chemise grecque, espèce de tunique que je vous ai décrite ailleurs et qui ressemble en beau à nos blouses; c'est vraiment antique. En Russie on se reporte au Bas-Empire comme en Espagne on se rappelle l'Afrique, et en Italie, Rome ancienne et Athènes!... Les paysans russes sont, je crois, les seuls hommes que j'aie vus laisser tomber leur chemise par-dessus leur pantalon, de même que les paysannes russes sont les seules femmes de la terre qui serrent leur ceinture au-dessus de la gorge. Ceci est, il faut le répéter, l'usage le plus disgracieux du monde.

En errant la nuit autour de la foire, on est frappé de loin de l'éclat des boutiques de comestibles, de celui des petits théâtres, des auberges et des cafés!... Mais au milieu de tant de clarté, on n'entend que des bruits sourds, et le contraste de l'illumination des lieux et de la taciturnité des hommes tient de la magie ; on se croit chez un peuple touché de la baguette d'un enchanteur.

Les hommes de l'Asie graves et taciturnes restent sérieux jusque dans leurs divertissements; les Russes sont des Asiatiques policés, si ce n'est civilisés.

Je ne me lasse pas d'écouter leurs chants populaires, remarquables par la tristesse des accords, par la recherche de la composition et par la verve et l'ensemble de l'exécution. La musique double de prix dans un lieu où cent peuples divers sont réunis par un intérêt commun et divisés par leurs langues et leurs religions. Où la parole ne servirait qu'à séparer les hommes, ils chantent pour s'entendre. La musique est l'antidote des sophismes. De là la vogue toujours croissante de cet art en Europe. Il y a dans les chœurs exécutés par les mugics du Volga une facture extraordinaire; ce sont des effets d'harmonie que malgré, ou peut-être à cause de leur rudesse, nous appellerions savants sur un théâtre ou dans une église; ce ne sont pas des mélodies suaves et inspirées, mais, de loin, ces masses de voix qui se contrarient en chœur produisent des impressions profondes et neuves pour nous autres Occidentaux. La tristesse des sons n'est pas mitigée par la décoration de la scène. Une forêt profonde, formée par les mâts des vaisseaux, borne la vue des deux côtés, et voile en certains endroits une partie du ciel; le reste du tableau n'est qu'une plaine solitaire toujours enfermée dans une forêt de sapins sans bornes : peu à peu on voit les lumières diminuer, elles s'éteignent enfin, et l'obscurité accroissant le silence éternel de ces pâles contrées, répand dans l'âme une nouvelle surprise : la nuit est mère de l'étonnement. Toutes les scènes qui, peu d'instants auparavant, animaient encore le désert, s'effacent et s'oublient dès que le jour disparaît ; les souvenirs indécis succèdent au mouvement de la vie ; et le voyageur reste seul avec la police russe qui rend l'obscurité doublement effrayante ; on croit avoir rêvé, et l'on regagne son gîte, l'esprit rempli de poésie, c'est-à-dire de crainte vague et de pressentiments douloureux. On ne peut oublier un instant, en parcourant la Russie, que les Russes sont des hommes de l'Orient jadis égarés par des chefs qui, dans leur migration, se sont trompés de route en poussant vers le Nord un peuple né pour vivre au soleil.

SOMMAIRE DE LA LETTRE TRENTE-QUATRIÈME.

Singularité financière. — Ici l'argent représente le papier. — Réforme ordonnée par l'Empereur. — Comment le gouverneur de Nijni décide les marchands à obéir. — Habileté des sujets pour désobéir sans en avoir l'air. — Analyse de leurs motifs. — Probité : l'ukase sur les monnaies. — Générosité apparente. — Où est l'esprit de justice et de conservation sous les gouvernements despotiques. — Beaux travaux ordonnés par l'Empereur pour embellir Nijni. — Minutie. — Singuliers rapports du serf avec son seigneur. — Opinion du gouverneur de Nijni sur le régime despotique. — Douceur de l'administration russe. — Comment on punit les seigneurs qui abusent de leur autorité. — Difficulté qu'éprouve le voyageur pour arriver à la vérité. — Promenade en voiture avec le gouverneur. — Vue de la foire prise du haut d'un pavillon chinois. — Valeur des marchandises. — Préjugés inspirés au peuple par son gouvernement. — Portraits de certains Français; leurs ridicules en pays étranger. — Rencontre d'un Français aimable. — Société réunie pour dîner chez le gouverneur. — Les femmes russes ; la femme du gouverneur. — Bizarrerie anglaise. — Anecdote racontée par une Polonaise. — A quoi servent les manières faciles. — Promenade avec le gouverneur. — Sa conversation. — Employés subalternes : ce qu'ils sont dans l'Empire. — Deux aristocraties : la moderne et l'ancienne. — Quelle est la plus odieuse au peuple. — Mon feldjæger. — Drapeau de Minine. — Manque de foi du gouvernement. — Église déplacée, malgré le tombeau de Minine qu'elle renferme. — Pierre-le-Grand. — Erreur des peuples. — Caractère français. — La vraie gloire des nations. — Réflexions sur la politique. — Le Kremlin de Nijni. — Vente des meubles du palais des Empereurs au Kremlin de Moscou. — Couvent de femmes. — Camp du gouverneur de Nijni. — Manie des manœuvres. — Chant des soldats. — Église des Strogonoff à Nijni. — Vaudeville en russe.

LETTRE TRENTE-QUATRIÈME.

Nijni, ce 25 août 1839.

Cette année, au moment de l'ouverture de la foire, le gouverneur fit venir chez lui les plus fortes têtes commerciales de la Russie, réunies alors à Nijni, et il leur exposa en détail les inconvénients depuis longtemps reconnus et déplorés du système monétaire établi dans cet empire.

Vous savez qu'il y a en Russie deux signes représentatifs des denrées : le papier et l'argent monnayé ; mais vous ne savez peut-être pas que celui-ci, par une singularité unique, je crois, dans l'histoire financière des sociétés, varie sans cesse de valeur, tandis que les assignats restent fixes ; il résulte de cette bizarrerie qu'une étude approfondie de l'histoire et de l'économie politique du pays pourrait seule expliquer un fait très-extraordinaire : c'est qu'en Russie l'argent représente le papier, quoique celui-ci n'ait été institué, et ne subsiste légalement que pour représenter l'argent.

Ayant expliqué cette aberration à ses auditeurs,

et déduit toutes les fâcheuses conséquences qui en dérivent, le gouverneur ajouta que, dans sa sollicitude constante pour le bonheur de ses peuples et le bon ordre de son Empire, l'Empereur venait enfin de mettre un terme à un désordre dont les progrès menacent d'entraver le commerce intérieur d'une manière effrayante. Le seul remède reconnu pour efficace est la fixation définitive et irrévocable de la valeur du rouble monnayé. L'édit que vous lirez plus loin, car j'ai conservé le numéro du journal de Pétersbourg dans lequel il fut inséré, accomplit cette révolution en un jour, du moins en paroles; mais afin de réaliser la réforme, le gouverneur conclut sa harangue en disant que la volonté de l'Empereur étant que l'ukase fût immédiatement mis à exécution, les agents supérieurs de l'administration, et lui en particulier, gouverneur de Nijni, espéraient que nulle considération d'intérêt personnel ne prévaudrait contre le devoir d'obéir sans retard à la volonté suprême du chef de l'Empire.

Les prud'hommes, consultés dans cette grave question, répliquèrent que la mesure, bonne en elle-même, allait bouleverser les fortunes commerciales les plus assurées, si on l'appliquait aux marchés précédemment conclus, et qui ne devaient avoir leur accomplissement qu'à la foire actuelle. Tout en *bénissant* et *admirant* la profonde sagesse de l'Empereur, ils représentèrent humblement au gouverneur que ceux des négociants qui avaient effectué des ventes de denrées pour un prix fixé selon l'ancien taux de l'argent, et stipulé leurs transactions de bonne foi, d'après les rapports existants lors de la foire précédente entre le rouble de papier et le rouble monnayé, allaient se voir exposés à des remboursements frauduleux, bien qu'autorisés par la loi, et que ces tromperies les frustrant de leur profit, ou tout au moins diminuant notablement les bénéfices sur lesquels ils ont droit de compter, pourraient les ruiner si l'on accordait au présent édit un effet rétroactif, lequel motiverait une foule de petites banqueroutes partielles qui ne manqueraient pas d'en entraîner de totales.

Le gouverneur reprit, avec le calme et la douceur qui président en Russie à toutes les discussions administratives, financières et politiques, qu'il entrait *parfaitement* dans les vues de MM. les principaux négociants intéressés aux affaires de la foire ; mais qu'après tout, le fâcheux résultat redouté par ces messieurs ne menaçait que quelques particuliers *qui d'ailleurs conser-*

vaient pour garantie la sévérité des lois existantes contre les banqueroutiers, tandis qu'un retard ressemblerait toujours un peu à de la résistance, et que cet exemple donné par la place de commerce la plus importante de l'Empire, entraînerait des inconvénients bien autrement redoutables pour le pays que quelques faillites qui, en fin de compte, ne font de mal qu'à un petit nombre d'individus, tandis que la désobéissance approuvée, justifiée, il faut bien le dire, par des hommes qui jusque-là jouissaient de la confiance du gouvernement, serait une atteinte portée au respect du souverain, *à l'unité* administrative et financière de la Russie, c'est-à-dire aux principes vitaux de cet empire; il ajouta que, d'après ces considérations péremptoires, il ne doutait pas que ces messieurs ne s'empressassent, par leur condescendance, d'éviter le reproche *monstrueux* de sacrifier l'intérêt de l'État à leur avantage particulier, redoutant l'ombre d'un crime de lèse-civisme plus que tous les sacrifices pécuniaires auxquels ils allaient s'exposer glorieusement par leur soumission volontaire et leur zèle patriotique.

Le résultat de cette *pacifique* conférence fut que le lendemain la foire s'ouvrit sous le régime *rétroactif* du nouvel ukase, dont la publication so-

LETTRE TRENTE-QUATRIÈME. 257

lennelle se fit d'après l'assentiment et les promesses des premiers négociants de l'Empire.

Ceci m'a été conté, je vous le répète, par le gouverneur lui-même, dans l'intention de me prouver la douceur avec laquelle fonctionne la machine du gouvernement despotique, si calomnié chez les peuples régis par des institutions libérales.

Je me permis de demander à mon obligeant et intéressant précepteur de politique orientale quel avait été le résultat de la mesure du gouvernement, et de la manière cavalière dont on avait jugé à propos de la mettre à exécution.

« Le résultat a passé mes espérances, repartit le gouverneur d'un air satisfait. Pas une banqueroute!.... Tous les nouveaux marchés ont été conclus d'après le nouveau régime monétaire; mais ce qui vous étonnera c'est que nul débiteur n'a profité, pour solder d'anciennes dettes, de la faculté accordée par la loi de frauder ses créanciers. »

J'avoue qu'au premier abord ce résultat me parut étourdissant, puis, en réfléchissant, je reconnus l'astuce des Russes; la loi publiée, on lui obéit..... sur le papier: c'est assez pour le gouvernement. Il est facile à satisfaire, j'en conviens, car ce qu'il demande avant tout, au prix de tout, c'est le silence. On peut définir d'un mot l'état politique de la Russie : c'est un pays où le gouvernement parle comme il veut, parce que lui seul a le droit de parler. Ainsi, dans la circonstance qui nous occupe, le gouvernement dit : Force est restée à la loi; tandis que, de fait, l'accord des parties intéressées annule l'action de cette loi dans ce qu'elle aurait d'inique si on l'eût appliquée aux créances anciennes. Dans un pays où le pouvoir serait patient, le gouvernement n'eût pas exposé l'honnête homme à se voir frustré par des fripons d'une partie de ce qui lui est dû; en bonne justice la loi n'eût réglé que l'avenir. Eh bien, principe à part, ce même résultat a été obtenu de fait ici, par des moyens différents. Il a fallu pour atteindre à ce but, que l'habileté des sujets suppléât à l'aveugle brusquerie de l'autorité, afin d'éviter les maux qui pouvaient résulter pour le pays des boutades du pouvoir suprême.

Il existe dans tout gouvernement à théories exagérées, une action cachée, un fait qui s'oppose presque toujours à ce que la doctrine a d'insensé. Les Russes possèdent à un haut degré l'esprit du commerce; tout ceci vous explique comment les marchands de la foire ont senti que les vrais négociants ne vivant que de confiance, tout sacrifice fait à leur crédit leur rapporte cent pour cent. Ce n'est pas tout : une autre influence encore aura refoulé la mauvaise foi et fait taire la cupidité aveugle. Les velléités de banqueroute auront été réprimées tout simplement par la peur, la véritable souveraine de la Russie. Cette fois les malintentionnés auront pensé que s'ils s'exposaient à quelques procès, ou seulement à des plaintes trop scandaleuses, les juges ou la police se tourneraient contre eux, et qu'en ce cas, ce qu'on appelle ici la loi serait appliqué à la rigueur. Ils ont redouté l'incarcération, les coups de roseau dans la prison ; que sais-je ? pis encore ! D'après tous ces motifs, qui fonctionnent doublement dans le silence universel, état normal de la Russie, ils ont donné ce bel exemple de probité commerciale dont le gouverneur de Nijni se plaisait à m'éblouir. A la vérité, je ne fus ébloui qu'un instant, car je ne tardai pas à reconnaître que si les marchandises ne se ruinent pas les uns les autres, leurs égards réciproques ont précisément la même source que la mansuétude des mariniers du lac Ladoga, des crocheteurs et des cochers de fiacre de Pétersbourg, et de tant d'autres gens du peuple qui font taire leur colère non par des motifs d'humanité, mais par la crainte de voir l'autorité supérieure intervenir dans leurs affaires. Comme je gardais le silence, je vis que M. Boutourline jouissait de ma surprise. « On ne connaît pas toute la supériorité de l'Empereur, continua-t-il, quand on n'a pas vu ce prince à l'œuvre, particulièrement à Nijni, où il fait des prodiges.

— J'admire beaucoup, repartis-je, la sagacité de l'Empereur.

— Quand nous visiterons ensemble les travaux ordonnés par Sa Majesté, répliqua le gouverneur, vous l'admirerez bien davantage. Vous le voyez, grâce à l'énergie de son caractère, à la justesse de ses vues, la régularisation des monnaies, qui ailleurs aurait exigé des précautions infinies, vient de s'opérer chez nous comme par enchantement. »

L'administrateur courtisan eut la modestie de ne pas mettre en ligne de compte sa propre finesse : il se garda également de me laisser le temps de lui dire ce que les mauvaises langues ne cessent de me répéter à voix très-basse, c'est que toute mesure financière du genre de celle que vient de prendre le gouvernement russe, donne à l'autorité supérieure des moyens de profit à elle connu, mais dont on n'ose se plaindre tout haut sous un régime autocratique; j'ignore quelles ont été les secrètes manœuvres auxquelles on eut recours cette fois; mais pour m'en faire une idée, je me figure la situation d'un dépositaire vis-à-vis de l'homme qui lui confie une somme considérable. Si celui qui l'a reçue a le pouvoir de tripler à volonté la valeur de chacune des pièces de monnaie dont la somme se compose, il est évident qu'il peut rembourser le dépôt tout en conservant dans ses mains les deux tiers de ce qu'on lui a remis. Je ne dis pas que tel ait été le résultat de la mesure ordonnée par l'Empereur, mais je fais cette supposition entre tant d'autres pour m'aider à comprendre les médisances, ou si l'on veut les calomnies des mécontents. Ils ajoutent que le profit de cette opération si brusquement exécutée, et qui consiste à enlever par un décret au papier une partie de son ancienne valeur pour accroître, dans la même proportion, celle du rouble d'argent, est destiné à dédommager le trésor particulier du souverain des sommes qu'il en a fallu tirer pour rebâtir *à ses frais*, son palais d'hiver, et pour refuser, avec la magnanimité que l'Europe et la Russie ont admirée, les offres des villes, de plusieurs particuliers et des principaux négociants jaloux de contribuer à la reconstruction d'un édifice national, puisqu'il sert d'habitation au chef de l'Empire.

Vous pouvez juger par l'analyse détaillée que j'ai cru devoir vous faire de cette tyrannique charlatanerie, du prix qu'on attache ici à la vérité, du peu de valeur des plus nobles sentiments et des plus belles phrases, enfin de la confusion d'idées qui doit résulter de cette éternelle comédie. Pour vivre en Russie, la dissimulation ne suffit pas, la feinte est indispensable. Cacher est utile, simuler est nécessaire; enfin, je vous laisse à présumer et à apprécier les efforts que s'imposent les âmes généreuses et les esprits indépendants pour se résigner à subir un régime où la paix et le bon ordre sont payés par le décri de la parole humaine, le plus sacré de tous les dons du ciel pour l'homme qui a quelque chose de sacré..... Dans les sociétés ordinaires, c'est la nation qui est pressée, le peuple fouette et le gouvernement enraye; ici c'est le gouvernement qui fouette et le peuple qui retient, car, pour que la machine politique subsiste, il faut bien que l'esprit de conservation soit quelque part. Le déplacement d'idées que je note à ce propos est un phénomène politique dont jusqu'à ce jour la Russie seule m'a fourni l'exemple. Sous le despotisme absolu c'est le gouvernement qui est révolutionnaire, parce que révolution veut dire régime arbitraire et pouvoir violent[1].

Le gouverneur a tenu sa promesse; il m'a mené voir dans le plus grand détail les travaux ordonnés par l'Empereur pour faire de Nijni tout ce qu'on peut faire de cette ville et pour réparer les erreurs des hommes qui l'ont fondée. Une route magnifique montera des bords de l'Oka dans la ville haute, séparée de la basse, comme je vous l'ai déjà dit, par une crique très-élevée; des précipices seront comblés, des rampes tracées; on fera de magnifiques percées dans la terre même de la montagne; des substructions immenses soutiendront des places, des rues et des édifices; ces travaux sont dignes d'une grande cité commerciale. Les entailles qui se pratiquent dans la falaise, les ponts, les esplanades, les terrasses, changeront un jour Nijni en une des plus belles villes de l'Empire; tout cela est grand! mais voici qui vous paraîtra petit. Comme Sa Majesté a pris la ville de Nijni sous sa protection spéciale, chaque fois qu'une légère difficulté s'élève sur la manière de continuer

---

[1] Lire l'ukase sur les monnaies, extrait du *Journal de Pétersbourg* du 23 juillet 1839, à la fin de cette lettre.

les constructions commencées, ou bien dès que l'on répare la façade d'une ancienne maison ou lorsqu'on en veut bâtir une nouvelle dans quelque rue ou sur l'un des quais de Nijni, le gouverneur a l'ordre de faire lever un plan spécial et de soumettre la question à l'Empereur. Quel homme! s'écrient les Russes.... Quel pays! m'écrierais-je, si j'osais parler!!

Chemin faisant, M. Boutourline, dont je ne saurais assez louer l'obligeance et reconnaître l'hospitalité, m'a donné d'intéressantes notions sur l'administration russe et sur l'amélioration que le progrès des mœurs apporte chaque jour dans la condition des paysans.

Aujourd'hui un serf peut posséder même des terres sous le nom de son seigneur, sans que celui-ci ose s'affranchir de la garantie *morale* qu'il doit à son opulent esclave. Dépouiller cet homme du fruit de son labeur et de son industrie, ce serait un abus de pouvoir que le boyard le plus tyrannique n'oserait se permettre sous le règne de l'Empereur Nicolas; mais qui m'assure qu'il ne l'osera pas sous un autre souverain? Qui m'assure même que malgré le retour à l'équité, glorieux caractère du règne actuel, il ne se trouve pas des seigneurs avares et pauvres qui, sans spolier ouvertement leurs vassaux, savent employer avec habileté tour à tour la menace et la douceur pour tirer peu à peu des mains de l'esclave une partie des richesses qu'il n'ose lui enlever d'un seul coup?

Il faut venir en Russie pour apprendre le prix des institutions qui garantissent la liberté des peuples, sans égard au caractère des princes. Un boyard ruiné peut, il est vrai, prêter l'abri de son nom aux possessions de son vassal enrichi....... à qui l'État n'accorde pas le droit de posséder un pouce de terre, ni même l'argent qu'il gagne!!... Mais cette protection équivoque et qui n'est pas autorisée par la loi dépend uniquement des caprices du protecteur.

Singuliers rapports du maître et du serf! Il y a là quelque chose d'inquiétant. On a peine à compter sur la durée des institutions qui ont pu produire une telle bizarrerie sociale : pourtant elles sont solides.

En Russie, rien n'est défini par le mot propre, la rédaction n'est qu'une tromperie continuelle dont il faut se garder avec soin. En principe, tout est tellement absolu qu'on se dit : Sous un tel régime la vie est impossible ; en pratique, il y a tant d'exceptions qu'on se dit : Dans la confusion causée par des coutumes et des usages si contradictoires tout gouvernement est impossible.

Il faut avoir découvert la solution de ce double problème : c'est-à-dire, le point où le principe et l'application, la théorie et la pratique s'accordent, pour se faire une idée juste de l'état de la société en Russie.

A en croire l'excellent gouverneur de Nijni, rien de plus simple : l'habitude d'exercer le pouvoir rend les formes du commandement douces et faciles. La colère, les mauvais traitements, les abus d'autorité, sont devenus extrêmement rares, précisément parce que l'ordre social repose sur des lois excessivement sévères : chacun sent que pour conserver à de telles lois le respect sans lequel l'État serait bouleversé, on ne doit les appliquer que rarement et avec prudence. Il faut voir de près l'action du gouvernement despotique pour comprendre toute sa douceur (vous concevez que c'est le gouverneur de Nijni qui parle de la sorte); si l'autorité conserve quelque force en Russie, c'est grâce à la modération des hommes qui l'exercent. Constamment placés entre une aristocratie qui abuse d'autant plus aisément de son pouvoir que ses prérogatives sont moins définies, et un peuple qui méconnaît d'autant plus volontiers son devoir que l'obéissance qu'on lui demande est moins ennoblie par le sentiment moral, les hommes qui commandent ne peuvent conserver à la souveraineté son prestige qu'en usant le plus rarement possible de moyens violents; ces moyens donneraient la mesure de la force du gouvernement, et il juge plus à propos de cacher que de dévoiler ses ressources. Si un seigneur commet quelqu'acte répréhensible, il sera plusieurs fois averti en secret par le gouverneur de la province avant d'être admonesté officiellement; si les avis et les réprimandes ne suffisent pas, le tribunal des nobles le menacera de le mettre en tutelle, et plus tard on exécutera la menace, si elle est restée sans bon résultat.

Tout ce luxe de précautions ne me paraît pas très-rassurant pour le serf qui a le temps de mourir cent fois sous le knout de son maître avant que celui-ci, prudemment averti et dûment admonesté, soit obligé à rendre compte de ses injustices et de ses atrocités. Il est vrai que du jour au lendemain, seigneur, gouverneur, juges peuvent être culbutés et envoyés en Sibérie, mais je vois là plutôt un motif de consolation pour l'imagination du pauvre peuple, qu'un moyen efficace et réel de protection contre les actes arbitraires des autorités subalternes, toujours disposées à faire abus du pouvoir qui leur est délégué.

Les gens du peuple ont fort rarement recours aux tribunaux dans leurs disputes particulières. Cet instinct éclairé me paraît un sûr indice du peu d'équité des juges. La rareté des procès peut avoir deux causes : l'esprit d'équité des sujets, l'esprit d'iniquité des juges. En Russie presque tous les procès sont étouffés par une décision administrative qui, le plus souvent, *conseille* une transaction onéreuse aux deux parties ; mais celles-ci préfèrent le sacrifice réciproque d'une partie de leurs prétentions et même de leurs droits les mieux fondés au danger de plaider contre l'avis d'un homme investi de l'autorité par l'Empereur. Vous voyez pourquoi les Russes ont lieu de se vanter de ce qu'on plaide fort peu dans leur pays. La peur produit partout le même bien : la paix sans tranquillité.

Mais n'aurez-vous pas quelque compassion du voyageur perdu au milieu d'une société où les faits ne sont pas plus concluants que les paroles? La forfanterie des Russes produit sur moi un effet absolument contraire à celui qu'ils s'en promettent; je vois tout d'abord l'intention de m'éblouir, aussitôt je me tiens sur mes gardes ; il suit de là que, de spectateur impartial que j'eusse été sans leurs fanfaronnades, je deviens malgré moi observateur hostile.

Le gouverneur m'a voulu montrer toute la foire; mais cette fois nous en avons fait le tour rapidement en voiture; j'ai admiré un point de vue digne d'un panorama : c'est un magnifique tableau; pour en jouir, il faut monter au sommet d'un des pavillons chinois qui dominent dans son ensemble cette ville d'un mois. J'ai surtout été frappé de l'immensité des richesses accumulées annuellement sur ce point de la terre, foyer d'industrie d'autant plus remarquable qu'il est, pour ainsi dire, perdu au milieu des déserts qui l'entourent à perte de vue et d'imagination.

Au dire du gouverneur, la valeur des marchandises apportées cette année à la foire de Nijni est de plus de cent cinquante millions, d'après la déclaration des marchands eux-mêmes, qui, selon la méfiance naturelle aux Orientaux, cachent toujours une partie du prix de ce qu'ils apportent. Quoique tous les pays du monde envoient le tribut de leur sol ou de leur industrie à la foire de Nijni, l'importance de ce marché annuel est due surtout aux denrées, aux pierres précieuses, aux étoffes, aux fourrures apportées de l'Asie. L'affluence des Tatares, des Persans, des Boukares, est donc ce qui frappe le plus l'imagination des étrangers attirés par la réputation de cette foire ; néanmoins, malgré son résultat commercial, moi, simple curieux, je vous le répète, je la trouve au-dessous de sa réputation. On me répond à cela que l'Empereur Alexandre l'a gâtée sous le rapport pittoresque et amusant ; à la vérité, il a rendu les rues qui séparent les boutiques plus spacieuses et plus régulières, mais cette roideur est triste. D'ailleurs, tout est morne et silencieux en Russie ; partout la défiance réciproque du gouvernement et des sujets fait fuir la joie. Ici les esprits eux-mêmes sont tirés au cordeau, les sentiments pesés, compassés, coordonnés, comme si chaque passion, chaque plaisir avait à répondre de ses conséquences à quelque rigide confesseur déguisé en agent de police. Tout Russe est un écolier sujet à la férule. Dans ce vaste collége qui s'appelle la Russie, tout marche avec poids et mesure jusqu'au jour où la gêne et l'ennui devenant par trop insupportables, tout tombe sens dessus dessous. Ce jour-là on assiste à des saturnales politiques. Mais encore une fois, ces monstruosités isolées ne troublent pas l'ordre général. Cet ordre est d'autant plus stable, et paraît d'autant plus fermement établi qu'il ressemble à la mort ; on n'extermine que ce qui vit. En Russie le respect pour le despotisme se confond avec la pensée de l'éternité.

Je trouve en ce moment plusieurs Français réunis

à Nijni. Malgré mon amour passionné pour la France, pour cette terre que, dans mon dépit contre les extravagances des hommes qui l'habitent, j'ai tant de fois quittée avec serment de n'y plus revenir, mais où je reviens toujours, où j'espère mourir; malgré cet aveugle patriotisme, en dépit de cet instinct de la plante qui domine ma raison, je n'ai pas laissé, depuis que je voyage et que je rencontre au loin une foule de compatriotes, de reconnaître les ridicules des jeunes Français et de m'étonner du relief que prennent nos défauts chez les étrangers. Si je parle exclusivement de la jeunesse, c'est parce qu'à cet âge l'empreinte de l'âme étant moins usée par le frottement des circonstances, le jeu des caractères est plus frappant. Il faut donc en convenir, nos jeunes compatriotes prêtent à rire à leurs dépens par la bonne foi avec laquelle ils croient éblouir les hommes simples des autres nations. La supériorité française, supériorité si bien établie à leurs yeux qu'elle n'a même plus besoin d'être discutée, leur paraît un axiome sur lequel on peut désormais s'appuyer sans qu'il soit nécessaire de le prouver. Cette foi inébranlable en son mérite personnel, cet amour-propre si complétement satisfait qu'il en deviendrait naïf à force de confiance, si tant de crédulité ne se joignait le plus souvent à une sorte d'esprit, mélange affreux qui produit la suffisance, le persiflage et la causticité; cette instruction, la plupart du temps dépourvue d'imagination et qui fait de l'intelligence un grenier à dates, à faits plus ou moins bien classés, mais toujours cités avec une sécheresse qui ôte tout son prix à la vérité, car sans âme on ne peut être vrai, on n'est qu'exact; cette surveillance continuelle de la vanité, sentinelle avancée de la conversation, épiant chaque pensée exprimée ou non exprimée par les autres pour en tirer avantage, espèce de chasse aux louanges toute au profit de celui qui ose se vanter le plus effrontément sans jamais rien dire ni laisser dire, rien faire ni laisser faire qui ne tourne à l'avantage de sa république; cet oubli des autres poussé au point de les humilier innocemment sans s'apercevoir que l'opinion qu'on entretient de soi-même et qu'on qualifie tout bas ou tout haut de justice rendue à qui de droit, est insultante pour autrui; cet appel constant à la politesse du prochain, qui n'est, après tout, que le mépris des égards qu'on lui devrait; l'absence totale de sensibilité qui ne sert que d'aiguillon à la susceptibilité, l'hostilité acerbe érigée en devoir patriotique, l'impossibilité de n'être pas choqué à tout propos de quelque préférence qu'on soit l'objet, celle d'être corrigé, quelque leçon qu'on reçoive; enfin tant d'infatuation servant de bouclier à la sottise contre la vérité : tous ces traits et bien d'autres que vous suppléerez mieux que je ne pourrais le faire, me semblent caractériser les jeunes Français d'il y a dix ans, lesquels sont des hommes faits aujourd'hui. Ces caractères nuisent à notre considération parmi les étrangers ; ils font peu d'effet à Paris, où le nombre des modèles de ce genre de ridicule est si grand qu'on ne prend plus garde à eux; ils s'effacent dans la foule de leurs semblables, comme des instruments se fondent dans un orchestre ; mais lorsqu'ils sont isolés et que les individus se détachent sur un fond de société où règnent d'autres passions et d'autres habitudes d'esprit que celles qui s'agitent dans le monde français, ils ressortent d'une manière désespérante pour tout voyageur attaché à son pays comme je le suis au mien. Jugez donc de ma joie en retrouvant ici, à dîner chez le gouverneur, M***, l'un des hommes du moment les plus capables de donner bonne idée de la jeune France aux étrangers. A la vérité, il est de la vieille par sa famille; et c'est au mélange des idées nouvelles avec les anciennes traditions qu'il doit l'élégance de manières et la justesse d'esprit qui le distinguent. Il a bien vu et dit bien ce qu'il a vu, enfin il ne pense pas plus de bien de lui-même que les autres n'en pensent, peut-être même un peu moins ; aussi m'a-t-il édifié et amusé, en sortant de table, par le récit de tout ce qu'il apprend journellement depuis son séjour en Russie. Dupe d'une coquette à Pétersbourg, il se console de ses mécomptes de sentiment en étudiant le pays avec un redoublement d'attention. Esprit clair, il observe bien, il raconte avec exactitude, ce qui ne l'empêche pas d'écouter les autres, et même — ceci rappelle les beaux jours de la société française — de leur inspirer l'envie de parler. En causant avec lui on se fait illusion ; on croit que la conversation est toujours un échange d'idées, que la société élégante est encore fondée chez nous sur des rapports de plaisirs réciproques ; enfin on oublie l'invasion de l'égoïsme brutal et démasqué dans nos salons modernes, et l'on se figure que la vie sociale est comme autrefois un commerce avantageux pour tous : erreur surannée qui se dissipe à la première réflexion, et vous laisse en proie à la plus triste réalité, c'està-dire au pillage des idées, des bons mots, à la trahison littéraire, aux lois de la guerre enfin, devenues, depuis la paix, le seul code reconnu dans le monde élégant. Tel est le désolant parallèle dont je ne peux me distraire en écoutant l'agréable conversation de M***, et en la comparant à celle de ses contemporains. C'est de la conversation qu'on peut dire, à bien plus juste titre que du style des livres, que c'est l'homme même. On arrange ses écrits, on n'arrange pas ses reparties, ou si on les arrange, on y perd plus qu'on n'y gagne; car dans la causerie l'affectation n'est plus un voile, elle devient une enseigne.

La société réunie hier à dîner chez le gouverneur était un singulier composé d'éléments contraires : outre le jeune M***, dont je viens de vous faire le portrait, il y avait là un autre Français, un docteur R*** parti, m'a-t-on dit, sur un vaisseau de l'État pour l'expédition au pôle, débarqué, je ne sais pourquoi, en Laponie, et arrivé tout droit d'Archangel à Nijni, sans même avoir passé par Pétersbourg, voyage fatigant, inutile, et qu'un homme de fer seul pouvait supporter; aussi ce voyageur a-t-il une figure de bronze; on m'assure qu'il est un savant naturaliste; sa physionomie est remarquable, elle a quelque chose d'immobile et tout à la fois de mystérieux qui occupe l'imagination. Quant à sa conversation, je l'attends en France; en Russie il ne dit rien du tout. Les Russes sont plus habiles ; ils disent toujours quelque chose, à la vérité le contraire de ce qu'on attend d'eux ; mais c'est assez pour qu'on ne puisse remarquer leur silence ; enfin il y avait encore à ce dîner une famille de jeunes élégants anglais du plus haut rang, et que je poursuis comme à la piste depuis mon arrivée en Russie, les rencontrant partout, ne pouvant les éviter, et cependant n'ayant jamais trouvé l'occasion de faire directement connaissance avec eux. Tout ce monde trouvait place à la table du gouverneur, sans compter quelques employés et diverses personnes du pays qui n'ouvraient la bouche que pour manger. Je n'ai pas besoin d'ajouter que la conversation générale était impossible dans un pareil cercle. Il fallait, pour tout divertissement, se contenter d'observer la bigarrure des noms, des physionomies et des nations. Dans la société russe, les femmes n'arrivent au naturel qu'à force de culture ; leur langage est appris, c'est celui des livres ; et pour perdre la pédanterie qu'ils inspirent, il faut une mûre expérience des hommes et des choses. La femme du gouverneur est restée trop provinciale, trop elle-même, trop russe, trop vraie enfin pour paraître simple comme les femmes de la cour ; d'ailleurs elle a peu de facilité à parler français. Hier, dans son salon, son influence se bornait à recevoir ses hôtes avec des intentions de politesse les plus louables du monde; mais elle ne faisait rien pour les mettre à leur aise, ni pour établir entre eux des rapports faciles. Aussi fus-je très-content, au sortir de table, de pouvoir causer tête à tête dans un coin avec M***. Notre entretien tirait à sa fin, car tous les hôtes du gouverneur se disposaient à se retirer quand le jeune lord ***, qui connaissait mon compatriote, s'approche de lui d'un air cérémonieux, et lui demande de nous présenter l'un à l'autre. Cette avance flatteuse fut faite par lui avec la politesse de son pays, qui, sans être gracieuse, ou même parce qu'elle n'est pas gracieuse, n'est point dépourvue d'une sorte de noblesse qui tient à la réserve des sentiments, à la froideur des manières.

« Il y a longtemps, milord, lui dis-je, que je désirais trouver une occasion de faire connaissance avec vous, et je vous rends grâce de me l'avoir offerte. Nous sommes destinés, ce me semble, à nous rencontrer souvent cette année; j'espère à l'avenir profiter de la chance mieux que je n'ai pu le faire jusqu'à présent.

— J'ai bien du regret de vous quitter, répliqua l'Anglais; mais je pars à l'instant. — Nous nous reverrons à Moscou. — Non, je vais en Pologne; ma voiture est à la porte et je n'en descendrai qu'à Wilna. »

L'envie de rire me prit en voyant sur le visage de M *** qu'il pensait comme moi, qu'après avoir patienté trois mois, à la cour, à Péterhoff, à Moscou, partout enfin où nous nous voyions sans nous parler, le jeune lord aurait pu se dispenser d'imposer inutilement à trois personnes l'ennui d'une présentation d'étiquette sans profit pour lui ni pour nous. Il nous semblait que venant de dîner ensemble, s'il n'eût voulu que causer un quart d'heure, rien ne l'empêchait de se mêler à notre conversation. Cet Anglais scrupuleux ét formaliste nous laissa stupéfaits de sa politesse tardive, gênante, superflue; en s'éloignant, il avait l'air également satisfait d'avoir fait connaissance avec moi, et de ne tirer aucun parti de cet AVANTAGE, si avantage il y avait.

Ce trait de gaucherie m'en rappelle un autre arrivé à une femme.

C'était à Londres. Une dame polonaise d'un esprit charmant a joué le premier rôle dans cette histoire qu'elle m'a contée elle-même. La grâce de sa conversation et la solide culture de son esprit la feraient rechercher dans le grand monde, quand elle ne serait pas appelée à y primer, malgré les malheurs de son pays et de sa famille. C'est bien à dessein que je dis malgré; car, quoi qu'en pensent ou qu'en disent les faiseurs de phrases, le malheur ne sert à rien dans la société, même dans la meilleure; au contraire, il y empêche beaucoup de choses. Il n'empêche pourtant pas la personne dont je parle de passer pour une des femmes les plus distinguées et les plus aimables de notre temps, à Londres comme à Paris. Invitée à un grand dîner de cérémonie, et placée entre le maître de la maison et un inconnu, elle s'ennuyait; elle s'ennuya longtemps; car, bien que la mode des dîners éternels commence à passer en Angleterre, ils y sont encore plus longs qu'ailleurs; la dame, prenant son mal en patience, cherchait à varier la conversation, et sitôt que le maître de la maison lui laissait un instant de répit, elle tournait la tête vers son voisin de droite; mais elle trouvait toujours visage de pierre; et, malgré sa facilité de grande dame et sa vivacité de femme d'esprit, tant d'immobilité la déconcertait. Le dîner se passa dans ce découragement; un morne sérieux s'ensuivit; la tristesse est pour les visages anglais ce que l'uniforme est pour les soldats. Le soir, quand tous les hommes furent de nouveau réunis aux femmes dans le salon, celle de qui je tiens cette histoire n'eut pas plutôt aperçu son voisin de gauche, l'homme de pierre du dîner, que celui-ci, avant de la regarder en face, s'en alla chercher à l'autre bout de la chambre le maître de la maison, pour le prier, d'un air solennel, de l'*introduire* auprès de l'aimable étrangère. Toutes les cérémonies requises, dûment accomplies, le voisin gauche prit enfin la parole, et tirant sa respiration du plus profond de sa poitrine, tout en s'inclinant respectueusement : « J'étais bien *empressé*, madame, lui dit-il, de faire *votre* connaissance. »

Cet *empressement* pensa causer à la dame un fou rire, dont elle triompha pourtant à force d'habitude du monde, et elle finit par trouver dans ce personnage cérémonieux un homme instruit, intéressant même, tant la forme est peu significative dans un pays où l'orgueil rend la plupart des hommes timides et réservés.

Ceci prouve à quel point la facilité des manières, la légèreté de la conversation, la véritable élégance, en un mot, qui consiste à mettre toute personne qu'on rencontre dans un salon aussi à son aise qu'on l'est soi-même, loin d'être une chose indifférente et frivole, comme le croient certaines gens qui ne jugent le monde que par ouï-dire, est utile et même nécessaire dans les rangs élevés de la société, où des rapports d'affaires ou de pur plaisir rapprochent à chaque instant des gens qui ne se sont jamais vus. S'il fallait toujours, pour faire connaissance avec les nouveaux visages, dépenser autant de patience qu'il nous en a fallu, à la dame polonaise et à moi, pour avoir le droit d'échanger une parole avec un Anglais, on y renoncerait..... et souvent on perdrait de précieuses occasions de s'instruire ou de s'amuser.

Ce matin de bonne heure, le gouverneur, dont je n'ai pu lasser l'obligeance, est venu me prendre pour me mener voir les curiosités de la vieille ville. Il avait ses gens, ce qui m'a dispensé de mettre à une seconde épreuve la docilité de mon feldjæger, dont ce même gouverneur respecte les prétentions.

Il y a en Russie une classe de personnes qui répond à la bourgeoisie chez nous, moins la fermeté de caractère que donne une situation indépen-

dante et moins l'expérience que donne la liberté
de la pensée et la culture d'esprit : c'est la classe
des employés subalternes ou de la seconde noblesse.
Les idées de ces hommes sont en général tournées
vers les innovations, tandis que leurs actes sont
ce qu'il y a de plus despotique sous le despotisme;
c'est cette classe qui gouverne l'Empire en dépit de
l'Empereur; elle a la prétention d'illuminer le
peuple; en attendant, elle divertit à ses dépens
les grands et les petits. Ses ridicules sont devenus
proverbiaux; quiconque a besoin de ces demi-seigneurs nouvellement élevés par leur charge et par
leur rang dans le tchinn, aux honneurs de la
propriété territoriale, se dédommage de leur morgue par des moqueries sanglantes. Ces hommes
montés de classe en classe, et parvenus enfin,
moyennant quelque croix ou quelque emploi, à celle
où l'on peut posséder des terres et des hommes,
exercent leurs droits de suzeraineté avec une rigueur
qui les rend l'objet de l'exécration de leurs malheureux paysans. Singulier phénomène social! c'est l'élément libéral ou mobile introduit dans le système du
gouvernement despotique qui rend ici ce gouvernement intolérable ! « S'il n'y avait que d'anciens seigneurs, disent les paysans, nous ne nous plaindrions

pas de notre condition...... » Ces hommes nouveaux si haïs du petit nombre de leurs serfs, sont aussi les maîtres du maître suprême, car ils forcent la main à l'Empereur dans une foule d'occasions ; ce sont eux qui préparent une révolution à la Russie par deux voies, la voie directe à cause de leurs idées, la voie indirecte à cause de la haine et du mépris qu'ils excitent dans le peuple pour une aristocratie au niveau de laquelle de tels hommes peuvent parvenir. Une domination de subalternes, une tyrannie républicaine sous la tyrannie autocratique : quelle combinaison de maux !!......

Voilà les ennemis que se sont créés bénévolement les Empereurs de Russie par leur défiance envers leur ancienne noblesse ; une aristocratie avouée, enracinée depuis longtemps dans le pays, mais mitigée par le progrès des mœurs et l'adoucissement des coutumes, n'eût-elle pas été un moyen de civilisation préférable à l'hypocrite obéissance, à l'influence dissolvante d'une armée de commis, la plupart d'origine étrangère et tous plus ou moins imbus dans le fond du cœur d'idées révolutionnaires, tous aussi insolents dans le secret de leur pensée qu'obséquieux dans leurs attitudes et dans leurs paroles ?

Mon courrier ne voulant plus faire son métier,

parce qu'il pressent les prérogatives de la noblesse à laquelle il aspire, est le type profondément comique de cette espèce d'hommes.

Je voudrais vous peindre cette taille fluette, ces habits soignés, non comme moyen d'avoir la meilleure mine possible, mais comme signe dénotant l'homme parvenu à un rang respectable ; cette physionomie fine, impitoyable, sèche, et basse, en attendant qu'elle puisse devenir arrogante ; enfin, ce type d'un sot, dans un pays où la sottise n'est point innocente comme elle l'est chez nous, car en Russie la sottise est assurée de faire son chemin pour peu qu'elle appelle à son aide la servilité ; mais ce personnage échappe aux paroles comme la couleuvre à la vue......... Cet homme me fait peur à l'égal d'un monstre ; c'est le produit des deux forces politiques les plus opposées en apparence, quoiqu'elles aient beaucoup d'affinité, et les plus détestables quand elles sont combinées : le despotisme et la révolution !!........ Je ne puis le regarder et contempler son œil d'un bleu trouble, bordé de cils blonds, presque blancs, son teint qui serait délicat s'il n'était bronzé par les rayons du soleil et bruni par les bouillonnements intérieurs d'une colère toujours refoulée ; je ne puis voir ces lèvres pâles et minces, écouter cette parole doucereuse, mais saccadée, et dont l'intonation dit précisément le contraire de la phrase, sans penser que c'est un espion protecteur qu'on m'a donné là, et que cet espion est respecté du gouverneur de Nijni lui-même; à cette idée je suis tenté de prendre des chevaux de poste et de fuir la Russie pour ne m'arrêter qu'au delà de la frontière.

Le puissant gouverneur de Nijni n'ose forcer cet ambitieux courrier à monter sur le siége de ma voiture, et sur la plainte que j'ai portée à ce personnage qui représente l'autorité suprême, il m'a engagé à patienter!!.... Où est donc la force dans un pays ainsi fait?

Minine, le libérateur de la Russie, ce paysan héroïque dont la mémoire est devenue célèbre surtout depuis l'invasion des Français, est enterré à Nijni. On voit son tombeau dans la cathédrale parmi ceux des grands-ducs de Nijni.

C'est de Nijni que partit le cri de la délivrance au temps de l'occupation de l'Empire par les Polonais.

Minine, simple serf, alla trouver Pojarski, noble Russe; les discours du paysan respiraient l'enthousiasme et l'espérance. Pojarski, électrisé par l'éloquence saintement rude de Minine, réunit quelques hommes; le courage de ces grands cœurs en gagna d'autres, on marcha sur Moscou, et la Russie fut délivrée.

Depuis la retraite des Polonais, le drapeau de Pojarski et de Minine fut toujours un objet de grande vénération chez les Russes; des paysans habitants d'un village entre Yaroslaf et Nijni le conservaient comme une relique nationale. Mais lors de la guerre de 1812, on sentit le besoin d'enthousiasmer les soldats; il fallut ranimer les souvenirs historiques, surtout celui de Minine, et l'on pria le gardien de son drapeau de prêter ce palladium aux nouveaux libérateurs de la patrie, et de le faire porter à la tête de l'armée. Les anciens dépositaires de ce trésor national ne consentirent à s'en séparer que par dévouement à leur pays, et sur la parole solennellement jurée de leur rendre la bannière après la victoire, alors qu'elle serait encore illustrée par de nouveaux triomphes. Ainsi le drapeau de Minine poursuivit notre armée dans sa retraite; mais plus tard, reporté à Moscou, il ne fut pas rendu à ses légitimes possesseurs; on le déposa dans le trésor du Kremlin au mépris des promesses les plus solennelles; toutefois, pour satisfaire aux justes réclamations des paysans spoliés, on leur envoya *une*

LETTRE TRENTE-QUATRIÈME.

copie de leur miraculeuse enseigne; copie, ajouta-t-on par une condescendance dérisoire, exactement semblable à l'original.

Telles sont les leçons de morale et de bonne foi données au peuple russe par son gouvernement. A la vérité, le même gouvernement ne se conduirait pas de la même façon ailleurs; en fait de fourberie, on sait à qui l'on s'adresse; il y a ici parfaite analogie entre le trompeur et le trompé : la force seule établit entre eux une différence.

C'est peu! vous allez voir qu'en ce pays la vérité historique n'est pas plus respectée que ne l'est la religion du serment; l'authenticité des pierres est aussi impossible à établir ici que l'autorité des paroles ou des écrits. A chaque nouveau règne, les édifices sont repétris comme de la pâte au gré du souverain; et grâce à l'absurde manie qu'on décore du beau titre de mouvement progressif de la civilisation, nul édifice ne demeure à la place où l'a mis le fondateur; les tombeaux eux-mêmes ne sont pas à l'abri de la tempête du caprice Impérial. Les morts en Russie sont assujettis eux-mêmes aux fantaisies de l'homme qui régit les vivants, et secoue jusqu'à la cendre des tombeaux, comme l'orage balaye un flot de poussière. L'Empereur Nicolas, qui aujourd'hui tranche de l'architecte à Moscou pour y refaire le Kremlin, n'en est pas à son coup d'essai en ce genre; Nijni l'a déjà vu à l'œuvre.

Ce matin, en entrant dans la cathédrale, je me sentis ému en voyant l'air de vétusté de cet édifice; puisqu'il contient le tombeau de Minine, il a du moins été respecté depuis plus de deux cents ans, pensais-je; et cette assurance m'en faisait trouver l'aspect plus auguste.

Le gouverneur me fit approcher de la sépulture du héros; sa tombe est confondue avec les monuments des anciens souverains de Nijni, et, lorsque l'Empereur Nicolas est venu la visiter, il a voulu descendre patriotiquement dans le caveau même où le corps est déposé.

« Voilà une des plus belles et des plus intéressantes églises que j'aie visitées dans votre pays, dis-je au gouverneur.

— C'est moi qui l'ai bâtie, me répondit M. Boutourline.

— Comment? que voulez-vous dire? vous l'avez restaurée, sans doute?

— Non pas; l'ancienne église tombait en ruines: l'Empereur a mieux aimé la faire reconstruire en entier que de la réparer; il n'y a pas deux ans qu'elle était à *cinquante pas plus loin* et formait une saillie qui nuisait à la régularité de l'intérieur de notre Kremlin.

— Mais le corps et les os de Minine? m'écriai-je.

— On les déterra, avec ceux des grands-ducs qu'ils ont suivis; tous sont maintenant dans le nouveau sépulcre dont vous voyez la pierre. »

Je n'aurais pu répliquer sans faire révolution dans l'esprit d'un gouverneur de province aussi scrupuleusement attaché aux devoirs de sa charge que l'est celui de Nijni; je l'ai suivi en silence vers le petit obélisque de la place et vers les immenses remparts du Kremlin de Nijni.

Vous venez de voir comment on entend ici la vénération pour les morts, le respect pour les monuments historiques et le culte des beaux-arts. Cependant l'Empereur, qui sait que les choses antiques sont vénérables, veut qu'une église faite d'hier reste honorée comme vieille; or comment s'y prend-il? il dit qu'elle est vieille, et elle le devient; ce pouvoir tranche du divin. La nouvelle église de Minine à Nijni est l'ancienne, et si vous doutez de cette vérité, vous êtes un séditieux.

Le seul art où les Russes excellent est l'art d'imiter l'architecture et la peinture de Byzance; ils font du vieux mieux qu'aucun peuple moderne, voilà pourquoi ils n'en ont pas.

C'est toujours, c'est partout le même système, celui de Pierre-le-Grand, perpétué par ses successeurs, qui ne sont que ses disciples. Cet homme de fer a cru et prouvé qu'on pouvait substituer la volonté d'un Czar de Moscovie aux lois de la nature, aux règles de l'art, à la vérité, à l'histoire, à l'humanité, aux liens du sang, à la religion, à tout. Si les Russes vénèrent encore aujourd'hui un homme si peu humain, c'est qu'ils ont plus de vanité que de jugement. « Voyez, disent-ils, ce qu'était la Russie en Europe avant l'avénement de ce grand prince, et ce qu'elle est devenue depuis son règne : voilà ce qu'un souverain de génie peut faire »..... Fausse manière d'apprécier la gloire d'une nation. Cette influence orgueilleuse exercée chez les étrangers, c'est du matérialisme politique. Je vois, parmi les pays les plus civilisés du monde, des États qui n'ont de pouvoir que sur leurs propres sujets, lesquels sont même en petit nombre; ces États-là comptent pour rien dans la politique universelle; ce n'est ni par l'orgueil de la conquête, ni par la tyrannie politique exercée chez les étrangers que leurs gouvernements acquièrent des droits à la reconnaissance universelle; c'est par de bons exemples, par des lois sages, par une administration éclairée, bienfaisante. Avec de tels avantages, un petit peuple peut devenir, non le conquérant, non l'oppresseur, mais le flambeau du monde, ce qui est cent fois préférable.

Je ne puis assez m'affliger de voir combien ces idées si simples, mais si sages, sont encore loin des meilleurs et des plus beaux esprits, non-seulement de la Russie, mais de tous les pays, et surtout du pays de France. Chez nous la fascination de la guerre et de la conquête dure toujours, en dépit des leçons du Dieu du ciel, et de celles de l'intérêt, le dieu de la terre. Cependant j'espère, parce que, malgré les écarts de nos philosophes, malgré l'égoïsme de notre langage, et malgré notre habitude de nous calomnier nous-mêmes, nous sommes une nation essentiellement religieuse..... Certes, ceci n'est pas un paradoxe; nous nous dévouons aux idées avec plus de générosité qu'aucun peuple du monde; et les idées ne sont-elles pas les idoles des populations chrétiennes?

Malheureusement nous manquons de discernement et d'indépendance dans nos choix; nous ne distinguons pas entre l'idole de la veille, devenue méprisable aujourd'hui, et celle qui mérite tous nos sacrifices. J'espère vivre assez longtemps pour voir briser chez nous cette sanglante idole de la guerre, la force brutale. On est toujours une nation assez puissante, on a toujours un assez grand territoire, lorsqu'on a le courage de vivre et de mourir pour la vérité, lorsqu'on poursuit l'erreur à outrance, lorsqu'on verse son sang pour détruire le mensonge et l'injustice, et qu'on jouit à juste titre du renom de tant et de si hautes vertus! Athènes était un point sur la terre : ce point est devenu le soleil de la civilisation antique; et tandis qu'il brillait de tout son éclat, combien de nations, puissantes par leur nombre et par l'étendue de leur territoire, vivaient, guerroyaient conquéraient et mouraient, épuisées, inutiles et obscures!! le fumier des générations humaines n'est bon que lorsqu'il engraisse un terrain cultivé par la civilisation. Où en serait l'Allemagne dans le système arriéré de la politique conquérante? Pourtant, malgré ses divisions, malgré la faiblesse matérielle des petits États qui la composent, l'Allemagne avec ses poëtes, ses penseurs, ses érudits, ses souverainetés diverses, ses républiques et ses princes, non rivaux en puissance, mais émules en culture d'esprit, en élévation de sentiments, en sagacité de pensée, est au moins au niveau de la civilisation des pays les plus avancés du monde.

Ce n'est pas à regarder au dehors avec convoitise que les peuples acquièrent des droits à la reconnaissance du genre humain, c'est en tournant leurs forces sur eux-mêmes et en devenant tout ce qu'ils peuvent devenir sous le double rapport de la civilisation spirituelle et de la civilisation matérielle. Ce genre de mérite est aussi supérieur à la propagande de l'épée que la vertu est préférable à la gloire....

Cette expression surannée : *puissance du premier ordre*, appliquée à la politique, fera longtemps encore le malheur du monde. L'amour-propre est ce qu'il y a de plus routinier dans l'homme ; aussi le Dieu qui a fondé sa doctrine sur l'humilité est-il le seul Dieu véritable, considéré même du point de vue d'une saine politique, car seul il a connu la route du progrès indéfini, progrès tout spirituel, c'est-à-dire tout intérieur ; pourtant, voilà dix-huit cents ans que le monde doute de sa parole ; mais toute contestée, toute discutée qu'est cette parole, elle le fait vivre ; que ferait-elle donc pour ce monde ingrat si elle était universellement reçue avec foi? La morale de l'Évangile appliquée à la politique des nations, tel est le problème de l'avenir! L'Europe, avec ses vieilles nations profondément civilisées, est le sanctuaire d'où la lumière religieuse se répandra sur l'univers.

Les murs épais du Kremlin de Nijni serpentent sur une côte bien autrement élevée et bien plus âpre que la colline de Moscou. Les remparts en gradins, les créneaux, les rampes, les voûtes de cette forteresse produisent des points de vue pittoresques; mais, malgré la beauté du site, on serait trompé si l'on s'attendait ici à éprouver le saisissement que produit le Kremlin de Moscou, religieuse forteresse, dont l'aspect seul vaut une histoire; là l'histoire est écrite en morceaux de rochers. Le Kremlin de Moscou est une chose unique en Russie et dans le monde.

A ce propos je veux insérer ici un détail que j'ai négligé de vous marquer dans mes lettres précédentes.

Vous vous rappelez l'ancien palais des Czars au Kremlin, vous savez qu'avec ses étages en retraite, ses ornements en relief, ses peintures asiatiques, il fait l'effet d'une pyramide de l'Inde. Les meubles de ce palais étaient sales et usés : on a envoyé à Moscou des ébénistes et des tapissiers habiles qui ont fait de ces vieux meubles *des copies exactement pareilles.* Ainsi le mobilier, *toujours le même,* quoique renouvelé de fond en comble, est devenu l'ornement du palais restauré, recrépi, repeint, quoique toujours antique ; c'est un miracle. Mais depuis que les nouveaux vieux meubles parent le palais rebâti, replâtré, les débris authentiques des anciens ont été vendus à l'encan dans Moscou même, sous les yeux de tout le monde. En ce pays, où le respect pour la souveraineté est une religion, il ne s'est trouvé personne qui voulût sauver les dépouilles royales du sort des meubles les plus vulgaires, ni protester contre une impiété révoltante. Ce qu'on appelle ici entretenir les vieilles choses, c'est baptiser des nouveautés sous des noms anciens ; soigner, c'est refaire des œuvres modernes avec des débris, espèce de soin qui équivaut, ce me semble, à de la barbarie.

Nous avons visité un joli couvent de femmes ; elles sont pauvres, mais leur maison est d'une propreté tout à fait édifiante. En sortant de cette pieuse retraite le gouverneur m'a mené voir son camp ; la manie des manœuvres, des revues, des bivouacs est ici générale. Les gouverneurs de provinces passent leur vie comme l'Empereur, à jouer au soldat; à commander l'exercice à des régiments; et plus ces rassemblements sont nombreux, plus les gouverneurs sont fiers de se sentir semblables au maître. Les régiments qui forment le camp de Nijni sont composés d'enfants de soldats; c'est le soir que nous sommes arrivés près de leurs tentes dressées dans une plaine qui est la continuation du plateau de la côte où s'élève le vieux Nijni.

Six cents hommes chantaient la prière, et de loin, en plein air, ce chœur religieux et militaire produisait un effet étonnant; c'était comme un nuage de parfum montant majestueusement sous un ciel pur et profond; la prière sortie du cœur de l'homme, de cet abîme de passions et de douleurs, peut être comparée à la colonne de feu et de fumée qui s'élève entre le cratère déchiré du volcan et la voûte du firmament qu'elle atteint. Et qui sait si ce n'est pas là ce que signifiait la colonne des Israélites si longtemps égarés dans le désert? Les voix des pauvres soldats slaves, adoucies par la distance, semblaient venir d'en haut; lorsque les premiers accords frappèrent nos oreilles, un pli de la plaine nous cachait encore la vue des tentes. Les échos affaiblis de la terre répondaient à ces voix célestes; et la musique était interrompue par de lointaines décharges de mousqueterie, orchestre belliqueux, qui ne me semblait guère plus bruyant que les grosses caisses de l'Opéra et qui me paraissait mieux à sa place. Quand les tentes d'où sortaient tant de sons harmonieux se découvrirent à nos regards, le coucher du soleil, reluisant sur la toile des tentes déployées, vint joindre la magie des couleurs à celle des sons pour nous enchanter.

Le gouverneur qui voyait le plaisir que j'éprouvais en écoutant cette musique en plein air, m'en laissa jouir, et il en jouit lui-même assez longtemps, car rien ne cause plus de joie à cet homme vraiment hospitalier que les divertissements qu'il procure à ses hôtes. Le meilleur moyen de lui témoigner votre reconnaissance c'est de lui laisser voir que vous êtes satisfait.

Nous avons achevé notre tournée au crépuscule, et revenus à la ville basse nous nous sommes arrêtés devant une église qui n'a cessé d'attirer mes yeux depuis que je suis à Nijni. C'est un vrai modèle d'architecture russe; ce n'est ni grec antique, ni grec du Bas-Empire, mais c'est un joujou de faïence dans le style du Kremlin ou de l'église de Vassili Blagennoï avec moins de variété dans les couleurs et dans les formes. La plus belle rue de Nijni, la rue d'en bas est embellie par cet édifice moitié de briques, moitié de plâtre; il faut dire que ce plâtre est moulé d'après des dessins si bizarres et qu'il forme tant de colonnettes, de fleurons, de rosaces, qu'on ne peut s'empêcher devant une église aussi chargée de ciselures, de penser à un surtout de dessert en porcelaine de Saxe. Ce petit chef-d'œuvre du genre capricieux n'est pas ancien, il est dû à la magnificence de la famille des Strogonoff, grands seigneurs descendants des premiers négociants au profit desquels se fit la conquête de la Sibérie sous Ivan IV. Les frères Strogonoff de ce temps-là levèrent eux-mêmes l'aventureuse armée qui conquit un royaume pour la Russie. Leurs soldats étaient des flibustiers de terre ferme.

L'intérieur de l'église des Strogonoff ne répond pas à l'extérieur, mais tel qu'il est je préfère de beaucoup dans son ensemble ce bizarre monument aux maladroites copies des temples romains dont Pétersbourg et Moscou sont encombrés.

Pour compléter la journée, nous avons été entendre un vaudeville en russe à l'Opéra de la foire.

Ces vaudevilles sont encore des traductions du français. Les gens du pays me paraissent très-fiers de ce nouveau moyen de civilisation importé chez eux. Je n'ai pu juger de l'efficacité de ce spectacle sur l'esprit de l'assemblée, attendu que la salle était vide à la lettre. Outre l'ennui et la pitié qu'on éprouve en présence de pauvres comédiens sans public, j'ai retrouvé à ce spectacle l'impression désagréable que m'a toujours causée sur nos théâtres le mélange des scènes parlées et des scènes chantées ; figurez-vous cette barbarie, moins le sel et le piquant de l'esprit français ; sans la présence du gouverneur, j'aurais fui dès le premier acte ; il m'a fallu tenir bon jusqu'à la fin du spectacle.

Je viens de passer la nuit à vous écrire pour dissiper mon ennui ; mais cet effort m'a rendu malade. J'ai la fièvre, et je vais me coucher.

MANIFESTE DE S. M. L'EMPEREUR.

Par la grace de Dieu, NOUS, NICOLAS PREMIER, Empereur et Autocrate de toutes les Russies, etc.

« Les diverses modifications que le temps et la force des circonstances ont apportées à notre système monétaire, ont eu pour conséquence, non-seulement de faire accorder aux assignations de banque, contrairement à leur destination primitive, la préférence sur la monnaie d'argent qui forme la base du système monétaire de notre Empire, mais encore de donner naissance à un agio très-variable, et dont le taux diffère presque dans chaque localité.

« Convaincu de l'indispensable nécessité de mettre sans retard un terme à ces fluctuations qui détruisent l'unité comme l'harmonie de notre système monétaire, et qui occasionnent à toutes les classes de la population de notre Empire des pertes et des embarras divers, nous avons jugé convenable, dans notre constante sollicitude pour le bien-être de nos fidèles sujets, de prendre des mesures décisives pour faire cesser les inconvénients provenant de cet état de choses, et en prévenir le retour à l'avenir.

« En conséquence, après l'examen approfondi dans le conseil de l'Empire des différentes questions qui se rattachent à cet objet, nous ordonnons ce qui suit :

« 1°. Remettant en vigueur les dispositions du manifeste de feu l'Empereur ALEXANDRE Ier, de glorieuse mémoire, du 20 juin 1810, la monnaie d'argent de Russie sera dorénavant considérée comme principale monnaie courante de l'Empire, et le rouble d'argent au titre actuellement existant, ainsi que ses divisions actuelles, comme l'unité légale et invariable du numéraire ayant cours dans l'Empire; en conséquence, tous les impôts, redevances et droits quelconques dus à l'État, ainsi que les dépenses et paiements du trésor, devront à l'avenir être évalués en argent.

« 2°. Le rouble d'argent devenant ainsi la principale monnaie courante, les assignations de banque resteront, conformément à leur destination primitive, comme signe représentatif auxiliaire ; à partir de ce jour il leur est assigné une fois pour toutes un cours constant et invariable, fixé à trois roubles et cinquante copecs en assignations pour un rouble d'argent, tant en pièces d'un rouble et au-dessus qu'en petite monnaie.

« 3°. Il sera loisible à chacun d'acquitter, d'après ce cours constant et invariable, soit en monnaie d'argent, soit en assignations (*a*) : tous les impôts et redevances dus à l'État, les prestations locales, et en général tous les prélèvements imposés par la Couronne, et dont la perception lui appartient (*b*) ; tous les droits réglés par des taxes spéciales, tels que le port des lettres et paquets par la poste, la taxe des chevaux de poste, l'accise sur le sel, les fermes des boissons, le papier timbré, les passe-ports, les banderoles (pour le tabac), etc. (*c*) ; tous les paiements dus aux établissements de crédit, aux directions des établissements publics de charité, et aux banques particulières sanctionnées par le gouvernement.

« 4°. De même aussi, toutes les dépenses de l'État, et en général, tous les paiements des établissements de crédit, ainsi que des intérêts des billets du trésor et des fonds publics, calculés en assignations, seront effectués au même cours invariable, soit en argent, soit en assignations, suivant la nature de l'effectif qui se trouvera dans les caisses.

« 5°. Tous les paiements énoncés ci-dessus doivent être effectués, d'après le cours fixé plus haut, à partir du jour de la promulgation du présent manifeste. Mais le cours fixé pour la perception des impôts, qui, dans l'attente de mesures définitives sur cette matière, avait été laissé pour cette année à 360 copecs, étant déjà confirmé, conservera ce taux jusqu'à l'année 1840 pour la perception des impôts, redevances et droits mentionnés en l'article 3, sub litt. *a* et *b*, de même que pour le paiement de toutes les dépenses réglées de l'État et autres paiements analogues. Le cours fixé pour la perception des droits de douane reste également le même jusqu'à l'année 1840, en considération des embarras qu'un changement introduit au milieu de l'année occasionnerait au commerce.

« 6°. Tous les comptes, contrats et en général les transactions pécuniaires de tout genre qui peuvent intervenir entre la Couronne et les particuliers, et généralement toutes les affaires des particuliers entre eux, devront avoir lieu uniquement en monnaie d'argent. Considérant toutefois qu'en raison de l'étendue de l'Empire, cette mesure ne peut y être mise simultanément en vigueur dans tout le territoire, l'époque où elle sera obligatoire est fixée au 1ᵉʳ janvier 1840 ; et à partir de cette date, aucun tribunal ou administration publique, nul courtier, agent de change ou notaire ne pourra passer, ni légaliser aucune transaction quelconque en assignations, sous peine d'encourir la responsabilité de cette infraction. Mais les paiements convenus par toutes les obligations, conventions et transactions, soit antérieures, conclues en assignations, soit nouvelles et conclues seulement en argent, pourront être indifféremment effectués en argent ou en assignations au cours fixé par l'article 2 ci-dessus, et personne ne pourra refuser de recevoir d'après ce cours l'une ou l'autre espèce de valeur sans distinction.

« 7°. La quotité des emprunts (sur hypothèque de terres seigneuriales) aux établissements de crédit est également fixée en argent, à raison de soixante et dix, soixante et quarante-cinq roubles d'argent pour chaque individu mâle porté au recensement général.

« 8°. Afin de faciliter de toute manière le libre échange des monnaies, les caisses de district seront tenues, autant que leur effectif le leur permettra, de changer à bureau ouvert au même cours de 3 roubles 50 copecs les assignations contre de l'argent, et *vice versá* l'argent contre les assignations, jusqu'à concurrence de cent roubles d'argent ou d'une somme proportionnelle en assignations, pour chaque personne qui présentera l'une ou l'autre monnaie à l'échange.

« 9°. En conséquence de ce qui précède, il est très-sévèrement défendu de donner aux assignations un cours autre que celui fixé ci-dessus, de même que d'ajouter un agio quelconque à l'argent ou aux assignations, comme aussi d'employer dans les nouvelles transactions ce que l'on appelle communément le compte en monnaie. A partir de ce jour, le cours du change et toute autre cote portée dans les bordereaux, prix courants, etc., des bourses de commerce, seront énoncés en argent, et le cours des assignations cessera entièrement d'être coté aux bourses.

« 10°. La monnaie d'or sera reçue et payée par les caisses de la Couronne et les établissements de crédit à 3 p. 100 au-dessus de sa valeur nominale, et nommément, l'impériale pour 10 roubles 30 copecs d'argent, et la demi-impériale pour 5 roubles 15 copecs.

« 11°. Afin d'écarter tout prétexte de vexations, il est positivement défendu aux caisses publiques, ainsi qu'aux établissements de crédit, de refuser les monnaies russes tant anciennes que nouvelles qui leur seront présentées, par le seul motif qu'elles ne seraient pas suffisamment marquées ou que leur poids serait trop léger, pourvu toutefois qu'il soit possible d'en reconnaître l'empreinte, et il ne sera permis de refuser que les monnaies rognées ou percées.

« 12°. En attendant que la monnaie de cuivre actuellement en circulation soit refondue dans une proportion directe avec celle d'argent, le cours en est fixé ainsi qu'il suit : (*a*) relativement à l'argent, on comptera trois copecs et demi de cuivre (au titre de 36 comme de 24 roubles au poud), pour un copec d'argent; (*b*) cette monnaie sera reçue par la Couronne en toute quantité, pour les impôts, redevances et autres perceptions, sauf les cas où la quotité des paiements à effectuer en monnaie de cuivre aurait été fixée par les contrats; pour les établissements de crédit cette quotité ne devra point dépasser dix copecs d'argent, et quant aux paiements de particuliers à particuliers, elle dépendra des conventions réciproquement conclues entre eux à ce sujet.

« Donné à Saint-Pétersbourg, le premier jour du mois de juillet de l'an de grâce mil huit cent trente-neuf et de notre règne le quatorzième.

« *Signé*, NICOLAS. »

Le même jour, S. M. l'EMPEREUR a daigné adresser l'ukase suivant au Sénat dirigeant :

« Sur la proposition du ministre des finances, examinée dans le conseil de l'Empire, nous ordonnons ce qui suit : Afin d'accroître le nombre des signes représentatifs de l'argent, faciles à transporter, il sera établi, à dater du 1er janvier 1840, près la banque Impériale de commerce, une caisse particulière de dépôt des monnaies d'argent, conformément aux dispositions ci-après :

« 1°. Cette caisse recevra en dépôt les sommes en monnaie d'argent de Russie qui lui seront présentées.

« 2°. Le numéraire qui entrera dans la caisse de dépôt sera conservé intact, et à part des fonds de la banque de commerce, sous la responsabilité de ladite banque, et sous la surveillance de directeurs spéciaux, choisis parmi les membres du conseil des établissements de crédit ; ce numéraire ne sera employé à aucun usage autre que le remboursement des dépôts.

« 3°. En échange des sommes déposées, la caisse de dépôt délivrera des billets qui porteront le nom de *Billets de la caisse de dépôt*, et qui seront, jusqu'à nouvel ordre, de la valeur de trois, cinq, dix et vingt-cinq roubles d'argent ; si le besoin s'en fait sentir, il pourra ultérieurement, après mûr examen, être émis des billets d'un, de cinquante et de cent roubles d'argent.

« 4°. Ces billets seront préparés d'après un modèle spécial, revêtus des signatures de l'adjoint du gouverneur de la banque de commerce, d'un directeur et du caissier, et porteront sur le revers un extrait des règles concernant les dépôts de numéraire métallique. Le ministre des finances fera préparer des modèles de ces billets, et les transmettra ensuite au Sénat dirigeant, ainsi qu'à tous les ministères, les directions générales et les chambres des finances. Ces modèles devront être affichés dans toutes les bourses de commerce.

« 5°. Les billets de la caisse de dépôt auront cours dans tout l'Empire, à l'égal de la monnaie d'argent et sans aucun agio, dans tous les paiements et transactions, tant des particuliers avec la Couronne et les établissements de crédit, que réciproquement de la Couronne et des établissements de crédit avec les particuliers, et de ces derniers entre eux.

« 6°. A la présentation des billets à la caisse de dépôt, la quotité correspondante de monnaie d'argent sera remise au porteur sans délai, comme sans retenue aucune pour change et conservation.

« 7°. Les billets remboursés seront conservés à part, et dans le cas où ils seraient encore propres au service, seront émis de nouveau contre dépôt de numéraire, ou en échange de vieux billets hors de service présentés à la caisse.

« 8°. L'envoi des billets de la caisse de dépôt par la poste s'effectuera contre acquittement du droit d'assurance sur le montant de la somme transmise et du droit de port du paquet qui la contient.

« 9°. En cas de contrefaçon desdits billets, on se conformera aux lois en vigueur sur la contrefaçon des papiers de l'État.

Observation. Il n'est fait aucun changement aux règles concernant l'acceptation des métaux précieux en lingots ou vaisselle, présentés à la banque de commerce pour y être gardés en dépôt.

« 10°. Pour la gestion des affaires de la caisse de dépôt, comme de celles concernant le dépôt des métaux précieux en lingots ou en vaisselle (art. 9), il est créé près la banque de commerce une expédition de la caisse de dépôt, dont l'état du personnel et des dépenses est annexé au présent; cette expédition spéciale, placée sous la surveillance du gouverneur de la banque, et sous la direction plus immédiate de son adjoint, se composera d'un premier et d'un second directeur, de deux directeurs élus par le commerce, avec le nombre fixé d'employés; les dépenses de cette expédition seront imputées sur les bénéfices de la banque.

« 11°. Le ministre des finances est chargé de dresser des règlements détaillés pour l'ordre intérieur des écritures et de la comptabilité, comme pour la conservation des fonds, et en général pour toutes les opérations de la caisse de dépôt et de son expédition ; le ministre prendra pour modèle de ces règlements ceux en vigueur dans les établissements de crédit, en se concertant au préalable avec le contrôleur de l'Empire, et communiquera ultérieurement au conseil des établissements de crédit les dispositions arrêtées à ce sujet.

« 12°. Pour la vérification des opérations de la caisse de dépôt, il est établi, en sus de son contrôle intérieur, un contrôle supérieur de la part du conseil des établissements de crédit, et pour la surveillance de la conservation intacte des dépôts, ce conseil choisira chaque année dans son sein un député de la noblesse et un député du commerce, qui devront prendre part aux révisions mensuelles des fonds et revirements, *et procéder à des révisions inopinées.* Les opérations de la caisse de dépôt feront partie du compte rendu de la banque du commerce.

Le Sénat dirigeant fera les dispositions nécessaires pour la mise à exécution du présent.

« Saint-Pétersbourg, le 1ᵉʳ juillet 1839.

« *Signé*, NICOLAS.

« (Suit l'état du personnel et des dépenses de la caisse de dépôt). »

SOMMAIRE DE LA LETTRE TRENTE-CINQUIÈME.

Assassinat d'un seigneur allemand. — Jusqu'où les Russes portent l'aversion des nouveautés. — Désordres partiels : leurs conséquences. — Influence du gouvernement : cercle vicieux. — Servilité gratuite des paysans. — Inconvénient de l'instabilité des conditions dans les États despotiques. — Illusion des serfs russes. — Exil de M. Guibal en Sibérie. — Histoire d'une sorcière. — Mot d'un grand seigneur, petit-fils d'un paysan. — Manière dont un jeune étranger malade est traité par ses amis russes. — Accident arrivé à une dame française tombée dans une trappe. — Charité russe. — Passion d'une dame russe pour les tombeaux de ses maris. — Trait de vanité d'un officier enrichi. — Derniers jours passés à Nijni. — Chant des bohémiennes de la foire. — Réhabilitation des classes méprisées et des nations méconnues. — Idée dominante du théâtre de Victor Hugo. — Orage du soir à Nijni. — Malaise causé par l'air de Nijni. — Projet d'aller à Kazan abandonné. — Conseil d'un médecin. — Le feldjæger et le domestique. — Opinion des Russes sur l'état de la France. — Vladimir. — Aspect du pays. — Appauvrissement des forêts. — Difficultés du voyage pour qui n'a pas un feldjæger. — Fausse délicatesse que les Russes voudraient imposer aux étrangers. — Centralisation nuisible. — Rencontre du grand éléphant noir envoyé à l'Empereur par le schah de Perse. — Danger que je cours. — Présence d'esprit de mon valet de chambre italien. — Description de l'éléphant. — Retour à Moscou. — Adieux au Kremlin. — Effet produit par le voisinage de l'Empereur. — Contagion de l'exemple. — Fêtes militaires à Borodino. — Villes improvisées.

— Comment l'Empereur fait représenter la bataille de la Moskowa, dite *de Borodino*. — Pourquoi je n'obéis pas à l'Empereur. — Monument élevé en l'honneur du prince Bagration; le prince Witgenstein oublié. — Mensonge en action. — Ordre du jour de l'Empereur. — Travestissement de l'histoire.

LETTRE TRENTE-CINQUIÈME.

Vladimir, entre Nijni et Moscou, ce 2 septembre 1839.

Un M. Jament m'a conté à Nijni qu'un Allemand, nouveau seigneur de village, grand agriculteur et propagateur de méthodes d'assolement encore inusitées en ce pays, vient d'être assassiné dans ses domaines, voisins de la terre d'un M. Merline, autre étranger par qui le fait est parvenu à notre connaissance.

Deux hommes se sont présentés chez ce seigneur allemand sous prétexte de lui acheter des chevaux, et le soir ils sont entrés dans sa chambre et l'ont tué. C'était, à ce qu'on assure, un coup monté par les paysans de la victime pour se venger des innovations que l'étranger avait voulu introduire dans la culture de leur terre. Le peuple de ce pays a en aversion tout ce qui n'est pas russe. J'entends souvent répéter qu'un beau jour on le verra éventrer d'un bout de l'Empire à l'autre les hommes sans barbe; c'est à la barbe que les Russes se reconnaissent.

Aux yeux des paysans, un Russe au menton rasé est un traître vendu aux étrangers dont il mérite de partager le sort. Mais quel sera le châtiment infligé par les survivants aux auteurs de ces Vêpres moscovites? la Russie entière ne pourra pourtant pas être envoyée en Sibérie. On déporte des villages, on n'exile pas des provinces. Il est à remarquer que ce genre de punition frappe ici les paysans sans les atteindre. Un Russe retrouve sa patrie partout où règnent les longs hivers : la neige a toujours le même aspect; le linceul de la terre est également blanc, qu'il ait six pouces ou six pieds d'épaisseur; aussi pourvu qu'on lui laisse refaire son traîneau et sa cabane, le Russe se retrouve chez lui en quelque lieu qu'il soit exilé. Dans les déserts du Nord on peut se créer une patrie à peu de frais. Pour l'homme qui n'a jamais vu que des plaines glacées et parsemées d'arbres verts plus ou moins mal venants, tout pays froid et désert représente son pays. D'ailleurs, les habitants de ces latitudes sont toujours disposés à quitter leur terre natale.

Les scènes de désordre se multiplient dans les campagnes : chaque jour on entend parler de quelque forfait nouveau; mais quand on apprend le crime, il est déjà ancien, ce qui en atténue l'impression; et de tant de forfaits isolés, il ne résulte pas que le repos du pays soit profondément troublé. Je vous ai dit ailleurs que la tranquillité se maintient chez ce peuple par la lenteur et la difficulté des communications, et par l'action secrète et avouée du gouvernement, lequel perpétue le mal par amour de l'ordre établi. J'ajoute à ces motifs de sécurité l'aveugle obéissance des troupes; cette soumission tient surtout à l'ignorance complète des gens de la campagne. Mais, singulière conjoncture!.... ce remède est en même temps la première cause du mal : on ne voit donc pas comment la nation sortira du cercle vicieux où l'ont engagée les circonstances. Jusqu'à présent le mal et le bien, la perte et le salut lui viennent de la même source : de l'isolement et de l'ignorance qui se favorisent, se reproduisent et se perpétuent réciproquement.

Vous ne sauriez vous figurer la manière dont un seigneur prenant possession du domaine qu'il vient d'acquérir, est reçu par ses nouveaux paysans : c'est une servilité qui doit paraître incroyable aux habitants de nos contrées : hommes, femmes, enfants, tous tombent à genoux devant leur nouveau maître, tous baisent les mains, quelquefois les pieds du propriétaire; ô misère!... ô profanation de la foi!... ceux qui sont en âge de faillir confessent volontairement leurs péchés à ce maître, qui, pour eux est l'image, est l'envoyé de Dieu sur la terre et qui représente à lui seul, et le roi du ciel et l'Empereur! Un tel fanatisme dans le servage doit finir par faire illusion, même à celui qui en est l'objet, surtout s'il est parvenu depuis peu au rang qu'il occupe : ce changement de fortune l'éblouit au point de lui persuader qu'il n'est pas de la même espèce que ces hommes abattus devant lui, que ces hommes auxquels il se trouve soudain avoir droit de commander. Ce n'est point un paradoxe que je mets en avant quand je soutiens que l'aristocratie de la naissance pourrait seule adoucir la condition des serfs en Russie, et les disposer à profiter de l'affranchissement, par des transitions douces et insensibles. Leur asservissement actuel leur devient insupportable à l'égard des nouveaux riches. Les anciens naissent au-dessus d'eux, c'est dur : mais ils naissent chez eux, avec eux, c'est une consolation; et puis, l'habitude de l'autorité est naturelle aux uns comme celle de l'esclavage l'est aux autres, et l'habitude atténue tout : elle adoucit l'injustice chez les forts, elle allége le joug chez les faibles : voilà pourquoi la mobilité des fortunes et des conditions produit des résultats monstrueux dans un pays soumis au régime du servage; toutefois c'est cette mobilité qui fait la durée de l'ordre de choses actuel en Russie parce qu'elle lui concilie une foule d'hommes qui savent en tirer parti : second exemple du remède puisé à la source du mal. Terrible cercle dans lequel tournent toutes les populations de ce vaste Empire!!... Un tel état social est un inextricable filet dont chaque maille devient un nœud qui se resserre par les efforts tentés pour le délier. Ce seigneur, ce Dieu nouveau, à quel titre l'adore-t-on? on l'adore parce qu'il a eu assez d'argent, qu'il a su intriguer assez habilement pour pouvoir acheter la glèbe où sont attachés tous ces hommes prosternés à ses pieds. Le parvenu me paraît un monstre dans un pays où la vie du pauvre dépend du riche, et où l'homme est la fortune de l'homme; le mouvement industriel et l'immobilité du servage combinés dans la même société, y produisent des résultats révoltants; mais le despote aime le parvenu : c'est sa créature !..... Vous figurez-vous ici la condition d'un nouveau seigneur? hier son esclave était son pareil; son industrie plus ou moins honnête, ses flatteries plus ou moins basses, plus ou moins habiles, l'ont mis en état d'acheter un certain nombre de ses camarades qui sont aujourd'hui ses serfs. Devenir la bête de somme de son égal, c'est un mal intolérable. Voilà pourtant le résultat que peut amener chez un peuple l'alliance impie de coutumes arbitraires et d'institutions libérales, ou pour parler plus juste instables; ailleurs, l'homme qui fait fortune ne se fait pas baiser les pieds par les rivaux qu'il a vaincus. L'incohérence la plus choquante est devenue la base de la constitution russe.

Remarquez en passant une confusion singulière produite dans l'esprit du peuple russe, par le régime auquel il est soumis. Sous ce régime, l'homme se trouve lié à la terre d'une manière intime puisqu'on le vend avec elle; or, au lieu de reconnaître que c'est lui qui est fixe et la terre qui est mobile; en un mot, au lieu de savoir et d'avouer qu'il appartient à cette terre au moyen de laquelle d'autres hommes disposent de lui despotiquement, il s'imagine que c'est la terre qui lui appartient. A la vérité, l'erreur de son jugement se réduit à une véritable illusion d'optique; car tout possesseur qu'il croit être du sol, il ne comprend pas qu'on puisse vendre la terre sans vendre les hommes qui l'habitent. Ainsi quand il change de maître, il ne se dit pas qu'on a vendu le sol au nouveau propriétaire ; il se figure que c'est sa personne qui a été vendue d'abord, et puis il pense qu'on a livré pardessus le marché sa terre, la terre qui l'a vu naître, qu'il cultive pour se nourrir. Donnez donc la liberté à des hommes qui par leur intelligence des lois sociales sont à peu près au niveau des arbres et des plantes !....

M. Guibal (toutes les fois que je suis autorisé à citer un nom, j'use de la permission), M. Guibal, fils d'un maître d'école, fut exilé sans motif, du moins sans explication, et sans qu'il pût deviner ce dont on l'accusait, dans un village de Sibérie, aux environs d'Orenbourg. Une chanson qu'il compose pour tromper son ennui, est recueillie d'abord par un inspecteur ; mise sous les yeux du gouverneur, elle attire l'attention de ce personnage auguste ; celui-ci envoie son aide-de-camp près de l'exilé, afin de s'informer de son affaire, de sa position, de sa conduite, et de juger s'il peut être employé à quelque chose. Le malheureux parvient à inspirer de l'intérêt à l'aide-de-camp, qui, à son retour dans la ville, fait un rapport très-favorable sur le compte de Guibal. Aussitôt celui-ci est rappelé ; il n'a jamais pu savoir la vraie cause de son malheur ; peut-être était-ce une première chanson.

Telles sont les circonstances d'où peut dépendre le sort d'un homme en Russie!!...

Voici une histoire d'un genre différent.

Dans les terres du prince ***, au delà de Nijni, une paysanne se fait passer pour sorcière : bientôt sa réputation s'étend au loin. On raconte des prodiges opérés par cette femme, mais son mari se plaint ; le ménage est négligé, le travail abandonné. L'intendant confirme dans son rapport l'accusation intentée contre la paysanne sorcière.

Le prince fait un voyage dans ses domaines : à peine arrivé chez lui, ce qui le préoccupe avant tout, c'est la fameuse démoniaque. Le pope lui dit que l'état de cette femme empire tous les jours, qu'elle ne parle plus et qu'il a résolu de l'exorciser. La cérémonie a lieu, mais sans résultat, en présence du seigneur ; celui-ci, décidé à savoir le fond de cette singulière affaire, a recours au remède russe par excellence : il condamne la folle aux verges. Ce traitement ne manque pas son effet.

Au vingt-cinquième coup elle demande grâce et jure de dire la vérité.

LETTRE TRENTE-CINQUIÈME.

Elle est mariée à un homme qu'elle n'aime pas, et c'est pour ne pas travailler au profit de son mari, dit-elle, qu'elle a feint d'être possédée.

Cette comédie servait sa paresse en même temps qu'elle avait rendu la santé à une foule de malades, qui sont venus à elle pleins d'espoir et de confiance, et s'en sont retournés guéris.

Les sorciers ne sont pas rares parmi les paysans russes, auxquels ils tiennent lieu de médecins; ces fourbes font des cures nombreuses et fort belles, au dire même des gens de l'art!!

Quel triomphe pour Molière! et quel abîme de doutes pour tout le monde!... L'imagination!... qui sait si l'imagination n'est pas un levier dans la main de Dieu pour élever au-dessus d'elle-même une créature bornée? Quant à moi, je pousse le doute au point d'en revenir à la foi, car je crois, malgré ma raison, que le sorcier peut guérir même des incrédules, par un pouvoir dont je ne saurais nier l'existence, quoique je ne puisse le définir. Avec le mot imagination, nos savants se dispensent d'expliquer les phénomènes qu'ils ne peuvent nier ni comprendre. L'imagination devient pour certains métaphysiciens ce que sont les nerfs pour certains médecins.

L'esprit est continuellement forcé à réfléchir devant un spectacle aussi extraordinaire que celui qui lui est offert par la société constituée comme elle l'est ici. A chaque pas qu'on fait dans ce pays, on admire ce que les États gagnent à rendre l'obéissance forte; mais on regrette tout aussi souvent de n'y pas voir ce que le pouvoir gagnerait à rendre cette obéissance noble et morale.

A ce propos, je me rappelle un mot qui vous prouvera si je suis fondé à penser qu'il y a et même en assez grand nombre, des hommes dupes du culte que le serf rend ici au seigneur. La flatterie a tant de puissance sur le cœur humain, qu'à la longue les plus maladroits de tous les flatteurs, la peur et l'intérêt, trouvent le moyen d'arriver à leur but et de se faire écouter comme les plus malins : voilà pourquoi beaucoup de Russes se croient d'une autre nature que les hommes du commun.

Un Russe immensément riche, mais qui déjà devrait être éclairé sur les misères de l'opulence et du pouvoir, car la fortune de sa famille date de deux générations, passait d'Italie en Allemagne. Il tombe assez gravement malade dans une petite ville; et il fait appeler le meilleur médecin de l'endroit; d'abord il se soumet à ce qu'on lui ordonne, mais au bout de quelques jours de traitement le mal empirant, le patient s'ennuie de son obéissance, se lève avec colère, et déchirant le voile de civilisation dont il croit nécessaire de s'affubler dans l'habitude de la vie, il redevient lui-même, appelle l'aubergiste, et s'écrie tout en arpentant sa chambre à grands pas : « Je ne conçois pas la manière dont on me traite : voilà trois jours qu'on me drogue sans me faire le moindre bien ; quel médecin m'avez-vous été chercher là ? il ne sait donc pas qui je suis ! »

Puisque j'ai commencé ma lettre par des anecdotes, en voici une moins piquante, mais qui peut vous servir à vous former une juste idée du caractère et des habitudes des personnes du grand monde en Russie. On n'aime ici que les gens heureux, et cet amour exclusif produit quelquefois des scènes comiques.

Un jeune Français avait parfaitement réussi dans une société de personnes réunies à la campagne. C'était à qui lui ferait fête : des dîners, des promenades, des chasses, des spectacles de société, rien n'y manquait ; l'étranger était enchanté. Il vantait à tout venant l'hospitalité russe et l'élégance des manières de ces *barbares du Nord* tant calomniés !

A quelque temps de là le jeune enthousiaste tombe malade dans la ville voisine ; tant que le mal se prolonge et s'aggrave, ses amis les plus intimes ne lui donnent pas signe de vie. Plusieurs semaines, deux mois se passent ainsi, à peine envoie-t-on de loin en loin savoir de ses nouvelles ; enfin la jeunesse triomphe, et malgré le médecin du lieu, le voyageur guérit ; sitôt qu'il est rétabli, on afflue chez lui pour fêter sa convalescence, comme si l'on n'eût pensé qu'à lui durant tout le temps de sa maladie ; il faut voir la joie de ses anciens hôtes ; vous diriez que ce sont eux qui viennent de ressusciter !... on le comble de protestations d'intérêt, on l'accable de nouveaux projets de divertissements, on le caresse à la manière des chats ; la légèreté, l'égoïsme, l'oubli, font patte de velours ; on vient jouer aux cartes près de son fauteuil, on lui propose doucereusement de lui envoyer un canapé, des confitures, du vin... depuis qu'il n'a plus besoin de rien, tout est à lui.... Cependant sans se laisser prendre à cet appât usé désormais, il met à profit la leçon, et fort de son expérience, il monte en voiture à la hâte, pressé qu'il est, dit-il, de fuir une terre qui n'est hospitalière que pour les gens heureux, amusants ou utiles !...

LETTRE TRENTE-CINQUIÈME.

Une dame française émigrée, âgée et spirituelle, était établie dans une ville de province. Un jour elle alla faire une visite à une personne du pays. Il y a dans plusieurs maisons russes des escaliers couverts de trappes et qui sont dangereux. La dame française qui n'avait pas remarqué une de ces soupapes trompeuses, tombe d'une quinzaine de pieds de haut sur des marches de bois. Que fait la maîtresse de la maison? vous auriez peine à le deviner. Sans même vouloir s'assurer si la malheureuse est morte ou vivante, sans courir à elle pour s'informer de son état, sans appeler du secours, sans envoyer au moins chercher un chirurgien, elle plante là l'accident, et court dévotement s'enfermer à son oratoire pour y prier la sainte Vierge de venir en aide à la pauvre morte... morte ou blessée, selon ce qu'il aura plu au bon Dieu d'en ordonner. Cependant la blessée, non morte, et qui n'avait rien de cassé, eut le temps de se relever, de remonter dans l'antichambre et de se faire ramener chez elle, avant que sa pieuse amie eût quitté son prie-Dieu. On ne put même arracher celle-ci de cet asile qu'en lui criant à travers la porte que l'accident n'avait eu aucune suite grave, et que la malade était retournée chez elle, où elle venait de se coucher, mais par pure précaution. Aussitôt la charité active se réveille dans le cœur désolé de la bonne dévote russe, qui, reconnaissante de l'efficacité de ses prières, court officieusement chez son amie, insiste pour entrer, arrive auprès du lit de la patiente et l'accable de protestations d'intérêt qui la privent pendant une heure au moins du repos dont elle a besoin.

Ce trait d'enfantillage m'a été conté par la personne même à qui l'accident est arrivé. Si elle se fût cassé la jambe ou évanouie, elle aurait pu mourir sans secours à la place où l'avait laissée sa pieuse amie.

Après cela on s'étonne de voir des hommes tomber dans la Néva, et s'y noyer sans que personne pense à leur porter secours, sans même qu'on ose parler de leur mort!!!

Les bizarreries de sentiment abondent en Russie dans tous les genres chez les personnes du grand monde, parce que les cœurs et les esprits y sont blasés sur toutes choses. Une grande dame de Pétersbourg a été mariée plusieurs fois; elle passe les étés dans une maison de campagne magnifique à quelques lieues de la ville, et son jardin est rempli des tombeaux de tous ses maris, qu'elle commence à aimer avec passion, sitôt qu'ils sont morts; elle leur élève des mausolées, des chapelles, pleure sur leurs cendres, elle charge leurs tombes d'épitaphes sentimentales.... en un mot, elle rend aux morts un culte offensant pour les vivants. C'est ainsi que le parc de la dame devient un vrai Père Lachaise, et ce lieu paraît tant soit peu triste à quiconque n'a pas, comme la noble veuve, l'amour des maris défunts et des tombeaux.

On ne doit être surpris de rien en fait d'insensibilité, ou ce qui est synonyme, de *sensiblerie* de la part d'un peuple qui étudie l'élégance aussi minutieusement qu'on s'instruit dans l'art de la guerre ou du gouvernement. Voici un exemple de ce grave intérêt que les Russes mettent aux choses les plus puériles, dès qu'elles les touchent personnellement.

Un descendant des anciens boyards, riche et âgé, habitait la campagne aux environs de Moscou. Un détachement de hussards avec ses officiers était logé dans sa maison. C'était le temps de Pâques. Les Russes célèbrent cette fête avec une solennité particulière. Toutes les personnes d'une même famille, et leurs amis et leurs voisins, se réunissent pour assister à la messe, que ce jour-là on dit à minuit précis.

Le châtelain dont je vous parle étant la personne la plus considérable du pays, attendait une grande affluence de monde pour la nuit de Pâques, d'autant plus qu'il avait fait restaurer cette année-là son église paroissiale avec beaucoup de luxe.

Deux ou trois jours avant la fête, il est réveillé par un train de chevaux et de voitures passant sur une jetée voisine de son habitation. Ce château, selon l'usage le plus ordinaire, est situé tout au bord d'un petit étang; l'église du village s'élève du côté opposé, tout au bout de la jetée qui sert de route pour aller du château à la paroisse.

Étonné d'entendre un bruit inusité au milieu de la nuit, le maître de la maison se lève, court à sa fenêtre, et là, quel est son étonnement lorsqu'il aperçoit, à la lueur d'une quantité de torches, une belle calèche attelée de quatre chevaux et suivie de deux piqueurs.

Il reconnaît cet équipage tout neuf, ainsi que l'homme auquel il appartient : c'était un des officiers de hussards logés dans sa maison, grave étourdi, tout nouvellement enrichi par un héritage; cet écervelé venait d'acheter des chevaux et une voiture qu'il avait fait amener au château. Le vieux seigneur le voyant se pavaner dans sa calèche ouverte, tout seul, la nuit, au milieu d'une campagne déserte et silencieuse, le croit devenu fou; il suit des yeux l'élégant équipage et le groupe de gens qui l'entourent; il les voit se diriger en bon ordre vers l'église et s'arrêter devant le porche; là le maître descend gravement de voiture aidé de ses valets qui se précipitent à la portière pour donner le bras au jeune officier, quoique celui-ci plus leste que ses gens et aussi jeune, parût bien capable de se passer de leur assistance.

A peine eut-il touché terre qu'il remonta lentement et majestueusement en voiture, fit encore un tour sur la jetée, revint à l'église et recommença, lui et son monde, la même cérémonie que la première fois. Ce jeu se renouvela jusqu'à l'aube du jour. A la dernière répétition, l'officier donne l'ordre de rentrer au château sans bruit et au pas. Quelques instants plus tard, tout le monde était recouché.

Le lendemain, le maître de la maison n'a rien de plus pressé que de questionner son hôte le capitaine de hussards, pour savoir ce que signifiaient sa promenade nocturne et les évolutions de ses gens autour de sa voiture et de sa personne. « Rien du tout, reprit l'officier sans trahir le plus léger embarras; mes valets sont novices, vous aurez beaucoup de monde le jour de Pâques, on afflue ici de tous les environs et même de très-loin; j'ai voulu seulement faire la répétition de *mon entrée* à l'église. »

Il me reste, à moi, à vous faire le récit de ma sortie de Nijni; vous verrez qu'elle fut moins brillante que la promenade nocturne du capitaine de hussards.

Le soir du jour où j'avais assisté avec le gouverneur au spectacle russe, dans un théâtre entièrement vide, je rencontrai, en sortant du théâtre, un homme de ma connaissance, qui me mena au café des bohémiennes, situé dans la partie la plus animée de la ville foraine; il était près de minuit, cette maison était encore pleine de monde, de bruit et de lumières. Les femmes me semblèrent charmantes; leur costume, quoiqu'en apparence le même que celui des autres femmes russes, prend un caractère étrange porté par elles; elles ont de la magie dans le regard, dans les traits, et leurs attitudes sont gracieuses quoique souvent imposantes. En un mot, elles ont du style comme les sibylles de Michel-Ange.

Leur chant est à peu près le même que celui des bohémiens de Moscou, mais il m'a paru plus expressif encore, plus fort et plus varié. On m'assure qu'elles ont de la fierté dans l'âme ; elles sont passionnées, mais elles ne sont ni légères ni vénales, et elles repoussent souvent avec dédain, dit-on, des offres avantageuses.

Plus je vis, plus je m'étonne de ce qui reste de vertu aux gens qui n'en ont pas. Les personnes le plus décriées à cause de leur état, sont souvent comme les nations qu'on dit dégradées par leurs gouvernements, pleines de grandes qualités méconnues, tandis qu'au contraire on est désagréablement surpris en découvrant les faiblesses des gens fameux et le puéril caractère des peuples soi-disant bien gouvernés. Les conditions des vertus humaines sont presque toujours des mystères impénétrables à la pensée des hommes.

L'idée de réhabilitation que je ne fais ici qu'indiquer, a été mise dans tout son jour et défendue avec l'éclat d'un talent puissant par l'un des esprits les plus hardis de notre époque et de toutes les époques. Il semble que Victor Hugo ait voulu consacrer son théâtre à révéler au monde ce qui reste d'humain, c'est-à-dire de divin, dans l'âme des créatures de Dieu le plus réprouvées par la société ; ce but est plus que moral, il est religieux. Étendre la sphère de la pitié, c'est faire une œuvre pie ; la foule est souvent cruelle par légèreté, par habitude, par principe ; plus souvent elle l'est par mégarde ; guérir ces plaies des cœurs méconnus, si cela est possible, sans en faire de plus profondes à d'autres cœurs dignes aussi de compassion : c'est s'associer aux desseins de la Providence, c'est agrandir le royaume de Dieu.

La nuit était avancée quand nous sortîmes du café des bohémiens ; un nuage orageux qui venait de crever sur la plaine avait subitement changé la température. De grandes flaques d'eau inondaient les larges et longues rues de la foire déserte, et nos chevaux traversant, sans ralentir leur train, ces espèces de mares creusées dans la terre détrempée, nous éclaboussaient au fond de ma calèche ouverte ; des nuées noires annonçaient de nouvelles averses pour le reste de la nuit, tandis que des rafales intermittentes nous envoyaient par bouffées au visage l'eau qui débordait des gouttières. « Voilà l'été passé, me dit mon cicerone. — Je ne le sens que trop, » lui répondis-je. J'avais froid comme en hiver. J'étais sans manteau ; le matin on étouffait, on gelait quand je rentrai ; je vous écrivis pendant deux heures, puis je me couchai glacé. Le lendemain, quand je voulus me lever, j'avais des vertiges; je retombai sur mon lit sans pouvoir m'habiller ni sortir.

Ce contre-temps me fut d'autant plus désagréable que je devais partir ce jour-là même pour Kazan; j'aurais voulu mettre au moins le pied en Asie, et je venais d'arrêter un bateau pour descendre le Volga, tandis que mon feldjæger eût été chargé de mener ma voiture vide à Kazan, pour me reconduire à Nijni en remontant le cours du fleuve par terre. Toutefois mon zèle s'était un peu ralenti depuis que le gouverneur de Nijni m'avait orgueilleusement montré des dessins de Kazan. C'est toujours la même ville d'un bout de la Russie à l'autre : la grande place, les grandes rues bordées de petites maisons très-basses; sur cette place la maison du gouverneur, bel édifice à colonnes et à fronton romain, ornements encore plus déplacés dans une ville tatare que dans les villes russes; la caserne, les cathédrales en manière de temples, rien n'y manquait; je sentais que tout ce rabâchage d'architecture ne valait guère la peine d'allonger mon voyage de deux cents lieues. Mais la frontière de Sibérie et les souvenirs du siége me tentaient encore. Il fallut renoncer à cette course et me tenir coi pendant quatre jours.

Le gouverneur m'est venu voir sur mon grabat avec beaucoup de politesse; enfin le quatrième jour, sentant mon malaise augmenter, je me décidai à faire appeler un médecin. Ce docteur me dit :

« Vous n'avez pas de fièvre, vous n'êtes pas encore malade, mais vous allez le devenir gravement si vous restez trois jours de plus à Nijni. Je connais l'influence de cet air sur certains tempéraments, partez; vous n'aurez pas fait dix lieues que vous vous sentirez soulagé, puis, le lendemain, vous serez guéri.

— Mais je ne puis ni manger, ni dormir, ni me tenir debout, ni remuer sans vives douleurs à la tête, répliquai-je; et que deviendrai-je si je suis forcé de m'arrêter en chemin?

— Faites-vous porter dans votre voiture : les pluies d'automne commencent; je ne réponds pas de vous, vous dis-je, si vous restez à Nijni. »

Ce docteur a de la science et de l'expérience; il a passé plusieurs années à Paris, après avoir fait de bonnes études en Allemagne. Je me fiai à son coup d'œil, et le lendemain du jour où il me donna ce conseil, je montai en voiture par une pluie battante et par un vent glacial. Il y aurait eu de quoi décourager le voyageur le plus dispos. Cependant dès la seconde poste la prédiction du docteur s'accomplit; je commençai à respirer plus librement, mais la fatigue m'accablait. Il fallut m'arrêter pour la nuit dans un mauvais gîte;.... le lendemain j'étais guéri.

Durant le temps que j'ai passé dans mon lit à Nijni, mon espion protecteur s'ennuyait de la prolongation de notre séjour à la foire et de son inaction forcée. Un matin il vint trouver mon valet de chambre et lui dit en allemand :

« Quand partons-nous ?

— Je ne sais; monsieur est malade.

— Est-il malade ?

— Pensez-vous que ce soit pour son plaisir qu'il reste dans son lit sans sortir d'un appartement comme celui que vous lui avez trouvé ici ?

— Qu'est-ce qu'il a ?

— Je n'en sais rien.

— Pourquoi est-il malade ?

— Ma foi ! allez le lui demander. »

Ce *pourquoi* m'a paru digne d'être noté.

Cet homme ne m'a pas pardonné la scène de la voiture. Depuis ce jour, ses manières et sa physionomie sont changées; ce qui me prouve qu'il reste toujours un coin de naturel et de sincérité dans les caractères le plus profondément dissimulés. Aussi je lui sais quelque gré de sa rancune. Je le croyais incapable d'un sentiment primitif.

Les Russes, comme tous les nouveaux venus dans le monde civilisé, sont d'une susceptibilité excessive; ils n'admettent pas même les généralités, ils prennent tout pour des personnalités; nulle part la France n'est plus mal appréciée : la liberté de penser et de parler est ce que l'on comprend le moins en Russie; ceux qui font semblant de juger notre pays me disent qu'ils ne croient pas que le roi s'abstienne de châtier les écrivains qui l'injurient journellement à Paris.

« Cependant, leur dis-je, le fait est là pour vous convaincre.

— Oui, on parle de tolérance, répliquent-ils d'un air malin; c'est bon pour la foule et pour les étrangers; mais on punit en secret les journalistes trop audacieux. »

Quand je répète que tout est public en France, on rit finement, on se tait poliment, et l'on ne me croit pas.

La ville de Vladimir est souvent nommée dans l'histoire; son aspect est celui de l'éternelle ville russe, dont le type ne vous est que trop connu. Le pays que j'ai traversé depuis Nijni est semblable aussi à ce que vous connaissez de la Russie : c'est une forêt sans arbres, interrompue par une ville sans mouvement. Figurez-vous des casernes dans des marais ou dans des bruyères, selon la nature du sol; et l'esprit du régiment pour animer tout cela!!... Quand je dis aux Russes que leurs bois sont mal aménagés, et que leur pays finira par manquer de combustible, ils me rient au nez. On a calculé combien de milliers de milliers d'années il faudrait pour abattre les bois qui couvrent le sol d'une immense partie de l'Empire, et ce calcul répond à tout. C'est qu'on se paie de mots en ceci comme en tout le reste. Il est *écrit* dans les états envoyés par chaque gouverneur de province, que tel gouvernement contient tant d'arpents de forêts! Là-dessus la statistique exécute son travail d'arithmétique; mais le calculateur, avant d'additionner ses sommes pour en faire un total, ne va pas sur les lieux voir de quoi se composent les forêts enregistrées sur le papier. Il y trouverait le plus souvent un amas de broussailles bonnes à faire des bourrées ou bien il s'y perdrait dans des landes entrecoupées de champs de joncs et de fougères! Cependant l'appauvrissement des fleuves se fait déjà sentir, et ce symptôme, inquiétant pour la navigation, ne peut être attribué qu'à la quantité d'arbres abattus dans le voisinage des sources et le long des cours d'eau qui facilitent le flottage. Mais avec leurs cartons pleins de rapports satisfaisants, les Russes s'inquiètent peu de la dilapidation des seules richesses naturelles de leur sol. Leurs bois sont immenses dans les bureaux du ministère; et ceci leur suffit. Grâce à cette quiétude administrative, on peut prévoir le moment où ils se chaufferont au feu des paperasses entassées dans leurs chancelleries; cette richesse-là s'accroît tous les jours.

Ce que je vous dis est hardi, révoltant même, sans qu'il y paraisse; l'amour-propre chatouilleux des Russes impose aux étrangers des devoirs de convenances auxquels je ne me soumets pas et dont vous ne vous doutez guère. Ma sincérité me rend coupable dans la pensée des hommes de ce pays. Voyez l'ingratitude!!! le ministre me donne un feldjæger; la présence de cet uniforme suffit pour m'épargner les ennuis du voyage; me voilà engagé dans l'esprit des Russes à tout approuver chez eux. Cet étranger-là, pensent-ils, manquerait à toutes les lois de l'hospitalité s'il se permettait de critiquer un pays où l'on a tant d'égards pour lui... quelle énormité!... Néanmoins je me crois libre encore de vous peindre ce que je vois et de le juger. Ils crieront à l'indignité... Mais moi, quoique mon argent ou mes lettres de recommandation m'aient procuré un courrier pour parcourir le pays, je veux que vous sachiez que si je m'étais mis en chemin pour Nijni avec un simple domestique, sût-il le russe comme je sais le français, nous aurions été arrêtés par les ruses et les friponneries des maîtres de poste à tous les relais un peu écartés. On nous aurait d'abord refusé des chevaux, puis, sur nos instances, nous aurions été conduits de hangar en hangar dans toutes les écuries de la poste ; l'on nous eût prouvé qu'elles sont vides, ce qui nous eût plus contrariés que surpris, puisque nous aurions su d'avance, mais sans pouvoir porter plainte, que le maître de poste aurait eu soin, dès notre arrivée au relais, de faire retirer tous ses chevaux dans des cachettes inaccessibles aux étrangers. Au bout d'une heure de pourparlers, on nous eût amené un attelage soi-disant libre, et que le paysan auquel il serait censé appartenir, aurait eu la condescendance de nous céder à un prix deux ou trois fois plus élevé que le tarif des postes impériales. Nous l'aurions refusé et renvoyé d'abord ; puis, de guerre lasse, nous aurions fini par implorer le retour de ces précieuses bêtes, et par payer aux hommes tout ce qu'ils auraient voulu. La même scène se serait renouvelée à chaque poste. Voilà comment voyagent en ce pays les étrangers inexpérimentés et dénués de protection. Il n'en est pas moins établi et reconnu que la poste en Russie coûte fort peu de chose et qu'on y voyage très-vite.

Mais ne vous semble-t-il pas comme à moi, qu'après avoir apprécié comme je le dois la faveur qui m'a été accordée par le directeur général des postes, je conserve le droit de vous dire quels sont les ennuis que son obligeance m'épargne ?

Les Russes sont toujours en garde contre la vérité qu'ils redoutent ; mais moi qui appartiens à une société où la vie se passe au grand jour, où tout se publie et se discute, je ne m'embarrasse nullement des scrupules de ces hommes chez lesquels rien ne se dit. Parler est en Russie une action de mauvaise compagnie · murmurer quelques sons vides de sens à l'oreille les uns des autres et finir chaque phrase insignifiante par demander le secret de ce qu'on vient de ne pas dire : c'est faire preuve de tact et de bon ton.... Toute parole nette et précise fait événement dans un pays où non-seulement l'expression des opinions est interdite, mais où l'on défend même le récit des faits les plus avérés; un Français doit noter ce ridicule, et ne peut l'imiter.

La Russie est policée; Dieu sait quand elle sera civilisée.

Comptant pour rien la persuasion, le prince attire tout à lui, sous prétexte qu'une centralisation rigoureuse est indispensable au gouvernement d'un empire prodigieusement étendu comme la Russie : ce système est peut-être le complément nécessaire du principe de l'obéissance aveugle : mais l'obéissance éclairée combattrait la fausse idée de simplification qui depuis plus d'un siècle domine l'esprit des successeurs du Czar Pierre, et même l'esprit de leurs sujets. La simplification poussée à cet excès, ce n'est pas la puissance, c'est la mort. L'autorité absolue cesse d'être réelle et devient elle-même un fantôme quand elle ne s'exerce que sur des simulacres d'hommes.

La Russie ne deviendra véritablement une nation que le jour où son prince réparera volontairement le mal fait par Pierre Ier. Mais se trouvera-t-il en un tel pays un souverain assez courageux pour avouer qu'il n'est qu'un homme?

Il faut venir en Russie pour croire à toute la difficulté de cette réformation politique, et à la force de caractère nécessaire pour l'opérer.

(*Suite de la lettre précédente.*)

D'une maison de poste entre Vladimir et Moscou,
ce 3 septembre 1839.

Je vous défie de deviner l'espèce de danger que j'ai couru ce matin. Cherchez entre tous les incidents qui peuvent exposer un voyageur à périr sur une grande route en Russie, votre science ni votre imagination ne suffiront pas à deviner ce qui vient de menacer ma vie. Le danger était si grand, que, sans l'adresse, la force et la présence d'esprit de mon domestique italien, ce n'est pas moi qui vous écrirais le récit que vous allez lire.

Il faut que le schah de Perse ait intérêt à se concilier l'amitié de l'Empereur de Russie, et que dans ce but, comptant sur les plus grands présents, il envoie au Czar l'un des plus énormes éléphants noirs de l'Asie; il faut que cette tour ambulante soit revêtue de superbes tapis qui servent de caparaçons au colosse, et qui de loin représentent des tentures de cathédrales agitées par le vent, il faut que la bête monstrueuse soit escortée d'un cortége d'hommes à cheval qui ressemblent à une nuée de sauterelles, le tout suivi d'une file de chameaux qui paraissent des ânes à côté de cet éléphant, le plus démesurément grand que j'aie vu et l'un des plus grands qui existent; il faut de plus qu'au sommet du monument vivant, on aperçoive un homme de couleur olivâtre, en costume oriental, portant un parasol ouvert, et que cet homme soit bizarrement juché les jambes croisées sur des carreaux posés au milieu du dos du monstre; il faut enfin que tandis qu'on force ce potentat du désert de s'acheminer à pied vers Moscou et Pétersbourg, où le climat va bientôt le ranger dans la collection des mastodontes et des mammouths, je m'achemine, moi, en poste de Nijni à Moscou par la route de Vladimir, et que mon départ coïncide exactement avec celui des Persans, de façon qu'à certain point de la route déserte, qu'ils suivent au pas majestueux de leur royal animal, j'arrive derrière eux au galop de mes chevaux russes, forcés de passer à côté du géant; il ne faut rien moins, vous dis-je, que toutes ces circonstances réunies pour vous expliquer la peur homérique de mes coursiers en voyant devant eux la pyramide animée se mouvoir comme par magie au milieu d'une troupe d'étranges figures d'hommes et de bêtes.

La frayeur de mes quatre chevaux en approchant de ce colosse aux pieds couleur de fer, aux flancs revêtus de pourpre, se manifesta d'abord par un tressaillement universel, par des hennissements, des reniflements extraordinaires et par le refus de passer outre. Mais bientôt la parole, le fouet, la main du postillon-cocher les maîtrisèrent au point de les obliger à devancer le fantastique objet de leur terreur : ils se soumirent en frissonnant, leurs crins se hérissaient; mais à peine ont-ils subi cette lutte de deux effrois contraires et fait l'effort d'affronter le monstre, en passant d'un train modéré le long de ses flancs superbes, que, se reprochant, pour ainsi dire, leur courage qui n'était que de la peur comprimée, ils laissent cette terreur faire explosion, et la voix et les rênes de leur conducteur demeurent sans force. L'homme est vaincu au moment qu'il se croit vainqueur; à peine les chevaux ont-ils senti le monstre derrière eux, qu'ils prennent le mors aux dents, et partent au triple galop sans savoir où se dirigera leur aveugle emportement. Cette furie de la frayeur allait nous coûter la vie; le cocher, surpris et impuissant, restait immobile sur son siége et lâchait les rênes; le feldjæger, assis sur le même siége, partageait sa stupeur et imitait son inaction. Antonio et moi, dans le fond de la calèche fermée à cause de l'incertitude du temps et de mon indisposition, nous étions pâles et muets : notre espèce de tarandasse n'a pas de portières, c'est un bateau, il faut enjamber par-dessus le bord pour entrer et pour sortir, ce qui devient assez difficile quand la capote relevée est appuyée sur le siége de devant : tout à coup les chevaux, dans leur vertige, quittent la route et commencent à monter sur une berge de huit pieds de hauteur presque à pic ; une des petites roues s'engage dans le gravier de cette berge ; déjà deux des chevaux ont gravi sur la crête sans rompre leurs traits : je vois leurs pieds au niveau de nos têtes ; encore un coup de collier, la voiture suivra ; mais comme elle ne peut arriver, elle versera, elle sera brisée, et ses morceaux dispersés seront traînés avec nous en divers sens, jusqu'à la mort de tous, bêtes et hommes : je crus que c'en était fait de nous. Les Cosaques qui escortaient le puissant personnage, cause du péril, voyant la situation critique où nous étions, avaient eu la prudence d'éviter de nous suivre de crainte d'animer notre attelage : prudence bien insuffisante ! moi, sans même songer à sauter hors de la voiture, je recommandais mon âme à Dieu lorsque Antonio disparut... je le crus tué; la capote et les rideaux de cuir de la calèche me cachaient la scène; mais au même instant je sens les chevaux s'arrêter. «Nous sommes sauvés,» me crie Antonio; ce *nous* me toucha, car lui-même était hors de danger depuis qu'il avait pu sortir de la voiture sans accident. Sa rare présence d'esprit lui avait fait discerner le seul moment favorable pour sauter au moindre risque possible; puis avec cette agilité que les vives émotions peuvent donner et ne peuvent expliquer, il s'était trouvé, sans savoir lui-même par quel moyen, sur la berge, à la tête des deux chevaux qui venaient de l'escalader, mais dont les efforts désespérés menaçaient de tout exterminer. La voiture allait verser quand les bêtes furent arrêtées; mais le postillon et le courrier, ranimés par l'exemple d'Antonio, avaient eu le temps à leur tour de sauter à terre; le postillon en un clin d'œil fut à la tête des deux chevaux restés sur la route et séparés de leurs compagnons par la rupture d'une des chaînettes du timon, tandis que le courrier soutenait la voiture. Presque au même moment, les Cosaques de l'éléphant ayant lancé leurs chevaux au grand galop, arrivèrent à notre secours; ils me firent descendre de voiture, et aidèrent mes gens à contenir l'attelage toujours frémissant. Jamais on ne fut plus près du dernier malheur, mais jamais accident ne fut évité à moins de frais : pas un clou de la voiture, et ce qu'il y a de plus étonnant, pas un trait des harnais n'a manqué; l'une des chaînettes rompue, quelques morceaux de cuir déchirés, des guides cassées, un mors brisé : voilà tout ce que nous eûmes à réparer.

Au bout d'un quart d'heure, Antonio était replacé tranquillement près de moi dans le fond de la calèche, et un autre quart d'heure plus tard, il dormait comme s'il ne nous eût pas sauvé la vie à tous.

Pendant qu'on rajustait nos harnais, je voulus m'approcher de la cause de tout ce dégât. Le cornac avait prudemment fait retirer l'éléphant dans le bois voisin d'une des contre-allées de la route. Cette terrible bête me parut encore grandie depuis le péril auquel elle m'avait exposé; sa trompe, engagée dans la cime des bouleaux, me faisait l'effet d'un boa noué dans les branches d'un palmier. Je commençai à donner raison à mes chevaux, car il y avait là de quoi ressentir une grande épouvante. En même temps, le dédain que nos petits corps devaient inspirer à cette masse prodigieuse, me paraissait comique : du haut de sa tête puissante, l'éléphant avec son œil fin et vif jetait sur les hommes un regard inattentif; je me sentais fourmi; effrayé de la métamorphose je me hâtai de fuir ce curieux spectacle, en rendant grâce à Dieu de m'avoir fait échapper à une mort affreuse, et qui pendant un moment m'avait paru inévitable.

(*Suite de la même lettre.*)

Moscou, ce 5 septembre 1839 au soir.

Une excessive chaleur n'a pas discontinué de régner à Moscou depuis plusieurs mois : j'y retrouve la température que j'y ai laissée; c'est un été tout à fait extraordinaire. Cette sécheresse fait monter dans l'air, au-dessus des quartiers les plus populeux de la ville, une poussière rougeâtre, qui, vers le soir, produit des effets aussi fantastiques que la lumière des feux de Bengale : ce sont de vrais nuages d'Opéra. Aujourd'hui, vers le coucher du soleil, j'ai voulu contempler ce spectacle au Kremlin, dont j'ai fait le tour extérieurement avec autant d'admiration et presque autant de surprise que la première fois.

La ville des hommes était séparée du palais des géants par une gloire du Corrége : c'était une sublime réunion des merveilles de la peinture et de la poésie.

Le Kremlin, comme le point le plus élevé du tableau, recevait les dernières lueurs du jour, tandis que les vapeurs de la nuit enveloppaient déjà le reste de la ville. L'imagination ne sentait plus ses bornes ; l'univers, l'infini, Dieu même, appartenaient au poëte, témoin d'un si majestueux spectacle.... c'était Martin, coloriste, ou plutôt c'était le vivant modèle de ses tableaux les plus extraordinaires. Le cœur me battait de crainte et d'admiration ; je voyais se relever toute la cohorte des hôtes surnaturels du Kremlin ; leurs figures brillaient pareilles à des démons peints sur un fond d'or, ils s'avançaient flamboyants vers les régions de la nuit, dont ils s'apprêtaient à déchirer le voile ; je n'attendais plus que la foudre : c'était terriblement beau.

Les masses blanches et irrégulières du palais reflétaient inégalement l'oblique lumière d'un crépuscule agité ; ces variétés de teintes étaient le résultat des divers degrés d'inclinaison de certains pans de murailles, et des pleins et des vides qui font la beauté de cette architecture barbare, mais dont les hardis caprices, s'ils ne charment les sens, parlent bien haut à la pensée. C'était si étonnant, si beau, que je n'ai pu résister à vous nommer encore une fois le Kremlin.

Mais rassurez-vous, ceci est un adieu.

Quelques plaintifs chants d'ouvriers, répétés par les échos des meurtrières, tombaient du haut des terrasses à demi cachées sous des échafaudages, et retentissaient de voûte en voûte, de créneaux en créneaux, de précipices en précipices, précipices bâtis de main d'homme, d'où les sons rebondissaient en frappant jusqu'à mon cœur pénétré d'une inexprimable mélancolie. Des lumières errantes apparaissaient dans les profondeurs de l'édifice royal; ces galeries désertes, ces longues percées avec leurs barbacanes vides et leurs mâchicoulis abandonnés, se renvoyaient la voix de l'homme, qu'on était étonné d'entendre retentir à cette heure, au milieu des palais solitaires, et l'oiseau de nuit, troublé dans ses mystérieuses amours, fuyait la lueur des torches en s'envolant au plus haut des clochers et des tours, pour y porter la nouvelle de quelque désordre inouï.

Ce bouleversement était l'effet des travaux commandés par l'*Empereur* pour fêter la prochaine arrivée de l'*Empereur* : il se fête lui-même et fait illuminer son Kremlin quand il vient à Moscou ; tandis qu'une madone, avec une lampe qui ne s'éteint jamais, l'attend dans une niche au-dessus d'une des principales portes du sacré palais; cependant, à mesure que l'ombre croissait, la ville s'illuminait; ses boutiques, ses cafés, ses rues, ses théâtres sortaient des ténèbres comme par magie. Ce jour était aussi l'anniversaire du couronnement de l'Empereur; encore un motif de fête et d'illumination : les Russes ont tant de jours de joie à célébrer par an qu'à leur place, je n'éteindrais pas mes lampions.

On commence à se ressentir ici de l'approche du magicien : Moscou il y a trois semaines n'était habité que par des marchands qui vaquaient à leurs affaires en drowska; maintenant les beaux coursiers, les voitures à longs attelages de quatre chevaux, les uniformes dorés pullulent dans les rues devenues brillantes; les grands seigneurs, les valets obstruent les théâtres et leurs portiques. « L'Empereur est à trente lieues d'ici; qui sait si l'Empereur ne va pas arriver; l'Empereur pourrait venir cette nuit; peut-être l'Empereur sera-t-il à Moscou demain; on assure que l'Empereur y était hier incognito; qui nous prouve qu'il n'y est pas maintenant? » Et ce doute, et cet espoir, et ce souvenir, agitent les cœurs, animent les lieux, changent l'aspect de toutes les choses, le langage de toutes les personnes, et la physionomie de tous les visages. Moscou, ville marchande, ville occupée d'affaires, hier, est aujourd'hui agitée et troublée comme une bourgeoise attendant la visite d'un grand seigneur. Des palais presque toujours déserts s'ouvrent et s'illuminent : des jardins s'embellissent partout ; des fleurs et des flambeaux luttent à l'envi d'éclat et de gaîté forcés ; des murmures flatteurs parcourent tout bas la foule, des pensers plus flatteurs et plus secrets encore s'éveillent dans les esprits ; tous les cœurs battent d'une joie sincère, car les ambitieux se séduisent eux-mêmes, et les plaisirs qu'ils affectent beaucoup, ils les ressentent un peu.

Cette magie du pouvoir m'épouvante, j'ai peur d'éprouver moi-même les effets du prestige et de devenir courtisan, si ce n'est par calcul, au moins par amour du merveilleux.

Un Empereur de Russie à Moscou, c'est un roi d'Assyrie à Babylone.

La présence de celui-ci opère en ce moment, dit-on, bien d'autres miracles à Borodino. Une ville entière vient de naître, et cette ville à peine sortie du désert, est destinée à durer une semaine : on a planté jusqu'à des jardins autour du palais ; ces arbres, qui vont mourir, ont été transportés là de bien loin et à grands frais pour représenter des ombrages antiques; ce qu'on s'applique surtout à imiter en Russie, c'est l'œuvre du temps : les hommes de ce pays où le passé manque, ressentent toutes les transes d'amour-propre des parvenus éclairés, et qui savent fort bien ce qu'on pense de leur fortune subite. Dans ce monde des fées, ce qui dure est imité par ce qu'il y a de plus éphémère : un vieux arbre par un arbre déraciné !.... des palais par des baraques tapissées d'étoffes; des jardins par des toiles peintes. Plusieurs théâtres se sont élevés dans la plaine de Borodino, et la comédie y sert d'intermède aux pantomimes guerrières : ce n'est pas tout encore, une ville bourgeoise est sortie de la poussière dans le voisinage de la ville Impériale et militaire. Mais les entrepreneurs qui ont improvisé ces auberges sont ruinés par la police, laquelle n'accorde que très-difficilement aux curieux la permission d'approcher de Borodino.

Le programme de la fête est la répétition exacte de la bataille que nous avons appelée de la Moskowa et que les Russes ont nommée bataille de Borodino; voulant approcher autant que possible de la réalité, on a convoqué, des parties les plus reculées de l'Empire, tout ce qui reste parmi les vétérans de 1812 d'hommes ayant pris part à l'action. Vous figurez-vous l'étonnement et les angoisses de ces pauvres vieux braves, arrachés tout d'un coup à la douceur de leurs souvenirs, à la tristesse de leur repos et forcés d'accourir du bout de la Sibérie, du Kamtschatka, du Caucase, d'Archangel, des frontières de la Laponie, des vallées du Caucase, des côtes de la mer Caspienne, sur un théâtre qu'on leur dit être le théâtre de leur gloire ? Ils vont recommencer là la terrible comédie d'un combat auquel ils ont dû, non leur fortune, mais leur renommée, mesquine rétribution d'un dévouement surhumain : une obscurité fatiguée; voilà le fruit qu'ils ont recueilli de leur obéissance qu'on qualifie de gloire pour la récompenser aux moindres frais possibles. Pourquoi remuer ces questions et ces souvenirs? pourquoi cette téméraire évocation de tant de spectres oubliés et muets? c'est le jugement dernier des conscrits de l'an 1812. On voudrait faire une satire de la vie militaire qu'on ne s'y prendrait pas autrement ; c'est ainsi qu'Holbein dans sa danse des morts a fait la caricature de la vie humaine. Plusieurs de ces hommes, réveillés en sursaut au bord de leur tombe, n'avaient pas monté à cheval depuis nombre d'années, et les voilà forcés, pour plaire à un maître qu'ils n'ont jamais vu, de rejouer leur rôle, bien qu'ils aient désappris leur métier; les malheureux ont tant de peur de ne pas répondre à l'attente du capricieux souverain qui trouble leur vieillesse, que la représentation de la bataille leur paraît, disent-ils, plus effrayante que ne le fut la réalité. Cette solennité inutile, cette guerre de fantaisie achèvera de tuer les soldats que l'événement et les années avaient épargnés, plaisirs cruels et dignes d'un des successeurs de ce Czar qui fit introduire des ours vivants dans la mascarade ordonnée par lui pour les noces de son bouffon : ce Czar était Pierre-le-Grand. Tous ces divertissements prennent leur source dans la même pensée : le mépris de la vie humaine.

Voilà jusqu'où peut aller la puissance d'un homme sur les hommes; croyez-vous que celle des lois sur un citoyen puisse jamais l'égaler? il y aura toujours entre les deux espèces de pouvoirs une énorme distance.

Je suis émerveillé de ce qu'il faut dépenser de fiction pour faire aller ensemble un peuple et un gouvernement tels que le gouvernement et le peuple russes. C'est le triomphe de la fantaisie. De semblables tours de force, des victoires si singulières remportées sur la raison devraient hâter la ruine des nations qui s'exposent à de semblables luttes : cependant qui peut calculer la portée d'un miracle?

L'Empereur m'avait permis, ce qui veut dire ordonné, de venir à Borodino. C'est une faveur dont je me sens devenu indigne; je n'avais pas réfléchi d'abord à l'extrême difficulté du rôle d'un Français dans cette comédie historique; et puis, je n'avais pas vu les monstrueux travaux du Kremlin qu'il me faudrait vanter; j'ignorais enfin l'histoire de la princesse Troubetzkoï, dont je pourrais d'autant moins me distraire que je n'en pourrais parler : toutes ces raisons réunies me décident à rester oublié. C'est facile, car le contraire me donnerait de la peine, si j'en juge par les inutiles agitations d'une foule de Français et d'étrangers de tous pays qui sollicitent en vain la permission d'aller à Borodino.

Tout d'un coup, la police du camp est devenue d'une extrême sévérité; on attribue ce redoublement de précautions à des révélations inquiétantes. Partout le feu de la révolte couve sous les cendres de la liberté. J'ignore même si, dans les circon-

LETTRE TRENTE-CINQUIÈME.

stances actuelles, il me serait encore possible de faire valoir la parole que l'Empereur m'a dite à Pétersbourg, et répétée à Péterhoff, quand je pris congé de lui : « Je serai bien aise que vous assistiez à la cérémonie de Borodino, où nous posons la première pierre d'un monument en l'honneur du général Bagration. » Ce fut son dernier mot¹.

Je vois ici des personnes invitées et qui n'ont pu approcher du camp ; on refuse des permissions à tout le monde, excepté à quelques Anglais privilégiés et à quelques membres du corps diplomatique, spectateurs désignés de cette grande pantomime. Tous les autres, vieux, jeunes, militaires, diplomates, étrangers et russes, sont revenus à Moscou, harassés de leurs inutiles efforts. J'ai écrit à une personne de la maison de l'Empereur que je regrettais de ne pouvoir profiter de la grâce que m'avait accordée Sa Majesté, en me permettant d'assister aux manœuvres, et j'ai donné pour raison mon mal d'yeux qui n'est pas guéri.

La poussière du camp est, dit-on, insupportable, même aux personnes bien portantes ; elle me fe-

[1] J'ai appris plus tard à Pétersbourg que des ordres avaient été donnés pour qu'on me laissât arriver jusqu'à Borodino où j'étais attendu.

rait perdre l'œil. Il faut que le duc de Leuchtenberg soit doué d'une forte dose d'indifférence pour pouvoir assister de sang-froid à la représentation qu'on va lui donner. On assure que, dans ce simulacre de bataille, l'Empereur commande le corps du prince Eugène, le père du jeune duc.

Je regretterais un spectacle si curieux sous le rapport moral et anecdotique, si je pouvais y assister en spectateur désintéressé; mais, sans avoir ici la renommée d'un père à soutenir, je suis enfant de la France, et je sens que ce n'est pas à moi de prendre plaisir à voir cette répétition d'une guerre représentée à grands frais, uniquement dans l'intention d'exalter l'orgueil national des Russes à l'occasion de nos désastres. Quant au coup d'œil, je me le figure de reste; j'ai vu assez de lignes droites en Russie. D'ailleurs, aux revues et aux petites guerres, l'œil ne va jamais au delà d'un grand nuage de poussière.

Encore si les acteurs chargés de jouer l'histoire étaient véridiques cette fois!... Mais comment espérer que la vérité va être respectée soudain par des hommes qui ont passé leur vie à la compter pour rien?

Les Russes s'enorgueillissent avec raison de l'issuc de la campagne de 1812; mais le général qui en a tracé le plan, celui qui le premier avait conseillé de faire retirer graduellement l'armée russe vers le centre de l'Empire pour y attirer les Francais exténués; l'homme enfin au génie duquel la Russie dut sa délivrance, le prince Witgenstein n'est pas représenté dans cette répétition générale; c'est que, malheureusement pour lui, il est vivant....... A demi disgracié, il vit dans ses terres; son nom ne sera donc pas prononcé à Borodino, et l'on va élever sous ses yeux un monument éternel à la gloire du général Bagration, tombé sur le champ de bataille.

Sous les gouvernements despotiques, les guerriers morts ont beau jeu; voilà celui-ci décrété le héros d'une campagne où il a péri en brave, mais qu'il n'avait pas dirigée.

Cette absence de probité historique, cet abus de la volonté d'un seul homme qui impose ses vues à tous, qui dicte aux populations jusqu'à leurs jugements sur des faits d'un intérêt national, me paraît la plus révoltante de toutes les impiétés du gouvernement arbitraire!!... Frappez, torturez les corps, mais ne faussez pas les esprits; laissez l'homme juger de toutes choses selon les vues de la Providence, d'après sa conscience et sa raison. On doit qualifier d'impies les peuples qui souffrent dévotement cette continuelle violation du respect dû à ce qu'il y a de plus saint aux yeux de Dieu et des hommes : à la vérité.

(*Suite de la même lettre.*)

Moscou, ce 6 septembre 1839.

On m'envoie une relation des manœuvres de Borodino qui n'est pas faite pour calmer ma colère.

Tout le monde a lu le récit de la bataille de la Moskowa, et l'histoire l'a comptée parmi celles que nous avons gagnées, puisqu'elle fut hasardée par l'Empereur Alexandre contre l'avis de ses généraux, comme un dernier effort pour sauver sa capitale, laquelle fut prise quatre jours plus tard; mais un incendie héroïque, combiné avec un froid mortel pour des hommes nés sous un climat plus doux; enfin l'imprévoyance de notre chef, aveuglé cette fois par un excès de confiance en son heureuse étoile, ont décidé de nos désastres, et, grâce à l'issue de cette campagne, voilà qu'aujourd'hui l'Empereur de Russie se plaît à compter pour une victoire la bataille perdue par son armée à quatre journées de sa capitale! C'est abuser de la liberté de travestir les faits accordée au despotisme parce qu'il se l'arroge ; et, pour confirmer cette fiction, l'Empereur vient de défigurer la scène militaire qu'il prétendait reproduire avec une scrupuleuse exactitude. Lisez le démenti qu'il a donné à l'histoire aux yeux de l'Europe entière.

Au moment où les Français, foudroyés par l'artillerie russe, s'élancent sur les batteries qui les déciment pour emporter les canons ennemis avec le courage et le succès que vous savez, l'Empereur Nicolas, au lieu de laisser exécuter une manœuvre célèbre, et qu'il était de sa justice de permettre et de sa dignité d'ordonner : l'Empereur Nicolas, devenu le flatteur des derniers de son peuple, fait reculer de trois lieues le corps qui représente celui de notre armée auquel nous avons dû la défaite des Russes, notre marche en avant et la prise de Moscou. Jugez si je rends grâce à Dieu d'avoir eu le bon esprit de refuser d'assister à cette pantomime menteuse !...

Cette comédie militaire vient de donner lieu à un ordre du jour Impérial dont on sera scandalisé en Europe, si la pièce y est publiée telle que nous l'avons eue ici sous les yeux. On ne saurait mieux démentir les faits les plus avérés, ni se jouer plus audacieusement des consciences, à commencer par la sienne. D'après ce curieux exposé des idées d'un homme, non des événements d'une campagne, « c'est volontairement que les Russes ont reculé jusqu'au delà de Moscou, ce qui prouve qu'ils n'ont pas perdu la bataille de Borodino (mais alors pourquoi l'ont-ils livrée?) et *les ossements* de leurs *présomptueux ennemis*, dit l'ordre du jour, semés depuis la ville sainte jusqu'au Niémen, attestent le triomphe des défenseurs de la patrie. »

Sans attendre l'entrée solennelle de l'Empereur à Moscou, je pars dans deux jours pour Pétersbourg.

Ici finit la correspondance du Voyageur; le récit qu'on va lire complète ses souvenirs: il fut écrit en divers lieux, d'abord à Pétersbourg en 1839, puis en Allemagne et plus tard à Paris.

SOMMAIRE DU RÉCIT.

Retour de Moscou à Berlin par Saint-Pétersbourg. — Histoire d'un Français, M. Louis Pernet. — Il est arrêté dans une auberge au milieu de la nuit. — Rencontre singulière. — Prudence extrême d'un autre Français, compagnon de voyage du prisonnier. — Le consul de France à Moscou. — Son indifférence au sort du prisonnier. — Mes instances inutiles. — Effet de l'imagination. — Conversation avec un Russe. — Ce qu'il me conseille au sujet du prisonnier. — Départ pour Pétersbourg. — Lenteur du voyage. — Novgorod-la-Grande. — Ce qui reste de la ville antique. — Souvenirs d'Ivan IV. — Dernier résultat de la gloire de cette république. — Arrivée à Pétersbourg. — Mon récit à M. de Barante. — Note. — Conclusion de l'histoire de M. Pernet. — Intérieur des prisons de Moscou. — Promesse d'un général russe au prisonnier. — Derniers moments passés à Pétersbourg. — Course à Colpina. — Magnificence de cet arsenal. — Mensonge gratuit. — Anecdote racontée en voiture. — Origine de la famille de Laval en Russie. — Trait de sensibilité de l'Empereur Paul. — L'écusson effacé. — Académie de peinture. — Élèves enrégimentés. — Paysagistes : Vorobieff. — Peintre d'histoire : Brulow, son tableau du Dernier jour de Pompéli. — Superbes copies de Raphaël par Brulow. — Influence du Nord sur l'esprit des artistes. — La poésie perd moins que la peinture sous le ciel du septentrion. — Mademoiselle Taglioni à Pétersbourg. — Influence de ce séjour sur les artistes. — Abolition des uniates. — Persécutions souffertes par l'Église catholique. — Avantages incontestables du gouvernement représentatif. — Sortie de la Russie ; passage du Niémen ; Tilsit. — Lettre sincère. — Trait d'un Allemand et d'un Anglais. — Pourquoi je ne suis pas revenu en Allemagne par la Pologne.

RÉCIT.

Berlin, dans les premiers jours d'octobre 1839.

Au moment où j'allais quitter Moscou, un fait singulier attira toute mon attention et me força de retarder mon départ.

J'avais fait demander des chevaux de poste pour sept heures du matin; à mon grand étonnement mon valet de chambre me réveille avant quatre heures; je m'informe de la cause de cet empressement, il me répond qu'il n'a pas voulu tarder à m'instruire d'un fait qu'il vient d'apprendre, et qui lui paraît assez grave pour l'obliger à venir me le raconter en toute hâte. Voici le résumé de son récit :

Un Français, nommé M. Louis Pernet, arrivé depuis peu de jours à Moscou et logé à l'auberge de Kopp, vient d'être arrêté au milieu de la nuit (de cette nuit même); on s'est saisi de sa personne, après avoir enlevé ses papiers, et on l'a conduit à la prison de la ville où on l'a mis au cachot selon le dire de personnes dignes de foi : tel est le récit que le garçon de notre auberge venait de faire à mon domestique. Celui-ci, après diverses questions, avait encore appris que ce M. Pernet est un jeune homme d'environ vingt-six ans, qu'il est d'une faible santé, ce qui redouble les craintes qu'on a pour lui; qu'il avait déjà passé par Moscou l'année dernière, et que même il y avait séjourné avec un Russe de ses amis, lequel plus tard l'avait mené chez lui à la campagne : ce Russe est absent en ce moment, et le malheureux prisonnier n'a plus ici d'autre appui qu'un Français, nommé M. R***, dans la compagnie duquel il vient, dit-on, de faire un voyage à travers le nord de la Russie. Ce M. R*** loge dans la même auberge que le prisonnier. Son nom me frappa tout d'abord, parce que c'est celui de l'homme de bronze avec lequel j'avais dîné peu de jours auparavant chez le gouverneur de Nijni. Vous vous rappelez que sa physionomie m'avait donné beaucoup à penser. Retrouver ce personnage mêlé à l'événement de cette nuit me parut une circonstance romanesque; à peine pouvais-je croire à tout ce qu'on me racontait. Je pensai que le récit d'Antonio était une invention faite à plaisir pour nous éprouver; néanmoins je me hâtai de me lever, et d'aller m'informer moi-même auprès du garçon d'auberge de la vérité des faits, ainsi que de l'exactitude du nom de

M. R***, dont je tenais avant tout à constater l'identité. Le garçon me répondit qu'ayant été chargé d'une commission pour un étranger qui devait quitter Moscou la nuit précédente, il s'était rendu dans l'auberge de Kopp au moment même où venait d'avoir lieu la descente de la police, et il ajouta que M. Kopp lui avait conté la chose dans des termes qui se rapportaient exactement au premier récit d'Antonio.

Dès que je fus habillé, je me rendis chez M. R***. Je trouvai effectivement que c'était bien mon homme de bronze de Nijni. Seulement, à Moscou l'homme de bronze n'était plus impassible; il paraissait agité. Je le trouvai levé; nous nous reconnûmes au premier abord, puis, lorsque je lui dis le motif de ma très-matinale visite, il me parut embarrassé.

« Il est vrai que j'ai voyagé, me dit-il, avec M. Pernet, mais c'était par hasard; nous nous sommes rencontrés à Archangel, de là nous avons fait route ensemble; il est d'une chétive complexion, et sa faible santé m'a donné des inquiétudes pendant le voyage; je lui ai rendu les services que l'humanité m'imposait, voilà tout; je ne suis nullement de ses amis, je ne le connais pas.

— Je le connais encore moins, répliquai-je, mais nous sommes Français tous les trois, et nous nous devons réciproquement assistance dans un pays où notre liberté, notre vie peuvent être à chaque instant menacées par un pouvoir qu'on ne reconnaît qu'aux coups qu'il frappe.

— Peut-être M. Pernet, reprit M. R***, se sera-t-il attiré cette mauvaise affaire par quelque imprudence. Étranger ici comme lui, sans crédit, qu'ai-je à faire? S'il est innocent, l'arrestation n'aura pas de suite; s'il est coupable, il subira sa peine. Je ne puis rien pour lui, je ne lui dois rien, et je vous engage, monsieur, à mettre vous-même beaucoup de réserve dans les démarches que vous tenterez en sa faveur, ainsi que dans vos paroles.

— Mais qui décidera de sa culpabilité? m'écriai-je. Avant tout, il faudrait le voir pour savoir à quoi il attribue cette arrestation, et pour lui demander ce qu'on peut faire et dire pour lui.

— Vous oubliez le pays où nous sommes, reprit M. R***; il est au cachot, comment arriver jusqu'à lui? c'est impossible.

— Ce qui est impossible aussi, repris-je en me levant, c'est que des Français, que des hommes laissent un de leurs compatriotes dans une situation critique, sans seulement s'enquérir de la cause de son malheur. »

En sortant de chez ce très-prudent compagnon de voyage, je commençai à croire le cas plus grave que je ne l'avais jugé d'abord, et je pensai que pour m'éclaircir de la vraie position du prisonnier, il fallait m'adresser au consul de France. Forcé d'attendre l'heure convenable pour me rendre chez ce personnage, je fis demander mes chevaux de remise, au vif déplaisir et à la grande surprise de mon feldjæger; car ceux de la poste étaient déjà dans la cour de l'auberge quand je donnai ce contre-ordre.

Vers dix heures, j'allai faire à M. le consul de France le récit de ce que vous venez de lire. Je trouvai ce protecteur officiel des Français tout aussi prudent et encore plus froid que ne m'avait paru le docteur R***. Depuis le temps qu'il vit à Moscou, le consul de France est devenu presque Russe. Je ne pus démêler si ses réponses étaient dictées par une crainte fondée sur la connaissance qu'il a des usages du pays, ou par un sentiment d'amour-propre blessé, de dignité personnelle mal appliquée.

« M. Pernet, me dit-il, a passé six mois à Moscou et aux environs, sans que, pendant tout ce temps, il ait jugé à propos de faire la moindre démarche auprès du consul de France. M. Pernet ne peut donc compter aujourd'hui que sur lui-même pour se tirer de la situation où le place son insouciance. Ce mot, ajouta M. le consul, est peut-être trop faible; » puis il finit en me répétant qu'il ne pouvait, ne devait ni ne voulait se mêler de cette affaire.

J'eus beau lui faire observer qu'en sa qualité de consul de France, il devait protection à tous les Français sans acception de personnes, et même à ceux qui manqueraient aux lois de l'étiquette ; qu'il ne s'agissait pas ici d'une question de bon goût, d'une affaire de cérémonie, mais de la liberté, peut-être de la vie d'un de nos compatriotes; qu'en présence d'un pareil malheur tout ressentiment devait se taire au moins pendant le temps du danger, je n'en tirai pas une parole, pas un geste d'intérêt pour le prisonnier ; j'ajoutai que je le priais de considérer que la partie n'était rien moins qu'égale, puisqu'assurément le tort que M. Pernet avait fait à M. le consul de France en négligeant la visite qu'il lui devait, n'approchait pas de la punition que lui infligeait celui-ci en le laissant mettre au cachot sans s'informer des causes de cet emprisonnement arbitraire, et sans parer aux suites bien plus graves que pourrait avoir cet acte de sévérité; je conclus en disant que, dans cette circonstance, nous n'avions pas à nous occuper du degré de compassion que M. Pernet méritait d'inspirer, mais de la dignité de la France et de la sûreté de tous les Français qui voyageaient et voyageraient en Russie.

Mes raisons ne firent nul effet, et cette seconde visite m'avança autant que m'avait avancé la première.

Néanmoins quoique je ne connusse pas même de nom M. Pernet, et que je n'eusse aucun motif personnel pour prendre intérêt à lui, il me sembla que, puisque le hasard m'avait fait connaître son malheur, mon devoir était de lui porter tous les secours qu'il dépendait de moi de lui offrir.

A ce moment, je fus fortement frappé d'une vérité qui, sans doute, s'est souvent présentée à la pensée de tout le monde, mais qui ne m'était jusqu'alors apparue que vaguement et passagèrement; c'est que l'imagination sert à étendre la pitié et à la rendre plus vive. J'allai même jusqu'à penser qu'un homme entièrement dénué d'imagination serait impitoyable. Tout ce que j'ai de puissance de création dans la pensée s'employait malgré moi à me montrer ce pauvre inconnu, aux prises avec les fantômes de la solitude et de la prison; je souffrais avec lui, comme lui, j'éprouvais ce qu'il éprouvait, je craignais ce qu'il craignait; je le voyais abandonné de tout le monde, déplorant son isolement et reconnaissant qu'il était sans remède, car qui s'intéresserait jamais à un prisonnier dans un pays si éloigné, si différent du nôtre, dans une société où les amis s'unissent pour le bonheur et se séparent dans l'adversité. Que de stimulants à ma commisération! « Tu te crois seul au monde, tu es injuste envers la Providence qui t'envoie un ami, un frère; » voilà ce que je répétais tout bas, et bien d'autres choses encore, en croyant m'adresser à la victime.

Cependant le malheureux n'espérait nul secours, et chaque heure écoulée dans une monotonie cruelle, en silence, sans incident, le plongeait plus avant dans son désespoir; la nuit viendrait avec son cortége de spectres; alors que de terreurs, que de regrets ne le martyriseraient-ils pas! Combien je désirais lui faire savoir que le zèle d'un inconnu lui tenait lieu des infidèles protecteurs sur lesquels il devait plus compter! Mais tout moyen de communication m'était refusé; aussi me sentais-je doublement obligé de le servir par l'impossibilité même où j'étais de le consoler; les lugubres hallucinations du cachot me poursuivaient au soleil et mon imagination renfermée sous une voûte obscure, me voilait le ciel qui brillait sur ma tête et m'ôtait ma liberté pour me représenter incessamment les apparitions de la nuit dans des souterrains ou des donjons ténébreux; enfin, dans mon trouble, oubliant que les Russes appliquent l'architecture classique même à la construction des prisons, je me voyais confiné sous terre; je rêvais non de colonnades romaines, mais de trappes gothiques; enfin je devenais conspirateur, j'étais coupable, exilé, frappé, j'étais fou avec le prisonnier... inconnu!.... Eh bien, si mon imagination m'eût retracé moins vivement toutes ces choses, j'aurais mis moins d'activité, moins de persévérance dans mes démarches en faveur d'un malheureux qui n'avait que moi pour appui, et qui ne pouvait m'intéresser qu'à ce titre. J'étais poursuivi par un spectre, et pour m'en délivrer j'aurais percé des murs; le désespoir de mon impuissance me jetait dans une rage égale, peut-être, aux tourments de l'infortuné dont je partageais le supplice en voulant m'efforcer de le faire cesser.

Insister pour pénétrer dans la prison, c'eût été une démarche dangereuse autant qu'inutile. Après de longues et douloureuses incertitudes, je m'arrêtai à une autre pensée; j'avais fait connaissance avec quelques personnes prépondérantes à Moscou; et bien que, dès l'avant-veille, j'eusse pris congé de tout le monde, je résolus de tenter une confidence auprès d'un des hommes qui m'avait inspiré le plus de confiance.

Non-seulement je dois éviter ici de le nommer, mais je ne puis parler de lui que de manière à ne le point désigner.

Quand il me vit entrer dans sa chambre, il savait déjà ce qui m'amenait; et sans me laisser le temps de m'expliquer, il me dit que par un hasard singulier il connaissait personnellement M. Pernet, qu'il le croyait innocent, d'où il suit que son affaire lui paraissait inexplicable. Mais qu'il était sûr que des considérations politiques pouvaient seules motiver un tel emprisonnement, parce que la police russe ne se démasque jamais à moins d'y être forcée; que sans doute, on avait cru l'existence de cet étranger tout à fait ignorée à Moscou; mais qu'à présent que le coup était porté, les amis ne pourraient que nuire en se montrant; car si l'on venait à penser qu'il eût des protecteurs, on se hâterait d'aggraver sa position en l'éloignant pour éviter tout éclaircissement et pour étouffer les plaintes : il ajouta qu'on devait donc dans l'intérêt même du patient ne le défendre qu'avec une extrême circonspection. « Si une fois il part pour la Sibérie, Dieu sait quand il en reviendra, » s'écria mon conseiller ; puis ce personnage s'efforça de me faire comprendre qu'il ne pouvait avouer l'intérêt qu'il prenait à un Français suspect, parce que soupçonné lui-même d'attachement aux idées libérales, il lui suffirait de solliciter en faveur d'un prisonnier ou seulement de dire qu'il l'eût connu, pour faire exiler le malheureux au bout du monde. Il conclut en ces mots : « Vous n'êtes ni son parent ni son ami ; vous ne prenez à lui que l'intérêt que vous croyez devoir prendre à un compatriote, à un homme que vous savez dans la peine : vous vous êtes acquitté déjà du devoir que vous imposait ce louable sentiment ; vous avez parlé au compagnon de voyage du prisonnier, à votre consul, à moi ; maintenant si vous m'en croyez, vous vous abstiendrez de toute démarche ultérieure, ce que vous feriez n'irait pas au but, vous vous compromettriez sans fruit pour l'homme dont vous prenez gratuitement la défense. Il ne vous connaît pas, il n'attend rien de vous, partez donc ; vous ne pouvez craindre de tromper un espoir qu'il n'a pas : moi j'aurai l'œil sur lui; je ne dois point paraître dans l'affaire, mais j'ai des moyens détournés d'en connaître et jusqu'à un certain point d'en diriger la marche; je vous promets de les employer le mieux que je pourrai; encore une fois, suivez mon conseil et partez.

— Si je partais, m'écriai-je, je n'aurais plus un instant de repos : je serais poursuivi comme d'un remords par l'idée que ce malheureux n'avait que moi pour le servir, et que je l'ai abandonné sans avoir rien fait pour lui.

— Votre présence ici, me répondit-on, ne sert même pas à le consoler, puisqu'il l'ignore ainsi que l'intérêt que vous prenez à lui, et que cette ignorance durera autant que sa détention.

— Il n'y a donc aucun moyen d'arriver jusqu'à son cachot? repartis-je.

—Aucun, » répliqua, non sans quelque marque d'impatience, la personne auprès de laquelle je croyais devoir insister avec tant de vivacité. «Vous seriez son frère, ajouta-t-elle, que vous ne pourriez faire plus ici que ce que vous avez fait. Votre présence à Pétersbourg, au contraire, peut devenir utile à M. Pernet. Vous instruirez M. l'ambassadeur de France de ce que vous savez sur cet emprisonnement, car je doute qu'il apprenne l'événement par la correspondance de votre consul. Une démarche auprès du ministre de la part d'un personnage placé comme l'est votre ambassadeur et d'un homme du caractère de M. de Barante, fera plus pour hâter la délivrance de votre compatriote que tout ce que vous et moi, et vingt autres personnes, nous pourrions tenter à Moscou.

— Mais l'Empereur et ses ministres sont à Borodino ou à Moscou, repris-je encore sans vouloir me laisser éconduire.

— Tous les ministres n'ont pas suivi Sa Majesté dans ce voyage, » me répliqua-t-on, toujours sur le ton de la politesse, mais avec une mauvaise humeur croissante et dissimulée, mais non sans peine. « D'ailleurs, au pis aller, il faudrait attendre leur retour. Vous n'avez, je vous le répète, aucune autre marche à suivre, si vous ne voulez pas nuire à l'homme que vous voulez sauver, en vous exposant vous-même à beaucoup de tracasseries; peut-être à quelque chose de pis, » ajouta-t-on d'un air significatif.

Si la personne à laquelle je m'adressais eût été un homme en place, j'aurais déjà cru voir les Cosaques s'avancer pour s'emparer de moi et pour me conduire dans un cachot tout pareil à celui de M. Pernet.

Je sentis que la patience de mon interlocuteur était à bout; j'étais resté moi-même interdit et je ne pouvais trouver une parole contre ses arguments; je me retirai donc en promettant de partir, et en remerciant avec reconnaissance mon conseiller de l'avis qu'il venait de me donner.

Puisqu'il est avéré que je ne puis rien faire ici, pensai-je, je partirai sans retard. Les lenteurs de mon feldjæger, qui, sans doute, avait un dernier rapport à faire sur mon compte, me prirent le reste de la matinée; je ne pus obtenir le retour des chevaux de poste que vers quatre heures du soir; à quatre heures et un quart, j'étais sur la route de Pétersbourg.

La mauvaise volonté de mon courrier, divers accidents, fruits du hasard ou de la malveillance, les chevaux qui manquaient partout à cause des relais retenus pour la maison de l'Empereur et pour les officiers de l'armée, ainsi que pour les courriers allant et venant continuellement de Borodino à Pétersbourg, rendirent mon voyage lent et pénible; dans mon impatience, je ne voulais pas m'arrêter la nuit, mais je ne gagnai rien à me presser, car je fus contraint par le manque de chevaux, réel ou supposé, de passer six heures entières à Novgorod-la-Grande, à cinquante lieues de Pétersbourg.

Je n'étais guère en train de visiter ce qui reste du berceau de l'Empire des Slaves devenu le tombeau de leur liberté. La fameuse église de Sainte-Sophie renferme les tombes de Vladimir Iaroslawitch, mort en 1051, d'Anne sa mère, d'un empereur de Constantinople et quelques autres sépultures. Elle ressemble à toutes les églises russes : peut-être n'est-elle pas plus authentique que la cathédrale soi-disant ancienne, où reposent les os de Minine à Nijni-Novgorod ; je ne crois plus à la date d'aucun des vieux monuments qu'on me fait voir en Russie. Je crois encore au nom de ses fleuves ; le Volkoff m'a représenté les affreuses scènes du siége de cette ville républicaine, prise, reprise et décimée par Ivan-le-Terrible. L'hyène Impériale présidant au carnage, à la peste, à la vengeance, m'apparaissait là, couchée sur des ruines ; et les cadavres sanglants de ses sujets ressortaient du fleuve comblé de morts pour attester à mes yeux les horreurs des guerres intestines, et les fureurs qui s'allument dans les sociétés qu'on appelle civilisées parce que des forfaits qualifiés d'actes de vertus s'y commettent en sûreté de conscience. Chez les sauvages, les passions déchaînées sont les mêmes, et plus brutales, et plus féroces encore; mais elles ont moins de portée : là, l'homme, réduit à peu près à ses forces individuelles, y fait le mal sur une plus petite échelle; d'ailleurs, l'atrocité des vaincus explique, si elle n'excuse la cruauté des vainqueurs; mais dans les États policés, le contraste des horreurs qui se commettent et des belles paroles qui se débitent, rend le crime plus révoltant et montre l'humanité sous un point de vue plus décourageant. Là, trop souvent certains esprits tournés à l'optimisme et d'autres qui, par intérêt, par politique ou par duperie, se font les flatteurs des masses, prennent le mouvement pour le progrès. Ce qui me paraît digne de remarque, c'est que les correspondances de Pinen l'archevêque, et de plusieurs des principaux citoyens de Novgorod avec les Polonais, attirèrent la foudre sur la ville où trente mille innocents périrent dans les combats ainsi que dans les supplices et les massacres inventés et présidés par le Czar. Il y eut des jours où six cents victimes furent exécutées sous ses yeux; et toutes ces horreurs avaient lieu pour punir un crime, irrémissible dès cette époque : le crime de communication clandestine avec les Polonais. Ceci se passait il y a près de trois cents ans, en 1570.

Novgorod-la-Grande ne s'est jamais relevée de cette dernière crise ; elle aurait remplacé ses morts, elle n'a pu survivre à l'abolition de ses institutions démocratiques ; ses murailles, badigeonnées avec le soin qu'emploient partout les Russes pour effacer, sous le fard d'une régénération menteuse, les trop véridiques vestiges de l'histoire, ne sont plus tachées de sang ; elles paraissent bâties d'hier ; mais ses rues sont désertes, et les trois quarts de ses ruines, dispersées hors de son étroite enceinte, se perdent dans les plaines d'alentour, où elles achèvent de crouler loin de la ville actuelle, qui n'est elle-même qu'une ombre et un nom. Voilà tout ce qui reste de la fameuse république du moyen âge. Quelques souvenirs effacés : gloire, puissance, fantômes rentrés dans le néant pour toujours. Où est le fruit des révolutions qui n'ont cessé d'arroser de sang cette terre maintenant presque déserte ? quel succès peut valoir les larmes que les passions politiques ont fait couler dans ce coin du monde ? Ici tout est silencieux aujourd'hui comme avant l'histoire. Dieu nous apprend trop souvent que ce que les hommes déçus par l'orgueil regardaient comme un digne but à leurs efforts, n'était réellement qu'un moyen d'occuper le superflu de leurs forces dans l'effervescence de la jeunesse. Voilà le principe de plus d'une action héroïque!

Novgorod-la-Grande est aujourd'hui un tas de pierres qui conserve quelque renom au milieu d'une plaine stérile à l'œil, au bord d'un fleuve triste, étroit et troublé comme une saignée dans un marécage. Il y eut là pourtant des hommes célèbres par leur amour pour la liberté turbulente; il s'y passa des scènes tragiques; des catastrophes imprévues terminèrent des existences brillantes. De tout ce bruit, de tout ce sang, de toutes ces rivalités, il ne reste aujourd'hui que la somnolence d'un peuple de soldats languissant dans une ville qui ne s'intéresse plus à rien de ce qui se passe dans le monde : ni à la paix, ni à la guerre. En Russie, le passé est séparé du présent par un abîme!

Depuis trois cents ans la cloche du *vetché* [1] n'appelle plus ce peuple jadis le plus glorieux, le plus ombrageux des peuples russes, à délibérer sur ses affaires; la volonté du Czar étouffe dans tous les cœurs jusqu'au regret, jusqu'au souvenir de la gloire effacée. Il y a quelques années que des scènes

---

[1] Assemblée populaire.

atroces se sont passées entre les Cosaques et les habitants du pays dans les colonies militaires établies aux environs de ce reste de ville. Mais l'émeute étouffée, tout est rentré dans l'ordre accoutumé, c'est-à-dire dans le silence et dans la paix du tombeau. La Turquie n'a rien à envier à Novgorod[1].

Je fus doublement heureux, pour le prisonnier de Moscou et pour moi-même, de quitter ce séjour jadis fameux par les désordres de la liberté, aujourd'hui désolé par ce qu'on appelle *le bon ordre*, mot qui équivaut ici à celui de mort.

J'eus beau faire diligence, je n'arrivai à Pétersbourg que le quatrième jour ; à peine descendu de voiture, je courus chez M. de Barante.

Il ignorait encore l'arrestation de M. Pernet, et il me parut surpris de l'apprendre par moi, surtout quand il sut que j'avais mis près de quatre jours à faire la route. Son étonnement redoubla lorsque je lui contai mes inutiles instances auprès de notre consul pour déterminer ce défenseur officiel des Français à tenter une démarche en faveur du prisonnier.

L'attention avec laquelle m'écoutait M. de Barante, l'assurance qu'il me donna de ne rien né-

---

[1] *Voyez* la lettre dix-huitième, histoire de Thelenef.

gliger pour éclaircir cette affaire, de ne la point perdre de vue un moment, tant qu'il n'aurait pas démêlé le nœud de l'intrigue, l'importance qu'il me parut attribuer aux moindres faits qui pouvaient intéresser la dignité de la France et la sûreté de nos concitoyens, mirent ma conscience en paix et dissipèrent les fantômes de mon imagination. Le sort de M. Pernet était dans les mains de son protecteur naturel de qui l'esprit et le caractère devenaient pour ce malheureux des garants plus sûrs que mon zèle et mes impuissantes sollicitations.

Je sentis que j'avais fait tout ce que je pouvais et devais faire pour venir en aide au malheur, et pour défendre l'honneur de mon pays selon la mesure de mes forces, et sans sortir des bornes que m'imposait ma position de simple voyageur. *La folle de la maison* avait servi à quelque chose. Durant les douze ou quinze jours que je demeurai encore à Pétersbourg, je crus donc devoir m'abstenir de prononcer le nom de M. Pernet devant M. l'ambassadeur de France, et je quittai la Russie sans savoir la suite d'une histoire dont le commencement m'avait préoccupé et intéressé comme vous venez de le voir.

Mais tout en m'acheminant rapidement et *librement* vers la France, ma pensée se reportait souvent dans les cachots de Moscou. Si j'avais su ce qui s'y passait, j'aurais été encore plus agité[1].

[1] Pour ne pas laisser le lecteur dans l'ignorance où je suis resté près de six mois sur le sort du prisonnier de Moscou, j'insère ici ce que je n'ai appris que depuis mon retour en France, touchant l'emprisonnement de M. Pernet et sa délivrance.

Un jour, vers la fin de l'hiver de 1840, on m'annonce qu'un inconnu est à ma porte et désire me parler; je fais demander son nom; il répond qu'il ne le dira qu'à moi-même. Je refuse de le recevoir; il insiste; je refuse de nouveau. Enfin renouvelant ses instances, il m'écrit deux mots non signés, pour me dire que je ne puis me dispenser d'écouter un homme qui me doit la vie et qui ne désire que me remercier.

Ce langage me paraît nouveau; je donne l'ordre de faire monter l'inconnu. En entrant dans ma chambre il me dit : « Monsieur, je n'ai appris votre adresse qu'hier, et aujourd'hui j'accours chez vous : je m'appelle Pernet, et je viens vous exprimer ma reconnaissance, car on m'a dit à Pétersbourg que c'est à vous que j'ai dû la liberté, et par conséquent la vie. »

Après la première émotion que devait me causer un tel début, je me mis à observer M. Pernet : c'est un des types de cette classe nombreuse de jeunes Français qui ont l'aspect et l'esprit des hommes du Midi; il a les yeux et les cheveux noirs, les joues creuses, le teint d'une pâleur unie; il est petit, maigre, grêle, et il paraît souffrant, mais plutôt moralement que physiquement. Il se trouve que je connais des personnes de sa famille établies en Savoie, personnes qui sont des plus recommandables de ce pays d'honnêtes gens. Il me dit qu'il était avocat, et il me raconta qu'on l'avait retenu dans la prison de Moscou pendant trois semaines, dont quatre jours au cachot. Vous allez voir, d'après son récit, de

Les derniers moments de mon séjour à Pétersbourg furent employés à visiter divers établisse-

quelle manière un prisonnier est traité dans ce séjour. Mon imagination n'avait pas approché de la réalité.

Les deux premiers jours on l'a laissé *sans nourriture* ; jugez de ses angoisses ! Personne ne l'interrogeait, on le laissait seul ; il crut pendant quarante-huit heures qu'il était destiné à mourir de faim, ignoré dans sa prison. L'unique bruit qu'il entendit, c'était le retentissement des coups de verges dont on frappait, depuis cinq heures du matin jusqu'au soir, les malheureux esclaves envoyés par leurs maîtres dans cette maison pour y recevoir correction. Ajoutez à ce bruit affreux les sanglots, les pleurs, les hurlements des victimes, les menaces, les imprécations des bourreaux, et vous aurez une légère idée du traitement moral auquel notre malheureux compatriote fut soumis pendant quatre mortelles journées ; et toujours sans savoir par quel motif.

Après avoir ainsi pénétré bien malgré lui dans le profond mystère des prisons russes, il se crut à trop juste titre condamné à y finir ses jours, se disant non sans fondement : « Si l'on avait l'intention de me relâcher, ce n'est pas ici que m'auraient enfermé d'abord des hommes qui ne craignent rien tant que de voir divulguer le secret de leur barbarie. »

Une mince et légère cloison séparait seule son étroit cachot de la cour intérieure où se faisaient les exécutions.

Ces verges qui depuis l'adoucissement des mœurs remplacent le plus ordinairement le knout, de mongolique mémoire, sont un roseau fendu en trois ; instrument qui enlève la peau à chaque coup ; au quinzième, le patient perd presque toujours la force de crier : alors sa voix affaiblie ne peut plus faire entendre qu'un gémissement sourd et prolongé : cet horrible râle des suppliciés perçait le ments que je n'avais pu voir à mon premier passage par cette ville.

cœur du prisonnier et lui présageait un sort qu'il n'osait envisager.

M. Pernet entend le russe; d'abord il assista sans les voir à bien des tortures ignorées; c'étaient deux jeunes filles, ouvrières chez une modiste en vogue, à Moscou : on fustigeait ces malheureuses sous les yeux mêmes de leur maîtresse; celle-ci leur reprochait d'avoir des amants et de s'être oubliées jusqu'à les amener dans sa maison....... la maison d'une marchande de modes ! ! !.... quelle énormité ! Cependant cette mégère exhortait les bourreaux à frapper plus fort; une des jeunes filles demandait grâce; on vit qu'elle allait mourir, qu'elle était en sang; n'importe !... elle avait poussé l'audace jusqu'à dire qu'elle était moins coupable que sa maîtresse; alors celle-ci redoublait de sévérité. M. Pernet m'assura, en ajoutant toutefois qu'il pensait bien que je douterais de son assertion, que chacune de ces malheureuses reçut, à plusieurs reprises, cent quatre-vingts coups de verges. « J'ai trop souffert à les compter, me dit le prisonnier, pour m'être trompé sur le chiffre ! ! »

On sent la démence s'approcher quand on assiste à de telles horreurs et qu'on ne peut rien faire pour secourir les victimes.

Ensuite c'était des paysans envoyés là par l'intendant de quelque seigneur; c'était un serf, domestique dans la ville, puni à la sollicitation de son maître; rien que vengeances atroces, qu'iniquités, que désespoirs ignorés (*). Le malheureux prisonnier aspirait à l'obscurité de la nuit parce que l'heure des ténèbres amenait aussi le

(*). *Voir* à la fin du volume dans l'extrait de Laveau la liste des personnes incarcérées dans la prison de Moscou pendant l'année 1836. *Voir* aussi à la suite du voyage en Amérique de Dickens, les extraits des journaux américains concernant le traitement des esclaves aux États-Unis ; rapprochement remarquable entre les excès du déspotisme et les abus de la démocratie.

Le prince *** me fit montrer entre autres curiosités les immenses usines de Colpina, l'arsenal

silence : mais alors sa pensée devenait un fer rouge : pourtant il préférait encore les atroces douleurs de l'imagination aux souffrances que lui causaient les trop réels tourments des malfaiteurs ou des victimes amenées près de lui durant le jour. Les vrais malheureux ne redoutent pas la pensée autant que le fait. Les rêveurs bien couchés et bien nourris prétendent seuls que les peines qu'on se figure passent celles qu'on éprouve.

Enfin après quatre fois vingt-quatre heures d'un supplice dont l'horreur passe, je crois, tous les efforts que nous faisons pour nous le figurer, M. Pernet fut tiré de son cachot, toujours sans explication, et transféré dans une autre partie de la maison.

De là il écrivit à M. de Barante par le général *** sur l'amitié duquel il croyait pouvoir compter.

La lettre n'est point parvenue à son adresse, et quand plus tard celui qui l'avait écrite demanda l'explication de cette infidélité, le général s'excusa par des subterfuges, et finit en jurant à M. Pernet sur l'Évangile que sa lettre n'avait pas été remise au ministre de la police, et qu'elle ne le serait jamais ! Tel fut le plus grand effort de dévouement que le prisonnier put obtenir *de son ami*. Voilà ce que deviennent les affections humaines en passant sous le joug du despotisme.

Trois semaines s'écoulèrent dans une inquiétude toujours croissante, car il semblait que tout était à redouter, et que rien n'était à espérer.

Au bout de ce temps, qui avait paru une éternité à M. Pernet, il fut relâché sans autre forme de procès et sans jamais avoir pu savoir la cause de son emprisonnement.

Les questions réitérées adressées par lui au directeur de la podes arsenaux russes, situé à quelques lieues de la capitale. C'est dans cette fabrique que se confectionl'ce, à Moscou, n'ont rien éclairci; on lui dit que son ambassadeur l'avait réclamé et on lui intima simplement l'ordre de quitter la Russie : il demanda et obtint la permission de prendre la route de Pétersbourg.

Il désirait remercier l'ambassadeur de France de la liberté qu'il lui devait. Il désirait aussi obtenir quelques éclaircissements sur la cause du traitement qu'il venait de subir. M. de Barante tâcha, mais en vain, de le détourner du projet d'aller s'expliquer chez M. de Benkendorf, le ministre de la police Impériale. Le prisonnier délivré demanda une audience; elle lui fut accordée. Il dit au ministre qu'ignorant la cause de la peine qu'il avait subie, il désirait savoir son crime avant de quitter la Russie.

Le ministre lui répondit brièvement qu'il ferait bien de ne pas pousser plus loin ses investigations à ce sujet, et il le congédia en lui réitérant l'ordre de sortir de l'Empire sans retard.

Tels sont les seuls renseignements que j'ai pu obtenir moi-même de M. Pernet. Ce jeune homme, ainsi que toutes les personnes qui ont vécu pendant un peu de temps en Russie, a pris le ton mystérieux, réservé, auquel les étrangers qui séjournent dans cette contrée n'échappent pas plus que les habitants du pays eux-mêmes. On dirait qu'en Russie un secret pèse sur toutes les consciences.

Sur mes instances, M. Pernet finit par me dire qu'à son premier voyage on lui avait donné, dans son passe-port, le titre de négociant, et celui d'avocat au second voyage; il ajouta quelque chose de plus grave : c'est qu'avant d'arriver à Pétersbourg, voguant sur un des bateaux à vapeur de la mer Baltique, il avait exprimé librement son opinion contre le despotisme russe devant plusieurs individus qu'il ne connaissait pas.

Il m'assura, en me quittant, que ses souvenirs ne lui retraçaient nent tous les objets nécessaires à la marine Impériale. On arrive à Colpina par une route de sept lieues dont la dernière moitié est détestable. L'établissement est dirigé par un Anglais, M. Wilson, honoré du grade de général (toute la Russie est enrégimentée)[1]; il nous fit les honneurs de ses machines en véritable ingénieur russe, c'est-à-dire qu'il ne nous permit pas de négliger un clou ni un écrou; escortés par lui, nous avons passé en revue près de vingt ateliers d'une grandeur immense. Cette extrême complaisance du directeur méritait sans doute beaucoup de reconnaissance ; j'en exprimai peu, c'était encore plus que je n'en ressentais; la fatigue rend ingrat presque autant que l'ennui.

Ce que nous trouvâmes de plus admirable dans

---

nulle autre circonstance qui pût motiver le traitement qu'il avait éprouvé à Moscou.

Je ne l'ai jamais revu; mais, par un hasard aussi singulier que les circonstances qui m'ont fait jouer un rôle dans cette histoire, c'est deux ans plus tard que j'ai rencontré une personne de sa famille, qui me dit qu'elle savait le service que j'avais rendu à son jeune parent, et qui m'en remercia. Je dois ajouter que cette personne a des opinions conservatrices, religieuses, et je répète qu'elle et sa famille sont estimées et respectées de tout ce qui les connaît dans le royaume de Sardaigne.

[1] On se rappelle ce que j'ai dit du tchinn, lettre dix-neuvième, vol. III.

la longue revue qu'on nous obligea de faire des mécaniques de Colpina, c'est une machine de Bramah destinée à éprouver la force des chaînes qui servent à porter les ancres des plus gros navires; les énormes anneaux qui ont pu résister aux efforts de cette machine, peuvent ensuite maintenir les bâtiments contre les coups de vent et de mer les plus violents. Dans la machine de Bramah on fait un ingénieux usage de la pression de l'eau pour mesurer la force du fer; cette invention me parut merveilleuse.

Nous examinâmes aussi des écluses destinées à servir de trop plein dans les crues d'eau extraordinaires. C'est au printemps surtout que ces singulières écluses fonctionnent; sans elles le ruisseau qui sert de moteur aux machines, au lieu de porter la vie partout, ferait des ravages incalculables. Le fond des canaux et les piles de ces écluses sont revêtus d'épaisses feuilles de cuivre, parce que ce métal, dit-on, résiste aux hivers mieux que le granit. On nous assure que nous ne verrons rien de semblable ailleurs.

J'ai retrouvé à Colpina l'espèce de grandeur et en même temps de luxe qui m'a frappé dans toutes les constructions utiles ordonnées par le gouvernement russe. Ce gouvernement ne manque presque jamais de joindre au nécessaire beaucoup de superflu. Il a tant de puissance réelle qu'il ne faut pas se laisser aller au dédain qu'inspirent les ruses auxquelles il est habitué de descendre pour éblouir les étrangers; cette finesse est de pur choix, on doit l'attribuer à un penchant inhérent au caractère national : ce n'est pas toujours par faiblesse qu'on ment, on ment quelquefois parce qu'on a reçu de la nature le don de bien mentir : c'est un talent, et tout talent veut s'exercer.

Quand nous montâmes en voiture pour retourner à Saint-Pétersbourg, il faisait nuit et froid. La longueur de la route fut diminuée par une conversation charmante dont j'ai retenu l'anecdote que voici. Elle sert à prouver jusqu'où s'étend la puissance de création d'un souverain absolu. Jusque-là, j'avais vu le despotisme russe exercer son action sur les morts, sur les églises, sur les faits de l'histoire, sur les condamnés, sur les prisonniers, enfin, sur tout ce qui ne peut prendre la parole pour protester contre un abus de pouvoir : cette fois nous verrons un Empereur de Russie imposer à l'une des plus illustres familles de France une parenté dont elle ne se doutait ni ne se souciait.

Sous le règne de Paul Ier, un Français du nom de Lovel, se trouvait à Pétersbourg ; il était agréable de sa personne, il était jeune ; il plut à une demoiselle fort riche dont il était amoureux : elle s'appelait Kaminski ou Kaminska, j'ignore si cette famille est d'origine polonaise. Elle était alors assez puissante et assez distinguée ; aussi s'opposa-t-elle au mariage par la raison que le jeune étranger n'avait ni nom ni fortune. Les deux amants réduits au désespoir, eurent recours à un moyen de roman. Ils attendirent l'Empereur à son passage dans une rue, se jetèrent à ses pieds, et lui demandèrent protection. Paul Ier qui était bon quand il n'était pas fou, promit le consentement de la famille, qu'il décida par plus d'un moyen sans doute, mais surtout par celui-ci : « Mademoiselle Kaminska épouse, dit l'Empereur, *M. le comte de Laval*, jeune émigré français d'une famille illustre et possesseur d'une fortune considérable. »

Doté de la sorte, mais bien entendu en paroles seulement, le jeune Français épousa mademoiselle Kaminska dont la famille se serait bien gardée de donner un démenti à l'Empereur.

Pour prouver le dire du souverain, le nouveau *M. de Laval* fit sculpter fièrement son écusson sur la porte de l'*hôtel* où il s'établit avec sa nouvelle épouse.

Malheureusement quinze ans plus tard, sous la restauration, je ne sais quel M. de Montmorency Laval voyageait en Russie ; voyant par hasard ses armes sur une porte, il s'informe ; on lui conte l'histoire de M. Lovel.

A sa demande, l'Empereur Alexandre fit aussitôt enlever l'écusson des Laval et la porte de M. Lovel resta découronnée, ce qui n'a pas empêché le comte de Laval de continuer jusqu'à ce jour de faire à tout Pétersbourg les honneurs d'une excellente maison qui s'appellera toujours l'hôtel de Laval, par respect pour la mémoire de S. M. l'Empereur Paul, mémoire à qui l'on doit bien un culte expiatoire.....

Le lendemain de ma course à Colpina, je visitai en détail l'Académie de peinture : superbe et pompeux édifice qui, jusqu'à présent renferme peu de bons ouvrages : mais que peut-on espérer de l'art dans un pays où les jeunes artistes portent l'uniforme? j'aimerais mieux renoncer de bonne foi à tout travail d'imagination. J'ai trouvé tous les élèves de l'Académie enrégimentés, costumés, commandés comme des cadets de marine. Ce fait seul dénote un profond mépris pour ce qu'on prétend protéger ou plutôt une grande ignorance des lois de la nature et des mystères de l'art : l'indifférence affichée serait moins barbare ; il n'y a de libre en Russie que ce dont le gouvernement ne se soucie pas ; il ne se soucie que trop des arts, mais il ignore que l'art a besoin de liberté et que cette accointance entre les œuvres du génie et l'indépendance de l'homme attesterait à elle seule la noblesse de la profession d'artiste.

Je parcourus beaucoup d'ateliers et j'y trouvai des paysagistes distingués ; ils ont de l'imagination dans leurs compositions et même de la couleur. J'ai admiré surtout un tableau représentant Saint-Pétersbourg pendant une nuit d'été, par M. Vorobieff : c'est beau comme la nature, poétique comme la vérité. En voyant ce tableau, j'ai cru arriver en Russie : je me suis reporté à l'époque où les nuits d'été n'étaient qu'un composé de deux crépuscules : on ne peut mieux rendre l'effet de ce jour persistant et qui triomphe de l'obscurité comme une lampe éclaire à travers une gaze légère.

Je me suis éloigné à regret de cette toile où la nature est prise sur le fait par un homme dont l'imagination s'applique à l'imitation de ce qu'il a sous les yeux. Ses ouvrages m'ont rendu les premières impressions que j'éprouvai à la vue de la mer

Baltique. C'était la clarté polaire que je revoyais, ce n'était pas la lumière des tableaux ordinaires. Il y a un grand mérite à caractériser, d'une manière aussi précise, des phénomènes particuliers de la nature.

On fait beaucoup de bruit en Russie du talent de Brulow. Son *Dernier jour de Pompéii* a produit, dit-on, quelque effet en Italie. Cette énorme toile fait maintenant la gloire de l'école russe à Saint-Pétersbourg; ne riez pas de cette qualification; j'ai vu une salle sur la porte de laquelle on avait inscrit ces mots : *École russe!!!*.. Le tableau de Brulow me paraît d'une couleur fausse; à la vérité le sujet choisi par l'artiste était propre à voiler ce défaut, car qui peut savoir la couleur qu'avaient les édifices de Pompéii à leur dernier jour? Ce peintre a le pinceau sec, la touche dure, mais il a de la force; ses conceptions ne manquent ni d'imagination ni d'originalité. Ses têtes ont de la variété et de la vérité; s'il entendait l'usage du clair-obscur, il mériterait peut-être un jour la réputation qu'on lui fait ici; en attendant il manque de naturel, de coloris, de légèreté, de grâce, et le sentiment du beau lui est étranger; il ne manque pas d'une sorte de poésie sauvage; toutefois, l'effet général de ses tableaux est désagréable à l'œil, et son style roide, mais qui n'est pas dépourvu de noblesse, rappelle les imitateurs de l'école de David; c'est dessiné comme d'après la bosse avec assez de soin et colorié au hasard.

Dans un tableau de l'Assomption, qu'on est convenu à Pétersbourg d'admirer parce qu'il est du *fameux* Brulow, j'ai remarqué des nuages si lourds qu'on pourrait les envoyer à l'Opéra pour représenter des rochers.

Il y a pourtant dans Pompéii des expressions de têtes qui promettent un vrai talent. Ce tableau, malgré les défauts de composition qu'on y découvre, gagnerait à être gravé; car c'est surtout par la couleur qu'il pèche.

On dit que depuis son retour en Russie, l'auteur a déjà beaucoup perdu de son enthousiasme pour l'art. Que je le plains d'avoir vu l'Italie, puisqu'il devait retourner dans le Nord! Il travaille peu, et malheureusement sa facilité, dont on lui fait un mérite, paraît trop dans ses ouvrages. C'est par un travail assidu et forcé qu'il parviendrait à vaincre la roideur de son dessin, et la crudité de ses couleurs. Les grands peintres savent la peine qu'il se faut donner pour ne plus dessiner avec le pinceau, pour peindre par la dégradation des tons, pour effacer de dessus la toile les lignes qui n'existent nulle part dans la nature, pour montrer l'air qui est partout, pour cacher l'art, enfin pour apprendre à reproduire la réalité sans cesser de l'ennoblir. Il semble que le Raphaël russe ne se doute pas de la rude tâche de l'artiste.

On m'assure qu'il passe sa vie à s'enivrer plus qu'à travailler ; je le blâme moins que je ne le plains. Ici tous les moyens sont bons pour se réchauffer : le vin est le soleil de la Russie. Si l'on joint au malheur d'être Russe celui de se sentir peintre en Russie, il faut s'expatrier. N'est-ce pas un lieu d'exil pour les peintres qu'une ville où il fait nuit trois mois, et où la neige a plus d'éclat que le soleil ?

En s'appliquant à reproduire les singularités de la nature sous cette latitude, quelques peintres de genre pourraient se faire honneur et obtenir sur les marches du temple des arts une petite place où ils feraient bande à part ; mais un peintre d'histoire, s'il veut développer les dispositions qu'il a reçues du ciel, doit fui un tel climat. Pierre-le-Grand avait beau dire et beau faire, la nature mettra toujours des bornes aux fantaisies de l'homme, fussent-elles justifiées par les ukases de vingt Czars.

J'ai vu de M. Brulow un ouvrage vraiment admirable : c'est sans contredit ce qu'il y a de mieux à Saint-Pétersbourg parmi les tableaux modernes; à la vérité c'est la copie d'un ancien chef-d'œuvre de l'école d'Athènes. Elle est grande comme l'original au moins. Quand on sait reproduire ainsi ce que Raphaël a fait peut-être de plus inimitable après ses madones, on est obligé de retourner à Rome pour y apprendre à faire mieux que *le Dernier jour de Pompéii* et que *l'Assomption de la Vierge*[1].

Le voisinage du pôle est contraire aux arts, excepté à la poésie, à qui parfois l'âme humaine suffit; alors c'est le volcan sous la glace. Mais pour les habitants de ces âpres climats, la musique, la peinture, la danse, tous les plaisirs de sensation qui, jusqu'à un certain degré, sont indépendants de la pensée, perdent de leurs charmes en perdant leurs organes. Que me feraient Rembrant la nuit, et le Corrège, et Michel-Ange, et Raphaël dans une chambre sans lumière? Le Nord a des beautés sans doute, mais c'est un palais qui manque de jour. L'amour plus dégagé des sens y naît des désirs physiques moins que des besoins du cœur; mais, n'en déplaise au vain luxe du pouvoir et de l'opulence, tout le séduisant cortége de la jeunesse

---

[1] M. Brulow a copié plusieurs ouvrages de Raphaël; mais j'ai surtout été frappé de la beauté de celui-ci.

avec ses jeux, ses grâces, ses ris, ses danses, s'arrête aux régions bénies où les rayons du soleil, sans se contenter de glisser sur la terre qu'à peine ils effleurent, la réchauffent et la fécondent en l'éclairant du haut du ciel.

En Russie tout se ressent d'une double tristesse : la peur du pouvoir, l'absence du soleil!!... Les danses nationales y ressemblent tantôt à une ronde menée par des ombres, défilant tristement à la lueur d'un crépuscule qui ne finit jamais; tantôt, et c'est lorsqu'elles sont vives, à un exercice qu'on s'impose de peur de s'endormir et de geler en dormant. Mademoiselle Taglioni elle-même... hélas !.. mademoiselle Taglioni n'est-elle pas devenue à Saint-Pétersbourg une danseuse parfaite? Quelle chute pour la Sylphide!!!.. c'est l'histoire d'Ondine devenue simple femme.... Mais quand elle marche dans les rues... car elle marche à présent.... elle est suivie par des laquais en grande livrée avec de belles cocardes à leurs chapeaux et des galons d'or, et on l'accable tous les matins dans les journaux d'articles pleins de louanges les plus ridicules que j'aie lues. Voilà ce que les Russes, avec tout leur esprit, savent faire pour les arts et pour les artistes. Ce qu'il faut aux artistes, c'est un ciel qui les fasse naître, un public qui les comprenne, une société qui les inspire.... Voilà le nécessaire : les récompenses sont de surérogation ; on les leur donne par surcroît, comme dit l'Évangile. Ce n'est pas dans un Empire dont le peuple, refoulé de force non loin de la terre des Lapons, et policé de force par Pierre Ier, qu'il faut aller chercher ces choses. J'attends les Russes à Constantinople pour savoir ce dont ils sont capables en fait de beaux-arts et de civilisation.

La meilleure manière de protéger les arts, c'est d'avoir sincèrement besoin des plaisirs qu'ils procurent ; une nation parvenue à ce point de civilisation ne sera pas longtemps contrainte à demander des artistes aux étrangers.

Au moment où j'allais quitter Saint-Pétersbourg, quelques personnes déploraient tout bas l'abolition des uniates [1], et racontaient les mesures arbitraires qui avaient amené de longue main cet acte irréligieux célébré comme un triomphe par l'Église russe. Les persécutions cachées qu'on a fait endurer à plusieurs prêtres des uniates révoltent les cœurs les plus indifférents ; mais dans un pays où les distances et le secret favorisent l'arbitraire et prêtent

[1] Les uniates sont des Grecs réunis à l'Église catholique, et dès lors regardés comme des schismatiques par l'Église grecque.

leur secours constant aux actes les plus tyranniques, toutes les violences restent couvertes. Ceci me rappelle le mot significatif trop souvent répété par les Russes privés de protecteurs : « Dieu est si haut ! l'Empereur est si loin ! [1]. »

Voici donc les Grecs qui se mettent à faire des martyrs. Qu'est devenue la tolérance dont ils se vantaient devant les hommes qui ne connaissent pas l'Orient? Aujourd'hui les glorieux confesseurs de la foi catholique languissent dans des couvents-prisons, et leur lutte, admirée dans le ciel, reste ignorée même de l'Église pour laquelle ils militent généreusement sur la terre, de cette Église, mère de toutes les Églises, et la seule universelle, car elle est la seule qui ne soit pas entachée de localité, qui soit restée libre et qui n'appartienne à aucun pays [2] !!...

Quand le soleil de la publicité se lèvera sur la Russie, ce qu'il éclairera d'injustices non-seulement anciennes, mais de chaque jour, fera frémir

---

[1] *Voir* le Livre de la persécution et souffrance de l'Église catholique en Russie, et les beaux articles du *Journal des Débats* au mois d'octobre 1842.

[2] N'a-t-il pas fallu trois ans pour faire arriver jusqu'à Rome le cri de quelques-uns de ces infortunés?

le reste du monde. On ne frémira pas assez, car tel est le sort de la vérité sur la terre : tant que les peuples ont le plus grand intérêt à la connaître, ils l'ignorent, et lorsqu'ils l'apprennent elle ne leur importe déjà plus guère. Les abus d'un pouvoir renversé n'excitent que de froides exclamations; ceux qui les relatent passent pour des acharnés qui battent l'ennemi à terre, tandis que d'un autre côté les excès de ce pouvoir inique demeurent soigneusement cachés tant qu'il est debout, car avant tout il emploie sa force à étouffer les plaintes de ses victimes; il extermine, il anéantit, il se garde d'irriter, et il s'applaudit encore de sa mansuétude parce qu'il ne se permet que les cruautés indispensables. Néanmoins, c'est à tort qu'il se vante de sa douceur : lorsque la prison est muette et fermée comme la tombe, on se passe aisément de l'échafaud !!...

L'idée que je respirais le même air que tant d'hommes injustement opprimés, séparés du monde, me privait du repos le jour et la nuit. J'étais parti de France effrayé des abus d'une liberté menteuse, je retourne dans mon pays persuadé que si le gouvernement représentatif n'est pas le plus moral, logiquement parlant, il est sage et modéré dans la pratique; quand on voit que d'un côté il préserve les peuples de la licence démocratique, et de l'autre des abus les plus criants du despotisme, abus d'autant plus hideux que les sociétés qui les tolèrent sont plus avancées dans la civilisation matérielle, on se demande s'il ne faut pas imposer silence à ses antipathies et subir sans se plaindre une nécessité politique qui, après tout, apporte aux nations préparées pour elle plus de bien que de mal. A la vérité, jusqu'à présent cette nouvelle et savante forme de gouvernement n'a pu se consolider que par l'usurpation. Peut-être ces usurpations définitives avaient-elles été rendues inévitables par toutes les fautes précédentes ; c'est une question de politique religieuse que le temps, le plus sage des ministres de Dieu sur la terre, résoudra pour nos neveux. Ceci me rappelle une pensée profonde exprimée par un des esprits les plus éclairés et les plus cultivés de l'Allemagne, M. de Varnhagen d'Ense : « J'ai bien cherché, m'écrivait-il un jour, par qui se font en dernière analyse les révolutions, et, après trente ans de méditations, j'ai trouvé ce que j'avais pensé dès ma jeunesse, qu'elles se font par les hommes contre qui on les dirige. »

Jamais je n'oublierai ce que j'ai senti en passant le Niémen pour entrer à Tilsit ; c'est surtout dans ce moment-là que j'ai donné raison à l'aubergiste de Lubeck. Un oiseau échappé de sa cage, ou sortant de dessous la cloche d'une machine pneumatique, serait moins joyeux. Je puis dire, je puis écrire ce que je pense, je suis libre !... m'écriai-je. La première lettre vraie que j'aie adressée à Paris est partie de cette frontière : elle aura fait événement dans le petit cercle de mes amis, qui, jusque-là sans doute, avaient été les dupes de ma correspondance officielle. Voici la copie de cette lettre :

Tilsit, ce jeudi 26 septembre 1839.

« Cette date vous fera, j'espère, autant de plaisir à lire qu'elle m'en fait à écrire ; me voici hors de l'Empire de l'uniformité, des minuties et des difficultés. On parle librement et l'on se croit dans un tourbillon de plaisir et dans un monde emporté par les idées nouvelles vers une liberté désordonnée. C'est pourtant en Prusse qu'on est ; mais sortir de la Russie c'est retrouver des maisons dont le plan n'a pas été commandé à un esclave par un maître inflexible, maisons pauvres encore, mais librement bâties ; c'est voir une campagne gaie et librement cultivée (n'oubliez pas que c'est de la Prusse que je parle), et ce changement épanouit le cœur. En Russie l'absence de la liberté se ressent dans les pierres toutes taillées à angles droits, dans les poutres toutes équarries régulièrement, comme elle se ressent dans les hommes..... Enfin je respire !... je puis vous écrire sans les précautions oratoires commandées par la police : précautions presque toujours insuffisantes, car il y a autant de susceptibilité d'amour-propre que de prudence politique dans l'espionnage des Russes. La Russie est le pays le plus triste de la terre habité par les plus beaux hommes que j'aie vus; un pays où l'on aperçoit à peine les femmes ne peut être gai..... Enfin m'en voici dehors, et sans le moindre accident ! Je viens de faire deux cent cinquante lieues en quatre jours, par des chemins souvent détestables, souvent magnifiques, car l'esprit russe, tout ami qu'il est de l'uniformité, ne peut atteindre à l'ordre véritable; le caractère de cette administration, c'est le tatillonnage, la négligence et la corruption. On est révolté à l'idée de s'habituer à tout cela, et pourtant on s'y habitue. Un homme sincère dans ce pays-là passerait pour fou.

« A présent je vais me reposer en voyageant à loisir. J'ai deux cents lieues à faire d'ici à Berlin; mais des lits où l'on peut coucher et de bonnes auberges partout, une grande route douce et régulière rendent ce voyage une vraie promenade. »

La propreté des lits, des chambres, l'ordre des ménages dirigés par des femmes : tout me semblait charmant et nouveau....... J'étais surtout frappé du dessin varié des maisons, de l'air de liberté des paysans et de la gaîté des paysannes : leur bonne humeur me causait presque de l'effroi : c'était une indépendance dont je craignais pour eux les conséquences; j'en avais perdu le souvenir. On voit là des villes qui sont nées spontanément et l'on reconnaît qu'elles étaient bâties avant qu'aucun gouvernement en eût fait le plan. Assurément, la Prusse ducale ne passe pas pour le pays de la licence, eh bien, en traversant les rues de Tilsit et plus tard celles de Kœnigsberg, je croyais assister au carnaval de Venise. Je me suis souvenu alors qu'un Allemand de ma connaissance, après avoir passé pour ses affaires plusieurs années en Russie, parvint enfin à quitter ce pays pour toujours; il était dans la compagnie d'un de ses amis; à peine eurent-ils mis le pied sur le bâtiment anglais qui venait de lever l'ancre, qu'on les vit tomber dans les bras l'un de l'autre en disant : « Dieu soit loué, nous pouvons respirer librement et penser tout haut!.... »

Beaucoup de gens, sans doute, ont éprouvé la

même sensation : pourquoi nul voyageur ne l'a-t-il exprimée? C'est ici que j'admire sans le comprendre le prestige que le gouvernement russe exerce sur les esprits. Il obtient le silence, non-seulement de ses sujets, c'est peu, mais il se fait respecter même de loin par les étrangers échappés à sa discipline de fer. On le loue, ou au moins l'on se tait : voilà un mystère que je ne puis m'expliquer. Si un jour la publication de ce voyage m'aide à le comprendre, j'aurai une raison de plus pour m'applaudir de ma sincérité.

Je devais retourner de Pétersbourg en Allemagne par Wilha et Varsovie. J'ai changé de projet.

Des malheurs tels que ceux de la Pologne ne sauraient être attribués uniquement à la fatalité : dans les infortunes prolongées, il faut toujours faire la part des fautes aussi bien que celle des circonstances. Jusqu'à un certain point les nations comme les individus deviennent complices du sort qui les poursuit; elles paraissent comptables des revers qui les atteignent coup sur coup, car à des yeux attentifs les destinées ne sont que le développement des caractères. En apercevant le résultat des erreurs d'un peuple puni avec tant de sévérité, je ne pourrais m'abstenir de quelques réflexions dont je me repentirais; dire leur fait aux oppresseurs, c'est une charge qu'on s'impose avec une sorte de joie, soutenu qu'on se sent par l'apparence de courage et de générosité qui s'attache à l'accomplissement d'un devoir périlleux, ou tout au moins pénible; mais contrister la victime, accabler l'opprimé, fût-ce à coups de vérités, c'est une exécution à laquelle ne s'abaissera jamais l'écrivain qui ne veut pas mépriser sa plume.

Voilà pourquoi j'ai renoncé à voir la Pologne.

SOMMAIRE DE LA LETTRE TRENTE-SIXIÈME.

Retour à Ems. — Ce qui caractérise les envieux. — L'automne aux environs du Rhin. — Comparaison des paysages russes et allemands. — Souvenir de René. — Jeunesse de l'âme. — Madame Sand. — Définition de la misanthropie. — Secret de la vie des saints. — Mécompte éprouvé par le voyageur en Russie. — Résumé du voyage. — Dernier portrait des Russes. — But définitif de tous leurs efforts. — Secret de leur politique. — Coup d'œil sur toutes les Églises chrétiennes. — Danger qu'on court en Russie à dire la vérité sur la religion grecque. — Parallèle de l'Espagne et de la Russie.

LETTRE TRENTE-SIXIÈME.

Des eaux d'Ems, ce 22 octobre 1839.

J'ai pris l'habitude de ne laisser jamais passer beaucoup de temps sans vous obliger à vous souvenir de moi; un homme tel que vous devient nécessaire à ceux qui ont pu l'apprécier une fois et qui savent profiter de ses lumières sans les craindre. Il y a plus de peur encore que d'envie dans la haine qu'inspire le talent aux petits esprits : qu'en feraient-ils s'ils l'avaient? Mais ils sont toujours à portée de redouter son influence et sa pénétration. Ils ne voient pas que la supériorité de l'intelligence qui sert à connaître l'essence des choses et à reconnaître leur nécessité, promet l'indulgence : l'indulgence éclairée, c'est adorable comme la Providence; mais les petits esprits n'adorent pas.

Parti d'Ems pour la Russie, il y a cinq mois, je reviens dans cet élégant village, après une tournée de quelque mille lieues. Le séjour des eaux m'était désagréable au printemps, à cause de la foule inévitable des baigneurs et des buveurs; je le trouve délicieux à présent que j'y suis *seul à la lettre*, occupé à jouir du progrès d'un bel automne, au milieu des montagnes, dont j'admire la solitude, tout en recueillant mes souvenirs et en cherchant le repos dont j'ai besoin après le rapide voyage que je viens de faire.

Quel contraste ! en Russie, j'étais privé du spectacle de la nature : il n'y a point là de nature, car je ne veux pas donner ce nom à des solitudes sans accidents pittoresques, à des mers aux rivages plats, à des lacs, à des fleuves dont l'eau s'arrête presqu'au niveau de la terre, à des marécages sans bornes, à des steppes sans végétation sous un ciel sans lumière.

Ces vues de plaines, dénuées de paysages pittoresques, ont bien aussi leur genre de beautés : mais une grandeur sans charme fatigue vite : quel plaisir y a-t-il à voyager au travers d'immenses espaces nus, à perte de vue, où l'on ne découvre qu'une vaste étendue toute vide ? cette monotonie aggrave la fatigue du déplacement, parce qu'elle la rend infructueuse. La surprise entre pour quelque chose dans tous les plaisirs du voyage et dans le zèle du voyageur.

C'est avec bonheur que je me retrouve à la fin de la saison, dans un pays varié et dont les beautés frappent d'abord les regards. Je ne saurais vous dire quel charme j'éprouvais il n'y a qu'un instant à m'égarer sous de grands bois dont une neige de feuilles mortes avait jonché le sol et couvert les sentiers effacés. Je me reportais aux descriptions de René; le cœur me battait comme il avait battu jadis en lisant ce douloureux et sublime entretien d'une âme avec la nature.

Cette prose religieuse et lyrique n'avait rien perdu de son pouvoir sur moi, et je me disais, étonné de mon attendrissement : la jeunesse ne finit donc jamais !

J'apercevais quelquefois à travers le feuillage éclairci par les premières gelées blanches, les lointains vaporeux du vallon de la Lahn, voisin du plus beau fleuve de l'Europe, et j'admirais le calme et la grâce du paysage.

Les points de vue formés par les ravins qui servent d'écoulement aux affluents du Rhin, sont variés; ceux des environs du Volga se ressemblent tous : mais l'aspect des plaines élevées qu'on appelle ici montagnes, parce qu'elles font plateaux et qu'elles séparent de profondes vallées, est en général froid et monotone. Cependant, ce froid et cette monotonie sont du feu, de la vie, du mouvement auprès des marais de la Moscovie :

ce matin, la lumière scintillante du soleil des derniers beaux jours, se répandait sur toute la nature et prêtait un éclat méridional à ces paysages du Nord qui, grâce aux vapeurs de l'automne, avaient perdu leur sécheresse de contours et la roideur de leurs lignes brisées.

Le repos des bois dans cette saison est frappant; il contraste avec l'activité des champs où l'homme, averti par le calme précurseur de l'hiver, presse la fin des travaux.

Ce spectacle instructif et solennel, car il doit durer autant que le monde, m'intéresse comme si je ne faisais que de naître, ou comme si j'allais mourir; c'est que la vie intellectuelle n'est qu'une succession de découvertes. L'âme, lorsqu'elle n'a point dissipé ses forces dans les affectations, trop habituelles aux gens du monde, conserve une inépuisable faculté de surprise et de curiosité ; des puissances toujours nouvelles l'excitent à de nouveaux efforts; cet univers ne lui suffit plus : elle appelle, elle comprend l'infini ; sa pensée mûrit, elle ne vieillit pas, et voilà ce qui nous promet quelque chose au delà de ce que nous voyons.

C'est l'intensité de notre vie qui fait la variété; ce qu'on sent profondément paraît toujours neuf, le langage se ressent de cette éternelle fraîcheur d'impressions; chaque affection nouvelle prête son harmonie particulière aux paroles destinées à l'exprimer : voilà pourquoi le coloris du style est la mesure la plus certaine de la nouveauté, je veux dire de la sincérité des sentiments. Les idées s'empruntent, on cache leur source, l'esprit ment à l'esprit, mais l'harmonie du discours ne trompe jamais; preuve assurée de la sensibilité de l'âme, c'est une révélation involontaire; elle sort immédiatement du cœur et va droit au cœur, l'art ne la supplée qu'imparfaitement, elle naît de l'émotion; enfin cette musique de la parole porte plus loin que l'idée; c'est ce qu'il y a de plus involontaire, de plus vrai, de plus fécond dans l'expression de la pensée : voilà pourquoi madame Sand a si vite obtenu chez nous la réputation qu'elle mérite.

Saint amour de la solitude, tu n'es qu'un vif besoin de réalité!.... le monde est si menteur qu'un caractère passionné pour le vrai doit être disposé à fuir les sociétés. La misanthropie est un sentiment calomnié : c'est la haine du mensonge. Il n'y a pas de misanthropes, il y a des âmes qui aiment mieux fuir que feindre.

Seul avec Dieu, l'homme dans sa retraite devient

humble à force de sincérité; là il expie, par le silence et la méditation, toutes les heureuses fraudes des esprits mondains; leurs duplicités triomphantes, leurs vanités, leurs trahisons ignorées et trop souvent récompensées; ne pouvant être dupe, ne voulant point être trompeur, il se fait victime volontaire et cache son existence avec autant de soin que les courtisans de la mode en prennent pour se mettre en lumière; tel est, sans nul doute, le secret de la vie des saints, secret facile à pénétrer, vie difficile à imiter. Si j'étais un saint, je n'aurais plus la curiosité de voyager, j'aurais encore moins l'envie de raconter mes voyages; les saints ont trouvé : je cherche.

Tout en cherchant, j'ai parcouru la Russie; je voulais voir un pays où règne le calme d'un pouvoir assuré de sa force; mais arrivé là, j'ai reconnu qu'il n'y règne que le silence de la peur, et j'ai tiré de ce spectacle un enseignement tout différent de celui que j'étais venu demander. C'est un monde à peu près ignoré des étrangers : les Russes qui voyagent pour le fuir paient de loin, en éloges astucieux, leur tribut à la patrie, et la plupart des voyageurs qui nous l'ont décrit n'ont voulu y découvrir que ce qu'ils allaient y chercher. Si l'on défend ses préventions contre l'évidence, à quoi bon voyager? Lorsqu'on est décidé à voir les nations comme on les veut, on n'a plus besoin de sortir de chez soi.

Je vous envoie le résumé de mon voyage, écrit depuis mon retour à Ems; vous étiez présent à ma pensée pendant que je faisais ce travail; il m'est donc bien permis de vous l'adresser.

RÉSUMÉ DU VOYAGE.

En Russie, tout ce qui frappe vos regards, tout ce qui se passe autour de vous est d'une régularité effrayante, et la première pensée qui vient à l'esprit du voyageur lorsqu'il contemple cette symétrie, c'est qu'une si complète uniformité, une régularité si contraire aux penchants naturels de l'homme, n'a pu s'obtenir et ne peut subsister sans violence. L'imagination implore un peu de variété inutilement, comme un oiseau déploie ses ailes dans une cage. Sous un tel régime, l'homme peut savoir et sait, le premier jour de sa vie, ce qu'il verra, ce qu'il fera jusqu'au dernier. Une si rude tyrannie s'appelle, en langage officiel, respect pour l'unité, amour de l'ordre; et ce fruit acerbe du despotisme paraît si précieux aux esprits méthodiques, qu'on ne saurait l'acheter trop cher.

En France je me croyais d'accord avec ces esprits rigoureux; depuis que j'ai vécu sous la discipline terrible qui soumet la population de tout un empire à la règle militaire, je vous l'avoue, j'aime encore mieux un peu de désordre qui annonce la force, qu'un ordre parfait qui coûte la vie.

En Russie, le gouvernement domine tout et ne vivifie rien. Dans cet immense Empire, le peuple, s'il n'est tranquille, est muet; la mort y plane sur toutes les têtes et les frappe capricieusement; c'est à faire douter de la suprême justice; là l'homme a deux cercueils : le berceau et la tombe. Les mères y doivent pleurer la naissance plus que la mort de leurs enfants.

Je ne crois pas que le suicide y soit commun; on y souffre trop pour se tuer. Singulière disposition de l'homme!!! quand la terreur préside à sa vie, il ne cherche pas la mort; il sait déjà ce que c'est [1].

[1] Dickens l'a dit : « Le suicide est rare parmi les prisonniers, même il est presque inconnu; mais nul argument en faveur du système (*) ne peut être raisonnablement déduit de cette circon-

(*) La prison solitaire.

RÉSUMÉ DU VOYAGE. 419

D'ailleurs le nombre des hommes qui se tuent serait grand en Russie, que personne ne le saurait; la connaissance des chiffres est un privilége

stance, quoiqu'on s'en prévale souvent. Tous les hommes qui ont fait leur étude des maladies de l'esprit savent parfaitement bien qu'un abattement, qu'un désespoir assez profonds pour changer entièrement le caractère et pour anéantir toute force d'élasticité, toute résistance propre, peuvent travailler l'intérieur d'un homme, et s'arrêtent pourtant devant l'idée de la destruction volontaire; c'est un cas fréquent. »

(*Philadelphie et sa prison solitaire. Voyage en Amérique*, par Charles Dickens.)

« Suicides are rare among the prisonners : are almost indeed
« unknown. But no argument in favour of the system, can rea-
« sonably be deduced from this circumstance, although it is very
« often urged. All men who have made diseases of the mind, their
« study, know perfectly well that such extreme depression and
« despair as to change the whole caracter and beat down all its
« powers of elasticity and self resistance, may be at work within
« a man, and yet stop short of self destruction. This is a common
« case. »

(*Philadelphia and its solitary prison. American Notes for general circulation*, by Charles Dickens. Paris, Baudry's edition, p. 135, 1842.)

Le grand écrivain, le profond moraliste, le philosophe chrétien auquel j'emprunte ces lignes, a non-seulement l'autorité du talent et d'un style qui grave ses pensées sur l'airain, mais son opinion fait loi dans cette matière.

(*Note du Voyageur.*)

de la police russe; j'ignore s'ils arrivent exacts à l'Empereur lui-même; ce que je sais, c'est que nul malheur ne se publie sous son règne sans qu'il ait consenti à cet humiliant aveu de la supériorité de la Providence. L'orgueil du despotisme est si grand qu'il rivalise avec la puissance de Dieu. Monstrueuse jalousie!!!... dans quelles aberrations as-tu fait tomber les rois et les sujets? Pour que le prince soit plus qu'un homme, que faut-il que soit le peuple?

Aimez donc la vérité, défendez-la dans un pays où l'idolâtrie est le principe de la constitution! Un homme qui peut tout, c'est le mensonge couronné.

Vous comprenez que ce n'est pas de l'Empereur Nicolas que je m'occupe en ce moment, mais de l'Empereur de Russie. On vous parle beaucoup des coutumes qui bornent son pouvoir; j'ai été frappé de l'abus et n'ai point vu le remède.

Aux yeux du véritable homme d'État et de tous les esprits pratiques, les lois, j'en conviens, sont moins importantes que ne le croient nos logiciens rigoureux, nos philosophes politiques, car, en dernière analyse, c'est la manière dont elles sont appliquées qui décide de la vie des peuples. Oui, mais la vie des Russes est plus triste que celle d'aucun des autres peuples de l'Europe; et quand je dis le peuple, ce n'est pas seulement des paysans attachés à la glèbe que je veux parler, c'est de tout l'Empire.

Un gouvernement soi-disant vigoureux et qui se fait impitoyablement respecter en toute occasion, doit nécessairement rendre les hommes misérables. Dans les sociétés, tout peut servir au despotisme, quelle que soit d'ailleurs la fiction, monarchique ou démocratique, qu'on y fait dominer. Partout où le jeu de la machine publique est rigoureusement exact, il y a despotisme. Le meilleur des gouvernements est celui qui se fait le moins sentir; mais on n'arrive à cet oubli du joug que par un génie et une sagesse supérieurs, ou par un certain relâchement de la discipline sociale. Les gouvernements qui furent bienfaisants dans la jeunesse des peuples, lorsque les hommes à demi sauvages honoraient tout ce qui les arrachait au désordre, le redeviennent dans la vieillesse des nations. A cette époque, on voit naître les constitutions mixtes. Mais ces gouvernements, fondés sur un pacte entre l'expérience et la passion, ne peuvent convenir qu'à des populations déjà fatiguées, à des sociétés dont les ressorts sont usés par les révolutions. On doit conclure de là que s'ils ne sont pas les plus solides, ils sont les plus doux; donc, les peuples qui les ont une fois obtenus ne sauraient trop en prolonger la durée : c'est celle d'une verte vieillesse. La vieillesse des États, comme celle des hommes, est l'âge le plus paisible quand elle couronne une vie glorieuse; mais l'âge moyen d'une nation est toujours rude à passer : la Russie l'éprouve.

Dans ce pays, différent de tous les autres, la nature elle-même est devenue complice des caprices de l'homme qui a tué la liberté pour diviniser l'unité; elle aussi, elle est partout la même : deux arbres mal venants et clair-semés à perte de vue dans des plaines marécageuses ou sablonneuses, le bouleau et le pin, voilà toute la végétation naturelle de la Russie septentrionale, c'est-à-dire des environs de Pétersbourg et des provinces circonvoisines, ce qui comprend une immense étendue de pays.

Où trouver un refuge contre les inconvénients de la société sous un climat où l'on ne peut jouir de la campagne que trois mois par an? et quelle campagne! Ajoutez que pendant les six mois les plus rigoureux de l'hiver, on n'ose respirer l'air libre que deux heures par jour, à moins d'être un paysan russe. Voilà ce que Dieu avait fait pour l'homme dans ces contrées.

Voyons ce que l'homme a fait pour lui-même : une des merveilles du monde, sans contredit, c'est Saint-Pétersbourg; Moscou est aussi une ville très-pittoresque, mais que dire de l'aspect des provinces?

Vous verrez dans mes lettres l'excès de l'uniformité engendré par l'abus de l'unité. Un seul homme dans tout l'Empire a le droit de vouloir; il résulte de là que lui seul a la vie propre. L'absence d'âme se trahit dans toutes choses : à chaque pas que vous faites, vous sentez que vous êtes chez un peuple privé d'indépendance. De vingt en trente lieues sur toutes les routes, une seule ville vous attend; c'est toujours la même. La tyrannie n'invente que les moyens de s'affermir; elle se soucie peu du bon goût dans les arts.

La passion des princes russes et des hommes du métier en Russie pour l'architecture païenne, pour la ligne droite, pour les bâtisses peu élevées et pour les rues espacées, est en contradiction avec les lois de la nature et avec les besoins de la vie dans un pays froid, brumeux et sans cesse exposé à de grands coups de vent qui vous glacent le visage. Pendant tout le temps de mon voyage, je me suis efforcé vainement de concevoir comment cette manie a pu s'emparer des habitants d'une contrée si différente des pays où naquit l'architecture qu'on transplante en Russie : les Russes ne le conçoivent probablement pas plus que moi, car ils ne sont pas plus maîtres de leurs goûts que de leurs actions. On leur a imposé ce qu'on appelle les beaux-arts comme on leur commande l'exercice. Le régiment et son minutieux esprit, tel est le moule de cette société.

Les remparts élevés, les hauts édifices très-rapprochés les uns des autres, les rues tortueuses des villes du moyen âge corviendraient mieux que des caricatures de l'antique au climat et aux habitudes de la Russie; mais le pays auquel les Russes influents pensent le moins, celui dont ils consultent le moins le génie et les besoins, c'est le pays qu'ils gouvernent.

Quand Pierre-le-Grand publiait, depuis la Tartarie jusqu'en Laponie, ses édits de civilisation, les créations du moyen âge étaient depuis longtemps passées de mode en Europe; or, les Russes, même ceux qu'on a qualifiés du surnom de *grands*, n'ont jamais su que suivre la mode.

Cette disposition à l'imitation ne s'accorde guère

avec l'ambition que nous leur attribuons, car on ne domine pas ce que l'on copie; mais tout est contradictoire dans le caractère de ce peuple superficiel : d'ailleurs ce qui le distingue particulièrement, c'est le manque d'invention. Pour inventer il faudrait de l'indépendance; il y a de la singerie jusque dans ses passions : s'il veut avoir son tour sur la scène du monde, ce n'est pas pour employer des facultés qu'il a et qui le tourmentent dans son inaction, c'est uniquement pour recommencer l'histoire des sociétés illustres; son ambition n'est pas une puissance, elle est une prétention : il n'a nulle force créatrice; la comparaison, voilà son talent; contrefaire, voilà son génie; si néanmoins il paraît doué d'une sorte d'originalité, c'est parce que nul peuple sur la terre n'a jamais eu un tel besoin de modèles; naturellement porté à observer, il ne redevient lui-même que lorsqu'il singe les créations des autres. Ce qu'il a d'originalité tient au don de contrefaire qu'il possède plus que tout autre peuple. Sa seule faculté primitive est l'aptitude à reproduire les inventions des étrangers. Il sera dans l'histoire ce qu'est, dans la littérature, un traducteur habile. Les Russes sont chargés de traduire la civilisation européenne aux Asiatiques.

Le talent d'imiter peut devenir utile et même admirable dans les nations, pourvu qu'il s'y développe tard; mais il tue tous les autres talents lorsqu'il les précède. La Russie est une société d'imitateurs : or, tout homme qui ne sait que copier tombe nécessairement dans la caricature.

Hésitant depuis quatre siècles entre l'Europe et l'Asie, la Russie n'a pu parvenir encore à marquer par ses œuvres dans l'histoire de l'esprit humain, parce que son caractère national s'est effacé sous les emprunts.

Séparée de l'Occident par son adhésion au schisme grec, elle est revenue après bien des siècles, avec l'inconséquence de l'amour-propre déçu, demander à des nations formées par le catholicisme, la civilisation dont l'avait privée une religion toute politique. Cette religion byzantine, sortie d'un palais pour aller maintenir l'ordre dans un camp, ne répond pas aux besoins les plus sublimes de l'âme humaine; elle aide la police à tromper la nation : voilà tout.

Elle a rendu d'avance ce peuple indigne du degré de culture auquel il aspire.

L'indépendance de l'Église est nécessaire au mouvement de la sève religieuse; car le développement de la plus noble faculté des peuples, de la faculté de croire, dépend de la dignité du sacerdoce. L'homme chargé de communiquer à l'homme les révélations divines, doit jouir d'une liberté inconnue à tout prêtre révolté contre son chef spirituel. Aussi l'humiliation des ministres du culte est-elle la première punition de l'hérésie; voilà pourquoi dans tous les pays schismatiques, on voit les prêtres méprisés du peuple, malgré ou pour mieux dire à cause de la protection des Rois; et cela précisément parce qu'ils se sont placés dans la dépendance du prince, même en ce qui concerne leur mission divine.

Les peuples qui se connaissent en liberté n'obéiront jamais du fond du cœur à un clergé dépendant.

Le temps n'est pas loin où l'on reconnaîtra qu'en matière de religion, ce qu'il y a d'essentiel, ce n'est pas d'obtenir la liberté du troupeau, c'est d'assurer celle du pasteur.

Quand le monde en sera là, il aura fait un grand pas.

La foule obéira toujours à des hommes qu'elle prendra pour guides : appelez-les prêtres, docteurs, poëtes, savants, tyrans, l'esprit du peuple est dans leur main; la liberté religieuse pour les masses est donc une chimère, mais ce qui est important au sort des âmes, c'est la liberté de l'homme chargé de faire auprès d'elles l'office de prêtres : or, il n'y a au monde de prêtre libre que le prêtre catholique.

Des pasteurs esclaves ne peuvent guider que des esprits stériles : un pope n'instruira jamais les nations qu'à se prosterner devant la force!!... Ne me demandez donc plus d'où vient que les Russes n'imaginent rien; et pourquoi les Russes ne savent que copier sans perfectionner....

Lorsque en Occident les descendants des barbares étudiaient les anciens avec une vénération qui tenait de l'idolâtrie, ils les modifiaient pour se les approprier; qui peut reconnaître Virgile dans le Dante? Homère dans le Tasse? Justinien même et les lois romaines dans les codes de la féodalité? L'imitation de maîtres, entièrement étrangers aux mœurs modernes, pouvait polir les esprits en formant la langue; elle ne pouvait les réduire à une reproduction servile. Le respect passionné qu'ils professaient pour le passé, loin d'étouffer leur génie, l'éveillait; mais ce n'est pas ainsi que les Russes se sont servis de nous.

Quand on contrefait la forme d'une société sans

se pénétrer de l'esprit qui l'anime, quand on va demander des leçons de civilisation, non pas aux antiques instituteurs du genre humain, mais à des étrangers dont on envie les richesses sans respecter leur caractère, quand l'imitation est hostile et qu'elle tombe en même temps dans la puérilité, lorsqu'on va prendre chez un voisin, qu'on affecte de dédaigner, jusqu'à la manière d'habiter sa maison, de s'habiller, de parler, on devient un calque, un écho, un reflet; on n'existe plus par soi-même.

Les sociétés du moyen âge, vivantes de leurs croyances renouvelées, fortes de leurs besoins à elles, pouvaient adorer l'antiquité sans risquer de la parodier; parce que la force de création, quand elle existe, ne se perd jamais à quelque usage que l'homme l'applique.... que d'imagination dans l'érudition du xv° siècle!!...

Le respect pour les modèles est le cachet d'un esprit créateur.

C'est pourquoi l'étude des classiques dans l'Occident à l'époque de la renaissance, n'a guère influé que sur les belles-lettres et sur les beaux-arts : le développement de l'industrie, du commerce, des sciences naturelles et des sciences exactes, est uniquement l'œuvre de l'Europe moderne, qui pour ces choses a tiré presque tout d'elle-même. L'admiration superstitieuse qu'elle professa longtemps pour la littérature païenne n'a pas empêché que sa politique, sa religion, sa philosophie, la forme de ses gouvernements, sa manière de faire la guerre, son point d'honneur, ses mœurs, son esprit, ses habitudes sociales ne soient à elle.

La Russie elle seule, civilisée tard, s'est vue, par l'impatience de ses chefs, privée d'une fermentation profonde et du bénéfice d'une culture lente et naturelle. Le travail intérieur qui forme les grands peuples, et prépare une nation à dominer, c'est-à-dire à éclairer les autres, a manqué à la Russie; je l'ai souvent remarqué, dans ce pays, la société, telle que ses souverains l'ont faite, n'est qu'une immense serre chaude remplie de jolies plantes exotiques. Là, chaque fleur rappelle son sol natal, mais on se demande où est la vie, où est la nature, où sont les productions indigènes dans cette collection de souvenirs qui dénote le choix plus ou moins heureux de quelques voyageurs curieux, mais qui n'est pas l'œuvre sérieuse d'une nation libre.

La nation russe se ressentira éternellement de

cette absence de vie propre à l'époque de son réveil politique. L'adolescence, cet âge laborieux où l'esprit de l'homme assume toute la responsabilité de son indépendance, a été perdue pour elle. Comptant pour rien le temps, ses princes et surtout Pierre-le-Grand, l'ont fait passer violemment de l'enfance à la virilité. A peine échappée au joug étranger, tout ce qui n'était pas la domination mongole, lui semblait la liberté ; c'est ainsi que dans la joie de son inexpérience elle accepta comme une délivrance le servage lui-même, parce qu'il lui était imposé par ses souverains légitimes. Ce peuple avili sous la conquête, se trouvait assez heureux, assez indépendant pourvu que son tyran s'appelât d'un nom russe au lieu d'un nom tatare.

L'effet d'une telle illusion dure encore ; l'originalité de l'esprit a fui de ce sol dont les enfants, rompus à l'esclavage n'ont pris au sérieux, jusqu'à ce jour, que la terreur et l'ambition. Qu'est-ce que la mode pour eux, si ce n'est une chaîne élégante et qu'on ne porte qu'en public?.... La politesse russe, quelque bien jouée qu'elle nous paraisse, est plus cérémonieuse que naturelle, tant il est vrai que l'urbanité est une fleur qui ne s'épanouit qu'au sommet de l'arbre social ; cette plante ne se greffe pas, elle s'enracine, et la tige qui doit la supporter, comme celle de l'aloès, met des siècles à pousser ; il faut que bien des générations à demi barbares soient mortes dans un pays avant que les couches supérieures de la terre sociale y fassent naître des hommes réellement polis : plusieurs âges de souvenirs sont nécessaires à l'éducation d'un peuple civilisé ; l'esprit d'un enfant né de parents polis, peut seul mûrir assez vite pour comprendre ce qu'il y a de réel au fond de la politesse. C'est un échange secret de sacrifices volontaires. Rien de plus délicat, on peut dire de plus véritablement moral, que les principes qui constituent l'élégance parfaite des manières. Une telle politesse, pour résister à l'épreuve des passions, ne peut être entièrement distincte de la noblesse des sentiments, que nul homme n'acquiert à lui seul, car c'est surtout sur l'âme qu'influe la première éducation : en un mot, la véritable urbanité est un héritage ; notre siècle a beau compter le temps pour rien, la nature, dans ses œuvres, le compte pour beaucoup. Jadis un certain raffinement de goût caractérisait les Russes du Midi : et, grâce aux rapports entretenus de toute antiquité, pendant les siècles les plus barbares, avec Constantinople par les souverains de Kiew, l'amour des arts régnait dans cette partie de l'Empire slave; en même temps que les traditions de l'Orient y avaient maintenu le sentiment du grand et perpétué une certaine dextérité parmi les artistes et les ouvriers : mais ces avantages, fruits d'anciennes relations avec des peuples avancés dans une civilisation héritée de l'antique, ont été perdus lors de l'invasion des Mongols.

Cette crise a forcé, pour ainsi dire, la Russie primitive d'oublier son histoire : l'esclavage produit la bassesse qui exclut la vraie politesse; celle-ci n'a rien de servile puisqu'elle est l'expression des sentiments les plus élevés et les plus délicats. Or, ce n'est que lorsque la politesse devient en quelque sorte une monnaie courante chez un peuple entier qu'on peut dire que ce peuple est civilisé; alors la rudesse primitive, la personnalité brutale de la nature humaine se trouvent effacées dès le berceau par les leçons que chaque individu reçoit dans sa famille; quelque part qu'il naisse, l'homme enfant n'est point pitoyable, et si, dès le début de la vie, il n'est détourné de ses penchants cruels, jamais il ne sera réellement poli. La politesse n'est que le code de la pitié appliqué aux relations journalières de la société; ce code enseigne surtout la pitié pour les souffrances de l'amour-propre : c'est aussi le remède le plus universel, le plus applicable, le plus pratique qu'on ait trouvé jusqu'ici contre l'égoïsme.

On dira ce qu'on voudra, tous ces raffinements, résultat naturel de l'œuvre du temps, sont inconnus aux Russes actuels qui se souviennent bien plus de Saraï que de Byzance, et qui, à peu d'exceptions près, ne sont encore que des barbares bien habillés. Ils me paraissent des portraits mal peints, mais très-bien vernis. Pour que votre politesse fût vraie, il faudrait avoir été longtemps humains avant d'être polis.

C'est Pierre-le-Grand qui, avec toute l'imprudence d'un génie inculte, toute la témérité d'un homme d'autant plus impatient qu'il est censé tout-puissant, avec la persévérance d'un caractère de fer, est allé dérober bien vite à l'Europe les fruits de la civilisation tout venus, au lieu de se résigner à en jeter lentement les semences dans son propre terrain : cet homme trop vanté n'a produit qu'une œuvre factice : c'est étonnant; mais le bien qu'a fait ce génie barbare fut passager, le mal est irréparable.

Qu'importe à la Russie de se sentir peser sur

l'Europe? d'influer sur la politique de l'Europe? Intérêts factices! passions vaniteuses. Ce qui lui importait, c'était d'avoir en elle-même le principe de la vie et de le développer : une nation qui n'a rien à elle que son obéissance, n'est pas vivante. On a mis celle-ci à la fenêtre : elle regarde, elle écoute, elle agit comme un homme assis au spectacle agit; quand fera-t-on cesser ce jeu?

Il faudrait s'arrêter et recommencer : un tel effort est-il possible? peut-on reprendre en sous-œuvre un si vaste édifice? La trop récente civilisation de l'Empire russe, toute factice qu'elle est, a déjà produit des résultats réels, et que nul pouvoir humain ne saurait annuler : il me paraît impossible de diriger l'avenir d'un peuple en comptant pour rien le présent. Mais le présent, quand il a été violemment séparé du passé, ne promet que du malheur : éviter ces malheurs à la Russie, en la forçant de tenir compte de son ancienne histoire qui n'était que le résultat de son caractère primitif : telle sera désormais la tâche ingrate, et plus utile que brillante, des hommes appelés à gouverner ce pays.

Le génie souverainement pratique et tout national de l'Empereur Nicolas a compris ce problème : pourra-t-il le résoudre? je ne le crois pas;

il ne laisse pas assez faire, il se fie trop à lui-même et trop peu aux autres pour réussir. D'ailleurs, en Russie, la volonté la plus absolue ne suffit pas pour faire le bien.

Ce n'est pas contre un tyran, c'est contre la tyrannie que les amis des hommes ont à lutter ici. Il serait injuste d'accuser l'Empereur des malheurs de l'Empire et des vices du gouvernement : la force d'un homme n'est pas égale à la tâche imposée au souverain qui tout à coup voudrait régner par l'humanité sur un peuple inhumain.

Il faut aller en Russie, il faut voir de près ce qui s'y passe pour apprendre tout ce que ne peut pas faire l'homme qui peut tout, surtout quand c'est le bien qu'il veut faire.

Les fâcheuses conséquences de l'œuvre de Pierre Ier ont encore été aggravées sous le grand ou pour mieux dire, sous le long règne d'une femme qui n'a gouverné son peuple que pour s'amuser à étonner l'Europe....... L'Europe, toujours l'Europe!!.... jamais la Russie!

Pierre Ier et Catherine II ont donné au monde une grande et utile leçon que la Russie a payée; ils nous ont montré que le despotisme n'est jamais si redoutable que lorsqu'il prétend faire du bien, car alors il croit excuser ses actes les plus révoltants par ses intentions : et le mal qui se donne pour remède n'a plus de bornes. Le crime à découvert ne triomphe qu'un jour ; mais les fausses vertus, voilà ce qui égare à jamais l'esprit des nations. Les peuples éblouis par les brillants accessoires du crime, par la grandeur de certains forfaits que l'évènement a justifiés, croient à la fin qu'il y a deux scélératesses, deux morales, et que la nécessité, la raison d'État, comme on disait jadis, disculpe les criminels de haut parage, pourvu qu'ils aient su mettre leurs excès d'accord avec les passions du pays.

La tyrannie avouée m'effraierait peu auprès d'une oppression déguisée en amour de l'ordre. La force du despotisme est uniquement dans le masque du despote. Que le souverain soit contraint de ne plus mentir, le peuple est libre ; aussi n'ai-je reconnu en ce monde d'autre mal que le mensonge. Si vous ne craignez que l'arbitraire violent et avoué, allez en Russie, vous apprendrez à redouter surtout la tyrannie hypocrite.

Je ne puis le nier, je rapporte de mon voyage des idées qui n'étaient pas les miennes lorsque je l'ai entrepris. Aussi ne donnerais-je pour rien au monde la peine qu'il m'a coûtée; si j'en imprime la relation, ce sera précisément parce qu'il a modifié mes opinions sur plusieurs points. Elles étaient connues de tout ce qui me lira; mon désappointement ne l'est pas : c'est un devoir que de le publier.

En partant, je comptais me dispenser d'écrire ce dernier voyage; ma méthode est fatigante, parce qu'elle consiste à retracer pour mes amis, pendant la nuit, mes souvenirs de la journée. Durant ce travail, qui ressemble à une confidence, le public apparaît à ma pensée, mais dans un lointain vaporeux..... si vaporeux que je m'obstine à douter de sa présence; et voilà pourquoi le ton de familiarité qu'on prend malgré soi dans une correspondance intime se conserve dans mes lettres imprimées.

Quelque légère que puisse vous paraître cette tâche, je ne suis plus assez jeune pour me l'imposer impunément; une fois l'entreprise commencée, je tiens à la compléter, je ne me permets ni paresse ni négligence : c'est une rude fatigue. Aussi me plaisais-je à penser que je pourrais cette fois voyager pour moi tout seul; c'était le moyen de voir avec tranquillité. Mais la préoccupation où j'ai trouvé les Russes à mon égard, depuis les plus grands personnages jusqu'aux plus petits particuliers, m'a donné la mesure de mon importance, du moins de celle que j'ai pu acquérir à Pétersbourg. « Que pensez-vous, ou plutôt que direz-vous de nous ? » voilà le fond de tous les discours qu'on m'adressait : ils m'ont tiré de mon inaction ; je faisais le modeste par apathie, peut-être par lâcheté ; d'ailleurs, Paris rend humble ceux qu'il ne rend pas excessivement présomptueux ; j'avais donc lieu de me défier de moi-même ; mais l'amour-propre inquiet des Russes a rassuré le mien.

J'ai été soutenu dans ma nouvelle résolution par un désenchantement toujours croissant. Certes, il faut que la cause du mécompte soit profonde et active pour que le dégoût m'ait atteint au milieu des fêtes les plus brillantes que j'aie vues de ma vie, et malgré l'éblouissante hospitalité des Russes. Mais j'ai reconnu du premier coup d'œil qu'il y a dans les démonstrations d'intérêt qu'ils vous prodiguent, plus d'envie de passer pour prévenants, qu'il n'y a de vraie cordialité. La cordialité est inconnue aux Russes ; ce n'est pas là ce qu'ils ont emprunté des Allemands. Ils occupent tous vos instants, ils vous distraient, ils vous absorbent, ils vous tyrannisent à force d'empressement, ils s'enquièrent de l'emploi de vos journées, ils vous questionnent avec des instances qui n'appartiennent qu'à eux, et de fêtes en fêtes, ils vous empêchent de voir leur pays. Ils ont fait un mot français pour exprimer le résultat de cette tactique soi-disant obligeante : c'est ce qu'ils appellent enguirlander¹ les étrangers. Par malheur, ces soins empressés sont tombés sur un homme que les fêtes ont toujours moins distrait que fatigué. Mais viennent-ils à s'apercevoir que leur effet direct est manqué sur l'esprit de l'étranger, ils ont recours à des moyens détournés pour discréditer ses récits auprès des lecteurs éclairés : ils l'abusent avec une dextérité merveilleuse. Ainsi, afin de lui montrer les choses sous un faux jour, ils mentent en mal comme ils mentaient en bien, tant qu'ils croyaient pouvoir compter sur une crédulité bienveillante. Souvent dans la même conversation, j'ai surpris la même personne, changeant deux ou trois fois de tactique à mon égard. Je ne me flatte pas d'avoir toujours pu discerner le vrai, malgré les efforts combinés avec tant d'art par des gens dont c'est le

---

¹ *Voyez* lettre quinzième, vol. II, p. 225.

métier de le déguiser; mais c'est déjà beaucoup que de savoir qu'on est trompé; si je ne vois pas la vérité, je vois qu'on me la cache[1]; et si je ne suis éclairé, je suis armé.

La gaîté manque à toutes les cours; mais à celle de Pétersbourg on n'a même pas la permission de s'ennuyer. L'Empereur qui voit tout, prend l'affectation du plaisir pour un hommage, ce qui rappelle le mot de M. de Talleyrand sur Napoléon : « L'Empereur ne plaisante pas; il veut qu'on s'amuse. »

Je blesserai des amours-propres, mon incorruptible bonne foi m'attirera des reproches : mais est-ce ma faute, à moi, si en allant demander à un gouvernement absolu des arguments nouveaux contre le despote de chez nous, contre le désordre baptisé du nom de liberté, je n'ai été frappé que des abus de l'autocratie, c'est-à-dire de la tyrannie qualifiée de bon ordre? Le despotisme russe est un faux ordre comme notre républicanisme est une fausse liberté. Je fais la guerre au mensonge partout où je le reconnais; mais il y a plus d'un genre de mensonges : j'avais oublié ceux du pouvoir ab-

---

[1] *Voyez* la relation de la course à Schlusselbourg. Vol. II.

solu; je les raconte en détail aujourd'hui, parce qu'en décrivant mes voyages, je dis toujours ingénument ce que je vois.

Je hais les prétextes : j'ai vu qu'en Russie l'ordre sert de prétexte à l'oppression, comme en France la liberté à l'envie. En un mot, j'aime la vraie liberté, la liberté possible dans une société d'où toute élégance n'est pas exclue; je ne suis donc ni démagogue ni despote; je suis aristocrate dans l'acception la plus large du mot. L'élégance que je désire conserver aux sociétés n'est point frivole; elle n'est point cruelle, elle est réglée par le goût; le goût exclut les abus; il en est le plus sûr préservatif, car il craint toute exagération. Une certaine élégance est nécessaire aux arts, et les arts sauvent le monde, puisque c'est par eux surtout que les peuples s'attachent à la civilisation dont ils sont la dernière et la plus précieuse récompense. Par un privilége unique entre tout ce qui peut répandre de l'éclat sur une nation, leur gloire plaît et profite à la fois à toutes les classes de la société.

L'aristocratie telle que je l'entends, loin de s'allier avec la tyrannie en faveur de l'ordre, ainsi que le lui reprochent les démagogues qui la méconnaissent, ne peut subsister avec l'arbitraire. Elle a pour mission de défendre, d'un côté, le peuple contre le despote, et de l'autre, la civilisation contre la révolution, le plus redoutable des tyrans. La barbarie prend plus d'une forme : vous la frappez dans le despotisme, elle renaît dans l'anarchie ; mais la vraie liberté, sous la garde de la vraie aristocratie, n'est ni violente ni désordonnée.

Malheureusement aujourd'hui les partisans de l'aristocratie modératrice en Europe s'aveuglent et prêtent des armes à leurs adversaires; dans leur fausse prudence, ils s'en vont chercher du secours chez les ennemis de toute liberté politique et religieuse, comme si le danger ne pouvait venir que du côté des nouveaux révolutionnaires; pourtant les souverains arbitraires étaient d'anciens usurpateurs tout aussi redoutables que le sont les Jacobins modernes.

L'aristocratie féodale est finie, moins l'éclat indélébile dont brilleront toujours les grands noms historiques; mais dans les sociétés qui veulent vivre, la noblesse du moyen âge sera remplacée comme elle l'est depuis longtemps chez les Anglais par une magistrature héréditaire; et cette nouvelle aristocratie, héritière de toutes les anciennes aristocraties, combinée de plusieurs éléments divers, puisque la charge, la naissance et la richesse en sont les bases, ne retrouvera son crédit que lorsqu'elle s'appuiera sur une religion libre; or, je l'ai dit et je le répète aussi souvent que je le crois nécessaire, la seule religion libre est celle qui est enseignée par l'Église catholique, la plus libre de toutes les Églises, puisqu'elle est la seule qui ne dépende d'aucune souveraineté temporelle; celle du pape n'étant plus aujourd'hui destinée qu'à défendre l'indépendance sacerdotale. L'aristocratie est le gouvernement des esprits indépendants, et l'on ne peut trop le redire : le catholicisme est la religion des prêtres libres.

Vous le savez : dès qu'une vérité m'apparaît, je la dis sans en calculer les conséquences, persuadé que le mal ne vient pas des vérités qu'on publie, mais des vérités qu'on déguise; aussi ai-je toujours regardé comme pernicieux le proverbe de nos pères: Toutes vérités ne sont pas bonnes à dire.

C'est parce que chacun trie dans la vérité ce qui sert à ses passions, à sa peur, à sa servilité, à son intérêt, qu'on la rend plus nuisible que l'erreur; aussi, quand je voyage, je ne choisis pas dans les faits que je recueille, je ne repousse pas ceux qui combattent mes croyances les plus chères. Tant que je raconte, je n'ai d'autre religion que le culte du vrai; je m'efforce de n'être pas juge, je ne suis pas même peintre, car les peintres composent; je tâche de devenir miroir; enfin je veux être impartial avant tout, et en ceci l'intention suffit, du moins aux yeux des lecteurs spirituels; je ne puis ni ne veux m'avouer qu'il en existe d'autres, cette découverte rendrait la tâche de l'écrivain trop fastidieuse.

Toutes les fois que j'ai eu l'occasion de communiquer avec les hommes, la première pensée que m'aient inspirée leurs procédés envers moi, c'est qu'ils avaient plus d'esprit que moi, qu'ils savaient mieux se défendre, mieux dire et mieux faire. Tel a été jusqu'à ce jour le résultat de mes expériences; je ne méprise donc personne, à plus forte raison suis-je loin de mépriser mes lecteurs. Voilà pourquoi je ne les flatte jamais.

S'il est des hommes pour lesquels il m'est difficile d'être équitable, c'est pour ceux qui m'ennuient; mais je n'en connais guère, car je fuis les oisifs.

Je vous ai dit qu'il n'y avait qu'une ville en Russie : à Pétersbourg il n'y a qu'un salon; c'est toujours et partout la cour ou des fractions de la cour. Vous changez de maison, vous ne changez pas de cercle, et dans ce cercle unique on s'interdit tout sujet de conversation intéressante; mais ici je trouve qu'il y a compensation, grâce à l'esprit aiguisé des femmes qui s'entendent merveilleusement à nous faire penser ce qu'elles ne disent pas.

Les femmes sont en tous lieux les moins serviles des esclaves, parce que, usant habilement de leur faiblesse, dont elles se font une puissance, elles savent mieux que nous échapper aux mauvaises lois; aussi sont-elles destinées à sauver la liberté individuelle partout où manque la liberté publique.

Qu'est-ce que la liberté, si ce n'est la garantie du droit du plus faible, que les femmes sont chargées par la nature de représenter dans la société? En France, aujourd'hui, on s'enorgueillit de tout décider à la majorité;.... belle merveille !!!..... quand je verrai qu'on a quelque égard aux réclamations de la minorité, je crierai à mon tour : Vive la liberté !

Il faut tout dire, les plus faibles de maintenant étaient les plus forts d'autrefois, et alors ils n'ont que trop donné l'exemple de l'abus de la force dont je me plains aujourd'hui ! Mais une erreur n'en excuse pas une autre.

Malgré la secrète influence des femmes, la Russie

est encore plus loin de la liberté que ne le sont la plupart des pays de la terre; non du mot, mais de la chose. Demain dans une émeute, dans un massacre, à la lueur d'un incendie, on peut crier vive la liberté jusque sur les frontières de la Sibérie; un peuple aveugle et cruel peut éventrer ses maîtres, il peut se révolter contre des tyrans obscurs, et faire rougir de sang les eaux du Volga, il n'en sera pas plus libre : la barbarie est un joug.

Aussi, le meilleur moyen d'émanciper les hommes n'est-il pas de proclamer leur affranchissement avec pompe, c'est de rendre la servitude impossible en développant dans le cœur des nations le sentiment de l'humanité; il manque en Russie. Parler libéralité aujourd'hui à des Russes, de quelque condition qu'ils soient, ce serait un crime ; leur prêcher l'humanité à tous, sans exception, c'est un devoir.

La nation russe, il faut bien le dire, n'a pas encore de justice[1]; aussi m'a-t-on cité un jour, à la louange de l'Empereur Nicolas, le gain d'un procès, par un particulier obscur, contre des grands seigneurs. Dans ce cas, l'admiration pour le ca-

---

[1] *Voir* la brochure de M. Tolstoï, citée dans le cours du voyage.

ractère du souverain me paraissait une satire contre la société. Ce fait trop vanté m'a prouvé positivement que l'équité n'est qu'une exception en Russie.

Tout bien considéré, je ne conseillerais pas à tous les hommes de peu, comme on disait jadis en France, de se fier au succès de ce personnage favorisé peut-être par exception pour assurer l'impunité aux injustices courantes : espèce de moulin de Sans-Souci, échantillon d'équité dont les régulateurs de la loi se plaisent à faire montre pour répondre aux reproches de corruption et de servilité.

Un autre fait dont nous devons tirer une induction peu favorable à la magistrature russe, c'est qu'on ne plaide guère en Russie : chacun sait où cela mène; on recourrait plus souvent à la justice, si les juges étaient plus équitables. C'est ainsi qu'on ne se querelle pas, qu'on ne se bat pas dans les rues, de peur du cachot et des fers, indistinctement réservés, la plupart du temps, aux deux parties.

Malgré les tristes tableaux que je vous trace, deux choses et une personne valent la peine du voyage. La Néva de Pétersbourg, pendant les jours sans nuits, le Kremlin de Moscou, au clair de lune, et l'Empereur de Russie : c'est la Russie pittoresque, historique et politique; hors de là tout n'est que fatigue et qu'ennui sans dédommagement : vous en jugerez en lisant mes lettres.

Plusieurs de mes amis m'ont écrit déjà qu'ils sont d'avis de ne pas les faire paraître.

Lorsque je m'apprêtais à quitter Pétersbourg, un Russe me demanda, comme tous les Russes, ce que je dirais de son pays. « J'y ai été trop bien reçu pour en parler, » lui ai-je répondu.

On se fait contre moi des armes de cet aveu où j'avais cru cacher à peine poliment une épigramme. « Traité comme vous l'avez été, m'écrit-on, il est certain que vous ne pouvez dire la vérité; or, comme vous ne savez écrire que pour elle, vous ferez mieux de vous taire. » Telle est l'opinion d'une partie des personnes que j'ai l'habitude d'écouter. En tout cas, elle n'est pas flatteuse pour les Russes.

La mienne est que sans blesser la délicatesse, sans manquer à la reconnaissance qu'on doit aux personnes, quand on leur en doit, ni au respect qu'on se doit toujours à soi-même, il y a une manière convenable de parler sincèrement des choses et des hommes publics; j'espère avoir trouvé cette manière-là. Il n'y a que la vérité qui choque, à ce qu'on prétend; c'est possible, mais en France du moins, nul n'a le droit ni la force de fermer la bouche à qui la dit. Mes cris d'indignation ne pourront passer pour l'expression déguisée de la vanité blessée. Si je n'avais écouté que mon amour-propre, il m'aurait dit d'être enchanté de tout : mon cœur n'a été satisfait de rien.

Tant pis pour les Russes si tout ce qu'on raconte de leur pays et de ses habitants tourne en personnalités : c'est un malheur inévitable; car à vrai dire, les choses n'existent pas en Russie, puisque c'est le bon plaisir d'un homme qui les fait et qui les défait; mais ceci n'est pas la faute des voyageurs.

L'Empereur me paraît peu disposé à se démettre d'une partie de son autorité : qu'il subisse donc la responsabilité de l'omnipotence; c'est une première expiation du mensonge politique par lequel un seul homme est déclaré maître absolu d'un pays, souverain tout-puissant de la pensée d'un peuple.

Les adoucissements dans la pratique n'excusent pas l'impiété d'une telle doctrine. J'ai trouvé chez les Russes que le principe de la monarchie absolue, appliqué avec une conséquence inflexible, mène à des résultats monstrueux. Et cette fois, mon quiétisme politique ne m'empêche pas de reconnaître et de proclamer qu'il est des gouvernements que les peuples ne devraient jamais subir.

L'Empereur Alexandre causant confidentiellement avec madame de Staël sur les améliorations qu'il projetait, lui dit : « Vous louez mes intentions philanthropiques, je vous remercie; néanmoins dans l'histoire de Russie, je ne suis qu'un accident heureux. » Ce prince disait vrai; les Russes vantent en vain la prudence et les ménagements des hommes qui dirigent leurs affaires, le pouvoir arbitraire n'en est pas moins chez eux la base fondamentale de l'État, et ce principe fonctionne de telle sorte que l'Empereur fait ou fait faire, ou laisse faire, ou laisse subsister des lois— pardonnez-moi si je donne ce nom sacré à des arrêts impies, mais je me sers du mot usité en Russie— l'Empereur laisse subsister des lois qui, par exemple, permettent à l'Empereur de déclarer que les enfants légitimes d'un homme légitimement marié n'ont point de père, point de nom, enfin, qu'ils sont des chiffres, et ne sont point des hommes [1]. Et vous voulez m'empêcher de traduire à la

[1] *Voyez* l'histoire de la princesse Troubetzkoï, vol. III.

barre du tribunal de l'Europe un prince qui, tout distingué, tout supérieur qu'il est, consent à régner sans abolir une telle loi!!

Son ressentiment est implacable : avec des haines si vives, on peut encore être un grand souverain, on ne saurait plus être un grand homme : le grand homme est clément, l'homme politique est vindicatif; on règne par la vengeance, on convertit par le pardon.

Je viens de vous dire mon dernier mot sur un prince qu'on hésite à juger lorsqu'on connaît le pays où il est condamné à régner : car les hommes y sont tellement dépendants des choses, qu'on ne sait à qui remonter, ni jusqu'où descendre pour demander compte des faits. Et ce sont les grands seigneurs d'un tel pays qui prétendent ressembler aux Français!!...

Les rois de France, dans les temps de barbarie, ont fait souvent couper la tête à leurs grands vassaux; l'un d'eux, de tyrannique mémoire, a voulu, par un raffinement de cruauté, que le sang du père fût versé sur les enfants placés au-dessous de l'échafaud : néanmoins, quelle que fût la rigueur de ces princes absolus, lorsqu'ils tuaient leur ennemi, lorsqu'ils le dépouillaient de ses biens, lorsqu'ils le massacraient, ils se gardaient d'avilir en lui, par un arrêt dérisoire, sa caste, sa famille, son pays : un tel oubli de toute dignité aurait révolté les peuples de France, même ceux du moyen âge. Mais le peuple russe souffre bien autre chose. Disons mieux, il n'y a pas encore de peuple russe.... il y a des Empereurs qui ont des serfs et des courtisans qui ont aussi des serfs : tout cela ne fait pas un peuple.

La classe moyenne, jusqu'à ce jour peu nombreuse en proportion des autres, se compose presque uniquement des étrangers ; quelques paysans affranchis par leur richesse, et les plus petits employés, montés de quelques degrés, commencent à la grossir : l'avenir de la Russie dépend de ces nouveaux bourgeois, d'origines tellement diverses qu'ils ne peuvent guère s'accorder dans leurs vues.

On s'efforce aujourd'hui de créer une nation russe ; mais la tâche est rude pour un homme. Le mal se fait vite, il se répare lentement ; les dégoûts du despotisme doivent souvent éclairer le despote sur les abus du pouvoir absolu : je le crois. Mais les embarras de l'oppresseur n'excusent pas l'oppression ; et si ses crimes m'inspirent quelque pitié, le mal est toujours à plaindre, ils m'en inspirent beaucoup moins que les souffrances de l'opprimé. En Russie, quelle que soit l'apparence des choses, il y a au fond de tout la violence et l'arbitraire. On y a rendu la tyrannie calme à force de terreur : voilà, jusqu'à ce jour, la seule espèce de bonheur que ce gouvernement ait su procurer à ses peuples.

Et lorsque le hasard me rend témoin des maux inouïs qu'on souffre sous une constitution à principe exagéré, la crainte de blesser je ne sais quelle délicatesse, m'empêcherait de dire ce que j'ai vu? Mais je serais indigne d'avoir eu des yeux si je cédais à cette partialité pusillanime, qu'on me déguise cette fois sous le nom de respect pour les convenances sociales; comme si ma conscience n'avait pas le premier droit à mon respect.... Quoi! on m'aura laissé pénétrer dans une prison; j'aurai compris le silence des victimes terrifiées, et je n'oserai raconter leur martyre, de peur d'être accusé d'ingratitude, à cause de la complaisance des geôliers à me faire les honneurs du cachot? Une telle prudence serait loin d'être une vertu; je vous déclare donc, qu'après avoir bien regardé autour de moi pour voir ce qu'on me cachait, bien écouté pour entendre ce qu'on ne voulait pas me dire, bien tâché d'apprécier le faux dans ce qu'on me disait, je ne crois pas exagérer en vous assurant que l'Empire de Russie est le pays de la terre où les hommes sont le plus malheureux, parce qu'ils y souffrent à la fois des inconvénients de la barbarie et de ceux de la civilisation. Quant à moi, je me croirais un traître et un lâche, si après avoir tracé déjà en toute liberté d'esprit le tableau d'une grande partie de l'Europe, je me refusais à le compléter de peur de modifier certaines opinions qui étaient les miennes, et de choquer certaines personnes par le tableau véridique d'un pays qui n'a jamais été peint tel qu'il est. Sur quoi se fonderait, je vous prie, mon respect pour de mauvaises choses? Suis-je lié par quelque autre chaîne que par l'amour de la vérité?

En général, les Russes m'ont paru des hommes doués de beaucoup de tact; des hommes très-fins, mais peu sensibles : je l'ai dit, une extrême susceptibilité unie à beaucoup de dureté, voilà, je crois, le fond de leur caractère   l'ai dit; une vanité clairvoyante, une perspicacité d'esclave, une finesse sarcastique : tels sont les traits dominants de leur esprit; je l'ai dit et répété, car ce serait pure duperie que d'épargner l'amour-propre des gens quand ils sont eux-mêmes si peu miséricordieux;

la susceptibilité n'est pas de la délicatesse. Il est temps que ces hommes qui démêlent avec tant de sagacité les vices et les ridicules de nos sociétés, s'habituent à supporter la sincérité des autres : le silence officiel qu'on fait régner autour d'eux les abuse, il énerve leur intelligence; s'ils veulent se faire reconnaître des nations de l'Europe et traiter avec nous d'égaux à égaux, il faut qu'ils commencent par se résigner à s'entendre juger. Cette sorte de procès, toutes les nations le soutiennent sans en faire beaucoup d'état. Depuis quand les Allemands ne reçoivent-ils les Anglais qu'à condition que ceux-ci diront du bien de l'Allemagne? Les nations ont toujours de bonnes raisons pour être comme elles sont : et la meilleure de toutes, c'est qu'elles ne peuvent pas être autrement.

A la vérité cette excuse ne va pas aux Russes, du moins pas à ceux qui lisent. Comme ils singent tout, ils pourraient être autrement, et c'est justement cette possibilité qui rend leur gouvernement ombrageux jusqu'à la férocité!... ce gouvernement sait trop qu'on n'est sûr de rien avec des caractères tout en reflets.

Un motif plus puissant aurait pu m'arrêter; c'est la peur d'être accusé d'apostasie. « Il a longtemps protesté, dira-t-on, contre les déclamations libérales; maintenant le voilà qui cède au torrent et qui cherche la fausse popularité après l'avoir dédaignée. »

Je ne sais si je m'abuse, mais plus je réfléchis et moins je crois que ce reproche puisse m'atteindre, ni même que personne pense à me l'adresser.

Ce n'est pas d'aujourd'hui que la crainte d'être blâmé par les étrangers préoccupe l'esprit des Russes. Ce peuple bizarre unit une extrême jactance à une excessive défiance de lui-même; en dehors suffisance, au fond humilité inquiète : voilà ce que j'ai vu dans la plupart des Russes. Leur vanité, qui ne se repose jamais, est toujours en souffrance comme l'est l'orgueil anglais; aussi les Russes manquent-ils de simplicité. La naïveté, ce mot français dont aucune autre langue que la nôtre ne peut rendre le sens exact parce que la chose nous est propre, la naïveté, cette simplicité qui pourrait devenir malicieuse, ce don de l'esprit qui fait rire sans jamais blesser le cœur, cet oubli des précautions oratoires qui va jusqu'à prêter des armes contre soi à ceux auxquels on parle, cette équité de jugement, cette vérité d'expression tout involontaire, cet abandon de la personnalité dans l'intérêt de la vérité; la simplesse gauloise, en un mot, ils ne la connaissent pas. Un peuple d'imitateurs ne sera jamais naïf; le calcul chez lui tuera toujours la sincérité.

J'ai trouvé dans le testament de Monomaque des conseils sages et curieux adressés à ses enfants : voici un passage qui m'a particulièrement frappé; aussi l'ai-je mis pour épigraphe à la tête de mon livre, car c'est un aveu précieux à recueillir : « Respectez sur- « tout les étrangers, de quelque qualité, de quelque « rang qu'ils soient, et si vous n'êtes pas à même de « les combler de présents, prodiguez-leur au moins « des marques de bienveillance, *puisque de la manière* « *dont ils sont traités dans un pays dépend le bien* « *et le mal qu'ils en disent en retournant dans le* « *leur.* » (Tiré des conseils de Vladimir Monomaque à ses enfants en 1126.) Ce prince avait été baptisé sous le nom de Basile. (Histoire de l'Empire de Russie par Karamsin, traduite par MM. Saint-Thomas et Jauffret; tome II, page 205. Paris, 1820.)

Un tel raffinement d'amour-propre, vous en conviendrez, ôte beaucoup de son prix à l'hospitalité. Aussi cette charité calculée m'est-elle revenue malgré moi plus d'une fois à la mémoire pendant mon voyage. Ce n'est pas qu'on doive priver les hommes de la récompense de leurs bonnes actions; mais il est immoral de donner cette récompense pour premier mobile à la vertu.

Voici quelques autres passages extraits du même auteur, et qui serviront d'appui à mes propres observations.

Karamsin lui-même raconte les fâcheux résultats de l'invasion des Mongols sur le caractère du peuple russe : si l'on me trouve sévère dans mes jugements, on verra qu'ils sont autorisés par un auteur grave et plutôt disposé à l'indulgence.

« L'orgueil national, dit-il, s'anéantit parmi les
« Russes; ils eurent recours aux artifices qui sup-
« pléent à la force chez des hommes condamnés à
« une obéissance servile : *habiles à tromper les Ta-*
« *tars, ils devinrent aussi plus savants dans l'art*
« *de se tromper mutuellement; achetant des barbares*
« *leur sécurité personnelle, ils furent plus avides*
« *d'argent et moins sensibles aux injures, à la honte,*
« *exposés sans cesse à l'insolence de tyrans étran-*
« *gers!* » (Extrait du même ouvrage, tome V, chapitre 4, page 447 et suivante.)

Plus loin :

« *Il se pourrait que le caractère actuel des Russes*
« *conservât quelques-unes des taches dont l'a souillé la*
« *barbarie des Mongols*.................... »

« Nous remarquons qu'avec plusieurs sentiments
« élevés *on vit s'affaiblir en nous le courage*, ali-
« menté surtout par l'orgueil national............ »

............« L'autorité du peuple favorisait aussi
« celle des boyards, qui à leur tour pouvaient, à
« l'aide des citoyens, avoir influence sur le prince,
« ou réciproquement par le prince sur les citoyens.
« Ce soutien ayant disparu, il fallut obéir au sou-
« verain, sous peine d'être regardé comme traître
« ou comme rebelle; *et il n'existe plus aucune voie
« légitime de s'opposer à ses volontés; en un mot, on
« vit naître l'autocratie.* »

Je terminerai ces extraits en copiant deux passages du règne d'Ivan III; ils se trouvent également dans Karamsin, tome VI, page 351.

Après avoir raconté comment le Czar Ivan III hésite entre son fils et son petit-fils pour désigner l'héritier du trône, l'historien continue en ces termes :

« Il est à regretter qu'au lieu de nous développer
« toutes les circonstances de ce curieux événe-
« ment (il parle ici du repentir du souverain qui
rend sa tendresse à sa femme et à son fils, et qui
abandonne son petit-fils après l'avoir couronné,)
« les annalistes se contentent de dire qu'après un plus

« mûr examen des accusations intentées contre son
« épouse, Jean lui rendit toute sa tendresse ainsi
« qu'à son fils : ils ajoutent qu'instruit enfin des
« trames ourdies par leurs ennemis et persuadé
« qu'il avait été trompé, il résolut de sévir et de
« faire un exemple sur les seigneurs les plus dis-
« tingués. Le prince Ivan Patrikeieff, ses deux fils et
« son gendre le prince Siméon Riapolwski, furent
« condamnés à mort COMME INTRIGANTS !!.. »

Cet Ivan III qui faisait supplicier les intrigants, est compté chez les Russes parmi les plus grands hommes.

Des choses semblables ou analogues se passent encore aujourd'hui en Russie. Grâce à l'omnipotence autocratique, le respect pour la chose jugée n'y existe pas ; et l'Empereur, bien informé, peut toujours défaire ce qu'a fait l'Empereur mal informé[1].

Enfin, page 433, Karamsin fait en ces termes le résumé du glorieux règne de ce grand et bon prince (Ivan III). Je ne suis responsable du style du traducteur ni dans ce passage ni dans les précédents.

« Tout devint, dès lors, rang ou faveur du prince :
« parmi les enfants boyards de la cour, espèce de

---

[1] *Voyez* plus haut l'histoire de Paulow et bien d'autres faits semblables.

« pages, on voyait des fils de princes et de grands
« seigneurs. En présidant les conciles ecclésias-
« tiques, Jean paraissait solennellement comme
« chef du clergé. Fier de ses relations avec les au-
« tres souverains, il aimait à déployer une grande
« pompe devant leurs ambassadeurs ; il introduisit
« l'usage de baiser la main du monarque en signe
« de faveur distinguée : il voulut, par tous les moyens
« extérieurs possibles, s'élever au-dessus des hom-
« mes pour frapper fortement l'imagination ; *ayant
« enfin pénétré le secret de l'autocratie, il devint
« comme un Dieu terrestre aux yeux des Russes,
« qui commencèrent* DÈS LORS *à étonner tous les autres
« peuples par une aveugle soumission à la volonté de
« leur souverain !* »

Ces aveux m'ont paru doublement significatifs dans la bouche d'un historien aussi courtisan, aussi timide que l'était Karamsin. Je pourrais multiplier les citations, mais je crois en avoir fait assez pour établir le droit que je crois avoir de dire ingénument ma façon de pensée qui se trouve justifiée par l'opinion d'un écrivain accusé de partialité.

Dans un pays où dès le berceau les esprits sont façonnés à la dissimulation et aux finesses de la politique orientale, le naturel doit être plus rare qu'ailleurs : aussi quand on l'y rencontre a-t-il un charme particulier. J'ai vu en Russie quelques hommes qui rougissent de se sentir opprimés par le dur régime sous lequel ils sont forcés de vivre sans oser s'en plaindre ; ces hommes ne sont libres qu'en face de l'ennemi ; ils vont faire la guerre au fond du Caucase pour se reposer du joug qu'on leur impose chez eux ; la tristesse de cette vie imprime prématurément sur leur front un cachet de mélancolie qui contraste avec leurs habitudes militaires et avec l'insouciance de leur âge ; les rides de la jeunesse révèlent de profonds chagrins et elles inspirent une grande pitié ; ces jeunes hommes ont emprunté à l'Orient sa gravité, aux imaginations du Nord le vague et la rêverie : ils sont très-malheureux et très-aimables ; nul habitant des autres pays ne leur ressemble.

Puisque les Russes ont de la grâce, il faut bien qu'ils aient un genre de naturel que je n'ai pu discerner ; le naturel de ce peuple est peut-être insaisissable pour un étranger qui passe par le pays aussi rapidement que j'ai passé en Russie. Nul caractère n'est aussi difficile à définir que celui de ce peuple.

Sans moyen âge, sans souvenirs anciens, sans catholicisme, sans chevalerie derrière soi, sans respect pour sa parole [1], toujours Grecs du Bas-Empire, polis par formule comme des Chinois, grossiers ou du moins indélicats comme des Calmoucks, sales comme des Lapons, beaux comme des anges, ignorants comme des sauvages (j'excepte les femmes et quelques diplomates), fins comme des juifs, intrigants comme des affranchis, doux et graves dans leurs manières comme des Orientaux, cruels dans leurs sentiments comme des barbares, sarcastiques et dédaigneux par désespoir, doublement moqueurs par nature et par sentiment de leur infériorité, légers, mais en apparence seulement : les Russes sont essentiellement propres aux affaires sérieuses ; tous ont l'esprit nécessaire pour acquérir un tact extraordinairement aiguisé, mais nul n'est assez magnanime pour s'élever au-dessus de la finesse ; aussi m'ont-ils dégoûté de cette faculté indispensable pour vivre chez eux. Avec leur continuelle surveillance d'eux-mêmes, ils me paraissent les hommes les plus à plaindre de la terre. Le tact des convenances, cette police de l'imagination, est une qualité triste, au moyen de laquelle on sa-

---

[1] Malgré tout ce qui précède, il peut être utile de dire que ceci ne s'adresse qu'aux masses, qui en Russie ne sont conduites que par la peur et la force.

crifie sans cesse son sentiment à celui des autres, une qualité négative qui en exclut de positives bien supérieures, c'est le gagne-pain des courtisans ambitieux qui sont là pour obéir à la volonté d'un autre, pour suivre, pour deviner l'impulsion, mais qui se feraient chasser le jour où ils prétendraient à la donner. C'est que, pour donner l'impulsion, il faut du génie; le génie est le tact de la force, le tact n'est que le génie de la faiblesse. Les Russes sont tout tact. Le génie agit, le tact observe, et l'abus de l'observation mène à la défiance, c'est-à-dire à l'inaction; le génie peut s'allier avec beaucoup d'art, jamais avec un tact très-raffiné, parce que le tact, cette flatterie à feu couvert, cette suprême vertu des subalternes qui respectent l'ennemi, c'est-à-dire le maître, tant qu'ils n'osent pas le frapper, est toujours uni à un peu d'artifice. Grâce à cette supériorité de sérail, les Russes sont impénétrables; il est vrai qu'on voit toujours qu'ils cachent quelque chose, mais on ne sait ce qu'ils cachent, et cela leur suffit. Ils seront des hommes bien redoutables et bien fins lorsqu'ils parviendront à masquer même leur finesse.

Déjà quelques-uns d'entre eux sont arrivés jusque-là; ce sont les plus avancés du pays, tant par le poste qu'ils occupent que par la supériorité d'esprit avec laquelle ils remplissent leur charge. Ceux-là, je n'ai pu les juger que de souvenir; leur présence a un prestige qui me fascinait.

Mais, bon Dieu! à quoi peut servir tout ce manége? Quel motif suffisant assignerons-nous à tant de feinte? Quel devoir, quelle récompense peut faire si longtemps supporter à des visages d'hommes la fatigue du masque?

Le jeu de tant de batteries ne serait-il destiné qu'à défendre un pouvoir réel et légitime?..... Un tel pouvoir n'en a pas besoin, la vérité se défend d'elle-même. Veut-on protéger de misérables intérêts de vanité? peut-être. Cependant, prendre de tels soucis pour arriver à un résultat si misérable, ce serait un travail indigne des hommes graves qui se l'imposent; je leur attribue une pensée plus profonde; un but plus grand m'apparaît et m'explique leurs prodiges de dissimulation et de longanimité.

Une ambition désordonnée, immense, une de ces ambitions qui ne peuvent germer que dans l'âme des opprimés, et se nourrir que du malheur d'une nation entière, fermente au cœur du peuple russe. Cette nation, essentiellement conquérante, avide à force de privations, expie d'avance chez elle, par une soumission avilissante, l'espoir d'exercer la tyrannie chez les autres ; la gloire, la richesse qu'elle attend la distraient de la honte qu'elle subit, et, pour se laver du sacrifice impie de toute liberté publique et personnelle, l'esclave, à genoux, rêve la domination du monde.

Ce n'est pas l'homme qu'on adore dans l'Empereur Nicolas, c'est le maître ambitieux d'une nation plus ambitieuse que lui. Les passions des Russes sont taillées sur le patron de celles des peuples antiques ; chez eux tout rappelle l'Ancien Testament ; leurs espérances, leurs tortures sont grandes comme leur Empire.

Là, rien n'a de bornes, ni douleurs, ni récompenses ; ni sacrifices, ni espérances : leur pouvoir peut devenir énorme, mais ils l'auront acheté au prix que les nations de l'Asie paient la fixité de leurs gouvernements : au prix du bonheur.

La Russie voit dans l'Europe une proie qui lui sera livrée tôt ou tard par nos dissensions ; elle fomente chez nous l'anarchie dans l'espoir de profiter d'une corruption favorisée par elle parce qu'elle est favorable à ses vues : c'est l'histoire de la Pologne recommencée en grand. Depuis longues années Paris lit des journaux révolutionnaires payés par la Russie. « L'Europe, dit-on à Pétersbourg, prend le chemin qu'a suivi la Pologne; elle s'énerve par un libéralisme vain, tandis que nous restons puissants, précisément parce que nous ne sommes pas libres : patientons sous le joug, nous ferons payer aux autres notre honte. »

Le plan que je vous révèle ici peut paraître chimérique à des yeux distraits; il sera reconnu pour vrai par tout homme initié à la marche des affaires de l'Europe et aux secrets des cabinets pendant les vingt dernières années. Il donne la clef de bien des mystères, il explique en un mot l'extrême importance que des personnes sérieuses par caractère et par position attachent à n'être vues des étrangers que du beau côté. Si les Russes étaient, comme ils le disent, les appuis de l'ordre et de la légitimité, se serviraient-ils d'hommes et, qui pis est, de moyens révolutionnaires?

Le monstrueux crédit de la Russie à Rome, est un des effets du prestige contre lequel je voudrais vous prémunir[1]. Rome et toute la catholicité n'a de plus grand, de plus dangereux ennemi que

---

[1] Écrit en 1839.

l'Empereur de Russie. Tôt ou tard, sous les auspices de l'autocratie grecque, le schisme régnera seul à Constantinople ; alors le monde chrétien, partagé en deux camps, reconnaîtra le tort fait à l'Église romaine par l'aveuglement politique de son chef.

Ce prince, effrayé du désordre où tombaient les sociétés lors de son avénement au trône pontifical, épouvanté du mal moral causé à l'Europe par nos révolutions, sans soutien, éperdu au milieu d'un monde indifférent ou railleur, ne craignait rien tant que les soulèvements populaires dont il avait souffert et vu souffrir ses contemporains ; alors, cédant à la funeste influence de certains esprits étroits, il a pris conseil de la prudence humaine, il s'est montré sage, selon le monde, habile à la manière des hommes : c'est-à-dire aveugle et faible selon Dieu ; et voilà comment la cause du catholicisme, en Pologne, fut désertée par son avocat naturel, par le chef visible de l'Église orthodoxe. Est-il aujourd'hui beaucoup de nations qui sacrifieraient leurs soldats pour Rome ? Et lorsque dans son dénûment le pape trouve encore un peuple prêt à se faire égorger pour lui.... il l'excommunie!!.... lui, le seul prince de la terre qui devait l'assister jusqu'à la mort, il l'excommunie pour complaire au souverain d'une nation schismatique ! Les fidèles se demandent avec effroi ce qu'est devenue l'infatigable prévoyance du saint-siége ; les martyrs, frappés d'interdiction, voient la foi catholique sacrifiée par Rome à la politique grecque : et la Pologne découragée dans sa sainte résistance, subit son sort sans le comprendre[1].

Comment le représentant de Dieu sur la terre n'a-t-il pas encore reconnu que depuis le traité de Westphalie, toutes les guerres de l'Europe sont des guerres de religion ? Quelle prudence charnelle a pu troubler son regard au point de lui faire appliquer à la direction des choses du ciel des moyens, assez bons pour les rois, mais indignes du Roi des rois ? Leur trône n'a qu'une durée passagère, le sien est éternel ; oui, éternel, parce que le prêtre assis sur ce trône serait plus grand et plus clairvoyant dans les catacombes qu'il ne l'est au Vatican. Trompé par la subtilité des enfants du siècle, il n'a point aperçu le fond des choses, et dans les aberrations où l'a jeté sa politique de peur, il a ou-

---

[1] Ces remontrances, qui n'outre-passaient pas, ce semble, les bornes du respect, ont été justifiées par les derniers édits de la cour de Rome.

blié de puiser sa force où elle est : dans la politique de foi [1].

Mais patience, les temps mûrissent, bientôt toute question sera posée nettement, et la vérité défendue par ses champions légitimes, reprendra son empire sur l'esprit des nations. Peut-être la lutte qui se prépare servira-t-elle à faire comprendre aux protestants une vérité essentielle, que j'ai déjà exprimée plus d'une fois, mais sur laquelle j'insiste parce qu'elle me paraît l'unique vérité nécessaire pour hâter la réunion de toutes les communions chrétiennes : c'est que le seul prêtre réellement libre qui existe au monde, c'est le prêtre

---

[1] L'ignorance des choses religieuses est telle aujourd'hui qu'un catholique, homme de beaucoup d'esprit, à qui je lisais ce passage, m'interrompit : « Vous n'êtes plus catholique, me dit-il, vous blâmez le pape !!! » Comme si le pape était impeccable aussi bien qu'il est infaillible en matière de foi. Encore cette infaillibilité même est-elle soumise à certaines restrictions par les gallicans, qui pourtant croient être catholiques. Le Dante a-t-il jamais été accusé d'hérésie ? cependant quel langage ne parle-t-il pas à ceux des papes qu'il place dans son enfer ? Les meilleurs esprits de notre temps tombent dans une confusion d'idées qui eût fait rire les écoliers des siècles passés. Je répondis à mon critique en le renvoyant à Bossuet. Son exposition de la doctrine catholique, confirmée, approuvée, vantée en tout temps, et adoptée par la cour de Rome, justifie suffisamment mes principes.

catholique. Partout ailleurs que dans l'Église catholique, le prêtre est assujetti à d'autres lois, à d'autres lumières qu'à celles de sa conscience et de sa doctrine. On frémit en voyant les inconséquences de l'Église anglicane, et l'on tremble en voyant l'avilissement de l'Église grecque à Pétersbourg; que l'hypocrisie cesse de triompher en Angleterre, la plus grande partie du royaume redevient catholique. L'Église romaine seule a sauvé la pureté de la foi, en défendant par toute la terre avec une générosité sublime, avec une patience héroïque, avec une inflexible conviction, l'indépendance du sacerdoce contre l'usurpation des souverainetés temporelles quelles qu'elles fussent. Où est l'Église qui ne se soit pas laissé rabaisser par les divers gouvernements de la terre au rang d'une police pieuse? il n'y en a qu'une, une seule, c'est l'Église catholique; et cette liberté qu'elle a conservée au prix du sang de ses martyrs, est un principe éternel de vie et de puissance. L'avenir du monde est à elle, parce qu'elle a su rester pure d'alliage. Que le protestantisme s'agite, c'est dans sa nature; que les sectes s'inquiètent et discutent, c'est leur jeu : l'Église catholique attend!!...

RÉSUMÉ DU VOYAGE.

Le clergé grec russe n'a jamais été, il ne sera jamais qu'une milice revêtue d'un uniforme un peu différent de l'habit des troupes séculières de l'Empire. Sous la direction de l'Empereur, les popes et leurs évêques sont un régiment de clercs : voilà tout.

La distance qui sépare la Russie de l'Occident a merveilleusement servi jusqu'à ce jour à nous voiler toutes ces choses. Si l'astucieuse politique grecque craint tant la vérité, c'est parce qu'elle sait merveilleusement profiter du mensonge ; mais ce qui me surprend, c'est qu'elle parvienne à en perpétuer le règne.

Comprenez-vous maintenant l'importance d'une opinion, d'un mot sarcastique, d'une lettre, d'une moquerie, d'un sourire, à plus forte raison d'un livre aux yeux de ce gouvernement favorisé par la crédulité de ses peuples, et par la complaisance de tous les étrangers ?... Un mot de vérité lancé en Russie, c'est l'étincelle qui tombe sur un baril de poudre.

Qu'importe aux hommes qui mènent la Russie le dénûment, la pâleur des soldats de l'Empereur ? Ces spectres vivants ont les plus beaux uniformes de l'Europe : qu'importent les sarraux de bure sous lesquels se cachent dans l'intérieur de leurs cantonnements ces fantômes dorés ?... Pourvu qu'ils ne soient pauvres et sales qu'en secret, et qu'ils brillent lorsqu'ils se montrent, on ne leur demande ni ne leur donne rien. Une misère drapée : telle est la richesse des Russes : pour eux l'apparence est tout, et l'apparence chez eux ment plus que chez d'autres. Aussi quiconque lève un coin du voile est-il pour jamais perdu de réputation à Pétersbourg.

La vie sociale en ce pays est une conspiration permanente contre la vérité.

Là, quiconque n'est pas dupe passe pour traître : là, rire d'une gasconnade, réfuter un mensonge, contredire une vanterie politique, *motiver l'obéissance* est un attentat contre la sûreté de l'État et du prince; c'est encourir le sort d'un révolutionnaire, d'un conspirateur, d'un ennemi de l'ordre, d'un criminel de lèse-majesté... d'un Polonais, et vous savez si ce sort est cruel! Il faut avouer qu'une Susceptibilité qui se manifeste de la sorte est plus redoutable que moquable : la surveillance minutieuse d'un tel gouvernement d'accord avec la vanité éclairée d'un tel peuple, devient épouvantable; elle n'est plus ridicule.

On peut et l'on doit s'astreindre à tous les genres de précautions sous un maître qui ne fait grâce à aucun ennemi, et qui ne méprise aucune résistance, et qui dès lors s'impose la vengeance comme un devoir. Cet homme ou plutôt ce gouvernement personnifié prendrait le pardon pour une apostasie, la clémence pour l'oubli de lui-même, l'humanité pour un manque de respect envers sa propre majesté... que dis-je? envers sa divinité!..... Il n'est pas le maître de renoncer à se faire adorer.

La civilisation russe est encore si près de sa source qu'elle ressemble à de la barbarie. La Russie n'est qu'une société conquérante, sa force n'est pas dans la pensée, elle est dans la guerre, c'est-à-dire dans la ruse et la férocité.

La Pologne, par sa dernière insurrection, a retardé l'explosion de la mine : elle a forcé les batteries de rester masquées; on ne pardonnera jamais à la Pologne la dissimulation dont on est forcé d'user, non pas avec elle, puisqu'on l'immole impunément, mais avec des amis dont il faut continuer de faire des dupes, en ménageant leur ombrageuse philanthropie. On intéresse à ce ressentiment magnanime et passionné, notez ces deux points-ci, la sentinelle avancée du nouvel Empire romain qui s'appellera l'Empire grec, et le plus circonspect, mais le plus aveugle des rois de l'Europe ¹, pour plaire à son voisin, qui est son maître, commence une guerre de religion.... il n'est pas près de s'arrêter dans la route où on le pousse; si l'on a pu égarer celui-là, on en séduira bien d'autres....

Considérez, je vous prie, que si jamais les Russes parvenaient à dominer l'Occident, ils ne le gouverneraient pas de chez eux, à la manière des anciens Mongols; tout au contraire, ils n'auraient rien de si pressé que de sortir de leurs plaines glacées, et sans imiter leurs anciens maîtres, les Tatares, qui pressuraient de loin les Slaves, leurs tributaires, — car le climat de la Moscovie effrayait même les Mongols, — les Moscovites sortiraient de leur pays dès que les chemins des autres contrées leur seraient ouverts.

En ce moment, ils parlent modération, ils protestent contre la conquête de Constantinople, ils craignent, disent-ils, tout ce qui peut agrandir un Empire où les distances sont déjà une calamité; ils redoutent même.... jugez jusqu'où va leur pru-

---

¹ Écrit du vivant du feu roi de Prusse en 1839.

dence!... ils redoutent les climats chauds!... Attendez un peu, vous verrez à quoi aboutiront toutes ces craintes.

Et je ne signalerais pas tant de mensonges, tant de périls, tant de fléaux?... Non, non; j'aime mieux me tromper et parler que d'avoir vu juste et de me taire. S'il y a témérité à dire ce que j'ai observé, il y aurait crime à le cacher.

Les Russes ne me répondront pas; ils diront : « Quatre mois de voyage, il a mal vu. »

Il est vrai, j'ai mal vu, mais j'ai bien deviné.

Ou s'ils me font l'honneur de me réfuter, ils nieront les faits; les faits, matière brute de tout récit et qu'on est accoutumé de compter pour rien à Pétersbourg, où le passé comme l'avenir, comme le présent, est à la disposition du maître; car, encore une fois, les Russes n'ont rien à eux que l'obéissance et l'imitation; la direction de leur esprit, leur jugement, leur libre arbitre appartiennent au souverain. En Russie, l'histoire fait partie du domaine de la couronne; c'est la propriété morale du prince comme les hommes et la terre y sont sa propriété matérielle; on la range dans les garde-meubles avec les trésors impériaux, et l'on n'en montre que ce qu'on en veut bien faire connaître.

Le souvenir de ce qui s'est fait la veille est le bien de l'Empereur; il modifie selon son bon plaisir les annales du pays, et dispense chaque jour à son peuple les vérités historiques qui s'accordent avec la fiction du moment. Voilà comment Minine et Pojarski, héros oubliés depuis deux siècles, furent exhumés tout d'un coup et devinrent à la mode au moment de l'invasion de Napoléon. Dans ce moment-là le gouvernement permettait l'enthousiasme patriotique.

Toutefois ce pouvoir exorbitant se nuit à lui-même; la Russie ne le subira pas éternellement : un esprit de révolte couve dans l'armée. Je dis comme l'Empereur, les Russes ont trop voyagé; la nation est devenue avide d'enseignements : la douane n'a pas de prise sur la pensée, les armées ne l'exterminent pas, les remparts ne l'arrêtent pas, elle passe sous terre : les idées sont dans l'air, elles sont partout, et les idées changent le monde [1].

---

[1] Depuis que ceci a été écrit, l'Empereur permet le séjour de Paris à une foule de Russes. Il croit peut-être guérir les novateurs de leurs rêves en leur montrant de près la France qui lui est représentée comme un volcan de révolutions, comme un pays dont le séjour doit dégoûter à jamais les Russes des réformes politiques : il se trompe.

De tout ce qui précède, il résulte que l'avenir, cet avenir si brillant, rêvé par les Russes, ne dépend pas d'eux; qu'ils n'ont point d'idées à eux; et que le sort de ce peuple d'imitateurs se décidera chez les peuples à idées qui leur sont propres : si les passions se calment dans l'Occident, si l'union s'établit entre les gouvernements et les sujets, l'avide espoir des Slaves conquérants devient une chimère.

Est-il à propos de vous répéter que je parle sans animosité, que j'ai décrit les choses sans accuser les personnes, et que dans les déductions que j'ai tirées de certains faits qui m'épouvantent, j'ai tâché de faire la part de la nécessité? j'accuse moins que je ne raconte.

J'étais parti de Paris avec l'opinion que l'alliance intime de la France et de la Russie pouvait seule accommoder les affaires de l'Europe; mais depuis que j'ai vu de près la nation russe et que j'ai reconnu le véritable esprit de son gouvernement, j'ai senti qu'elle est isolée du reste du monde civilisé par un puissant intérêt politique, appuyé sur le fanatisme religieux, et je suis de l'avis que la France doit chercher ses appuis parmi les nations dont les intérêts s'accordent avec les siens. On ne fonde pas des alliances sur des opinions contre des besoins.

Où sont en Europe les besoins qui s'accordent? ils sont chez les Français et les Allemands et chez les peuples naturellement destinés à servir de satellites à ces deux grandes nations. Les destinées d'une civilisation progressive, sincère et raisonnable, se décideront au cœur de l'Europe : tout ce qui concourt à hâter le parfait accord de la politique allemande avec la politique française est bienfaisant; tout ce qui retarde cette union, quelque spécieux que soit le motif du délai, est pernicieux.

La guerre éclatera entre la philosophie et la foi, la politique et la religion : entre le protestantisme et l'Église catholique : et de la bannière qu'arborera la France dans cette lutte colossale, dépendra le sort du monde, de l'Église, et avant tout de la France.

La preuve que le système d'alliance auquel j'aspire est bon, c'est qu'un temps viendra où nous n'aurons pas la liberté d'en choisir un autre.

Comme étranger, surtout comme étranger qui écrit, j'ai été accablé de protestations de politesse par les Russes; mais leur obligeance s'est bornée à des promesses; personne ne m'a donné la facilité de regarder au fond des choses. Une foule de mystères sont restés impénétrables à mon intelligence.

Un an passé dans le pays m'aurait peu avancé; les inconvénients de l'hiver m'ont semblé d'autant plus à craindre, que les habitants m'assuraient qu'on en souffre moins. Ils comptent pour rien les membres paralysés, les traits du visage gelés; je pourrais pourtant vous citer plus d'un exemple de ce genre d'accidents arrivés même à des femmes de la société, soit étrangères, soit russes; et une fois atteint, on se ressent toute sa vie du coup qu'on a reçu; quand on ne risquerait que d'incurables névralgies, le danger serait grand : je n'ai pas voulu braver inutilement ces maux et l'ennui des précautions qu'il faut s'imposer pour les éviter. D'ailleurs dans cet Empire du profond silence, des grands espaces vides, des campagnes nues, des villes solitaires, des physionomies prudentes et dont l'expression peu franche fait trouver vide la société elle-même, la tristesse me gagnait : j'ai fui devant le spleen aussi bien que devant le froid. On a beau dire, quiconque veut passer l'hiver à Pétersbourg, doit se résigner pendant six mois à oublier la nature pour vivre emprisonné parmi des hommes qui n'ont point de naturel[1].

[1] Je trouve dans les lettres de lady Montagu, nouvellement publiées, une maxime des courtisans turcs, applicable à tous les

Je l'avoue ingénument, j'ai passé en Russie un été terrible parce que je n'ai pu parvenir à bien comprendre qu'une très-petite partie de ce que j'y ai vu. J'espérais arriver à des solutions, je vous rapporte des problèmes.

Il est un mystère surtout que je regrette de n'avoir pu pénétrer, c'est le peu d'influence de la religion. Malgré l'asservissement politique de l'Église grecque, ne pourrait-elle pas conserver du moins quelque autorité morale sur les peuples? elle n'en a aucune. A quoi tient la nullité d'une Église que tout semble favoriser dans son œuvre? Voilà le problème. Est-ce le propre de la religion grecque de rester ainsi stationnaire en se contentant des marques extérieures du respect? Un tel résultat est-il inévitable partout où le pouvoir spirituel tombe dans la dépendance absolue du temporel? je le crois, mais c'est ce que j'aurais voulu pouvoir vous prouver à force de documents et de faits. Pourtant, je dirai en peu de mots le résultat des observations

---

courtisans, mais surtout aux courtisans russes, ce qui veut dire à tous les Russes; elle peut servir à marquer les rapports de plus d'une sorte qui existent entre la Turquie et la Moscovie : « Caressez les favoris, évitez les malheureux et ne vous fiez à personne. » Lady Mary, Wortley Montagu's Lettres, p. 159, t. II.

que j'ai faites sur les rapports du clergé russe avec les fidèles.

J'ai vu en Russie une Église chrétienne, que personne n'attaque, que tout le monde respecte, du moins en apparence : une Église que tout favorise dans l'exercice de son autorité morale, et pourtant cette Église n'a nul pouvoir sur les cœurs ; elle ne sait faire que des hypocrites ou des superstitieux.

Dans les pays où la religion n'est point respectée, elle n'est point responsable ; mais ici, où tout le prestige d'un pouvoir absolu aide le prêtre dans l'accomplissement de son œuvre, où la doctrine n'est attaquée ni par des écrits, ni par des discours ; où les pratiques religieuses sont, pour ainsi dire, passées en lois de l'État ; où les coutumes servent la foi, comme elles la contrarient chez nous ; on a le droit de reprocher à l'Église sa stérilité. Cette Église est morte, et pourtant, à en juger d'après ce qui se passe en Pologne, elle peut devenir persécutrice ; tandis qu'elle n'a ni d'assez hautes vertus, ni d'assez grands talents pour être conquérante par la pensée ; en un mot, il manque à l'Église russe ce qui manque à tout dans ce pays : la liberté, sans laquelle l'esprit de vie se retire et la lumière s'éteint.

L'Europe occidentale ignore tout ce qu'il entre d'intolérance religieuse dans la politique russe. Le culte des Grecs réunis vient d'être aboli à la suite de longues et sourdes persécutions : l'Europe catholique sait-elle qu'il n'y a plus d'uniates chez les Russes ; sait-elle seulement, éblouie qu'elle est des lumières de sa philosophie, ce que c'est que les uniates ?[1]

Voici un fait qui vous prouvera le danger qu'on court en Russie à dire ce qu'on pense de la religion grecque et de son peu d'influence morale.

Il y a quelques années qu'un homme d'esprit, bien vu de tout le monde à Moscou, noble de naissance et de caractère, mais malheureusement pour lui, dévoré de l'amour de la vérité ; passion dangereuse partout, et mortelle dans ce pays-là, s'avisa d'imprimer que la religion catholique est plus favorable au développement des esprits, au progrès des arts, que ne l'est la religion byzantine russe ; il pensait là-dessus ce que je pense, et il a osé le dire, crime irrémissible pour un Russe. La vie du prêtre catholique, est-il dit dans son livre, vie toute surnaturelle ou qui du moins doit l'être, est un sacrifice

---

[1] Depuis que ceci est écrit, plusieurs journaux ont publié l'allocution du pape aux cardinaux au sujet du fait que je viens de citer. Ce discours, inspiré par la plus haute sagesse, montre que le saint-père est enfin éclairé sur les périls que je signale, et que les vrais intérêts de la foi l'emportent aujourd'hui à Rome sur les considérations d'une politique mondaine. Il faut lire, sur cet intéressant sujet, l'ouvrage intitulé : *Persécutions et souffrances de l'Église catholique en Russie.*

volontaire et journalier des penchants grossiers de la nature ; sacrifice incessamment renouvelé sur l'autel de la foi, pour prouver aux plus incrédules que l'homme n'est pas soumis en tout à la force matérielle, et qu'il peut recevoir d'une puissance supérieure le moyen d'échapper aux lois du monde physique ; puis il ajoute : « Grâce aux réformes opérées par le temps, la religion catholique ne peut plus employer sa virtualité qu'à faire le bien ; » en un mot, il prétendait que le catholicisme avait manqué aux grandes destinées de la race slave, parce que là seulement se trouve à la fois, enthousiasme soutenu, charité parfaite et discernement pur ; il appuyait son opinion d'un grand nombre de preuves, et s'efforçait de montrer les avantages d'une religion indépendante, c'est-à-dire universelle, sur les religions locales, c'est-à-dire bornées par la politique ; bref, il professait une opinion que je n'ai cessé de défendre de toutes mes forces.

Il n'est pas jusqu'aux défauts du caractère des femmes russes dont cet écrivain n'accuse la religion grecque. Il prétend que si elles sont légères, si elles n'ont pas su conserver sur leur famille l'autorité qu'il est du devoir d'une épouse chrétienne et d'une mère d'exercer chez elle, c'est qu'elles n'ont jamais reçu un véritable enseignement religieux.

Ce livre échappé, je ne sais par quel miracle ou par quel subterfuge, à la surveillance de la censure, mit la Russie en feu : Pétersbourg, et Moscou la sainte jetèrent des cris de rage et d'alarmes, enfin la conscience des fidèles se troubla tellement, que d'un bout de l'Empire à l'autre on demandait la punition de cet imprudent avocat de la mère des Églises chrétiennes, ce qui n'empêchait pas l'écrivain téméraire d'être conspué comme novateur; car.... et ceci n'est pas une des moindres inconséquences de l'esprit humain presque toujours en contradiction avec lui-même dans les comédies qui se jouent en ce monde, le mot d'ordre de tous les sectaires et schismatiques, c'est qu'il faut respecter la religion sous laquelle on est né, vérité trop oubliée de Luther et de Calvin qui ont fait en religion ce que bien des héros républicains voudraient faire en politique : ils ont fait de l'autorité à leur profit; enfin, il n'y avait pas assez de knout, pas assez de Sibérie, de galères, de mines, de forteresses, de solitudes dans toutes les Russies pour rassurer Moscou et son orthodoxie byzantine contre l'ambition de Rome, servie par la doctrine impie d'un homme traître à Dieu et à son pays!

On attend avec anxiété l'arrêt qui va décider du

sort d'un si grand criminel; cette sentence, tardant à paraître, on désespérait déjà de la justice suprême, lorsque l'Empereur, dans son impassibilité miséricordieuse, déclare qu'il n'y a point lieu à punir, qu'il n'y a point de criminel à frapper; mais qu'il y a un fou à enfermer : il ajoute que *le malade sera livré aux soins des médecins.*

Ce jugement fut mis à exécution sans délai, mais d'une façon si sévère que le fou supposé pensa justifier l'arrêt dérisoire du chef absolu de l'Église et de l'État. Le martyr de la vérité fut près de perdre la raison à lui déniée par une décision d'en haut. Aujourd'hui, *au bout de trois années* d'un traitement rigoureusement observé, traitement aussi avilissant qu'il était cruel, le malheureux théologien commence seulement à jouir d'un peu de liberté; mais n'est-ce pas un miracle!... maintenant il doute de sa propre raison, et sur la foi de la parole Impériale il s'avoue insensé!... O profondeurs des misères humaines!... En Russie la parole souveraine, lorsqu'elle réprouve un homme, équivaut à l'excommunication papale du moyen âge!!...

Le fou supposé peut, dit-on, maintenant communiquer avec quelques amis : on m'a proposé pendant mon séjour à Moscou de me mener le voir dans sa retraite; la peur m'a retenu et même la pitié, car ma curiosité lui aurait paru insultante. On ne m'a pas dit quelle peine ont subie les censeurs du livre qu'il a publié.

C'est un exemple tout récent de la manière dont les affaires de conscience se traitent aujourd'hui en Russie. Je vous le demande une dernière fois, le voyageur assez malheureux ou assez heureux pour avoir recueilli de tels faits, a-t-il le droit de les laisser ignorer? En ce genre, ce que vous savez positivement vous éclaire sur ce que vous supposez, et de toutes ces choses, il résulte une conviction que vous avez l'obligation de faire partager au monde si vous le pouvez.

Je parle sans haine personnelle, mais aussi sans crainte ni restriction; car je brave même le danger d'ennuyer.

Le pays que je viens de parcourir est sombre et monotone, autant que celui que j'ai peint autrefois était brillant et varié. En faire le tableau exact c'est renoncer à plaire. En Russie, la vie est aussi terne qu'elle est gaie en Andalousie; le peuple russe est morne, le peuple espagnol plein de verve. En Espagne l'absence de la liberté politique était compensée par une indépendance personnelle, qui n'existe peut-être nulle part au même degré et dont les effets sont surprenants, tandis qu'en Russie l'une est aussi inconnue que l'autre. Un Espagnol vit d'amour, un Russe vit de calcul; un Espagnol raconte tout, et s'il n'a rien à raconter, il invente; un Russe cache tout, et s'il n'a rien à cacher, il se tait pour avoir l'air discret, même il se tait sans calcul, par habitude; l'Espagne est infestée de brigands, mais on n'y vole que sur les grands chemins; les routes de la Russie sont sûres, mais on est volé immanquablement dans les maisons; l'Espagne est remplie de souvenirs et de ruines qui datent de tous les siècles; la Russie date d'hier, son histoire n'est riche qu'en promesses; l'Espagne est hérissée de montagnes qui varient les sites à chaque pas du voyageur, la Russie n'a qu'un paysage d'un bout de la plaine à l'autre; le soleil illumine Séville, il vivifie tout dans la Péninsule; la brume voile les lointains des paysages de Pétersbourg qui restent ternes, même pendant les plus belles soirées de l'été: enfin les deux pays sont en tous points l'opposé l'un de l'autre, c'est la différence du jour à la nuit, du feu à la glace, du midi au nord.

Il faut avoir vécu dans cette solitude sans repos, dans cette prison sans loisir, qu'on appelle la Russie, pour sentir toute la liberté dont on jouit dans les autres pays de l'Europe, quelque forme de gouvernement qu'ils aient adoptée. On ne saurait trop le répéter; en Russie la liberté manque à tout, si ce n'est, m'a-t-on dit, au commerce d'Odessa. Aussi l'Empereur, grâce au tact prophétique dont il est doué, n'aime-t-il guère l'esprit d'indépendance qui règne dans cette ville dont la prospérité est due à l'intelligence et à l'intégrité d'un Français[1]; c'est pourtant la seule de tout son vaste Empire où l'on puisse de bonne foi bénir son règne.

Quand votre fils sera mécontent en France, usez de ma recette, dites-lui : « Allez en Russie. » C'est un voyage utile à tout étranger; quiconque a bien vu ce pays, se trouvera content de vivre partout ailleurs. Il est toujours bon de savoir qu'il existe une société où nul bonheur n'est possible parce que par une loi de sa nature, l'homme ne peut être heureux sans liberté.

Un tel souvenir rend indulgent, et le voyageur rentré dans ses foyers peut dire de son pays ce qu'un homme d'esprit disait de lui-même : « Quand je m'apprécie je suis modeste; mais je suis fier quand je me compare. »

[1] M. le duc de Richelieu, ministre sous Louis XVIII.

SOMMAIRE DE L'APPENDICE.

Histoire de la captivité de MM. Girard et Grassini, prisonniers en Russie. — Récit de M. Girard. — Conversation du Voyageur avec M. Grassini. — Récit officiel de la captivité en Russie et du renvoi en Danemark des princes et princesses de Brunswick sous l'Impératrice Catherine II (extrait de la première partie des actes de l'Académie Impériale russe.) — Extrait de la Description de Moscou, par Le Cointe de Laveau. Prisons de Moscou.

APPENDICE.

Novembre 1842.

Pendant le cours de cette année, le hasard m'a fait rencontrer deux hommes qui servaient dans notre armée à l'époque de la campagne de 1812, et qui vécurent l'un et l'autre pendant plusieurs années en Russie, après y avoir été faits prisonniers. L'un est un Français actuellement professeur de langue russe à Paris; il se nomme M. Girard; l'autre est un Italien, M. Grassini, le frère de la célèbre cantatrice, laquelle fit sensation en Europe par sa beauté. Elle a contribué par son talent dramatique à la gloire de l'école moderne en Italie [1].

Ces deux personnes m'ont raconté des faits qui se confirment les uns par les autres, et qui me paraissent assez intéressants pour mériter d'être publiés.

Ayant noté, sans y retrancher un seul mot, ma conversation avec M. Grassini, je la rapporterai textuellement; mais comme je n'avais pas eu le même soin relativement aux détails qui m'avaient été communiqués par M. Girard, je ne puis donner de ceux-ci qu'un résumé. Les deux récits se ressemblent tellement qu'on les dirait calqués l'un sur l'autre; et cette similitude

---

[1] Tous les anciens amateurs de musique se rappellent l'effet incomparable qu'elle produisait dans les beaux chants de Mayer, de Zingarelli, de Paesiello et surtout dans les récitatifs obligés. Après avoir fait époque dans l'histoire de l'art, elle a servi de modèle aux plus grands talents modernes par son expression tragique, par son accent vraiment noble, vraiment italien, par son large style de chant et surtout par l'énergie de sa déclamation.

n'a pas laissé que d'ajouter à la confiance que m'inspiraient les deux personnes de qui je tiens les faits qu'on va lire. Remarquez que ces deux hommes sont complétement étrangers l'un à l'autre, qu'ils ne se sont jamais vus, et qu'ils ne se connaissent pas même de nom.

Voici d'abord ce que m'a conté M. Girard :

Il fut fait prisonnier pendant la retraite, et envoyé immédiatement dans l'intérieur de la Russie, sous la conduite d'un corps de Cosaques. Le malheureux faisait partie d'un convoi de trois mille Français. Le froid devenait de jour en jour plus intense, et les prisonniers furent dirigés au delà de Moscou, pour être dispersés ensuite dans divers gouvernements de l'intérieur.

Mourant de faim, exténués, la fatigue les forçait souvent de s'arrêter en chemin ; aussitôt de nombreux et violents coups de bâton leur tenaient lieu de nourriture, et leur donnaient la force de marcher jusqu'à la mort. A chaque étape, quelques-uns de ces infortunés, peu vêtus, mal nourris, dénués de tout secours et cruellement traités, restaient sur la neige ; une fois tombés, la gelée les collait à terre, et ils ne se relevaient plus. Leurs bourreaux eux-mêmes étaient épouvantés de l'excès de leur misère....

Dévorés de vermine, consumés par la fièvre, par la misère, portant partout avec eux la contagion, ils étaient des objets d'horreur pour les villageois chez lesquels on les faisait séjourner. Ils avançaient à coups de bâton vers les lieux qui leur étaient assignés comme points de repos, et c'était encore à coups de bâton qu'on les y recevait, sans leur permettre d'approcher des personnes, ni même d'entrer dans les maisons. On en a vu qui furent réduits à un tel dénûment, que dans leur désespoir furieux ils tombaient à coups de poing, de bûches, de pierres, les uns sur les autres pour s'entre-tuer comme dernière ressource, parce que ceux qui sortaient vivants de la mêlée mangeaient les jambes des morts!!!.... C'est à ces horribles excès que l'inhumanité des Russes poussait nos compatriotes.

On n'a pas oublié que, dans le même temps, l'Allemagne donnait d'autres exemples au monde chrétien. Les protestants de Francfort se souviennent encore du dévouement de l'évêque de Mayence, et les catholiques italiens se rappellent avec gratitude les secours qu'ils ont reçus chez les protestants de la Saxe.

La nuit, dans les bivouacs, les hommes qui se sentaient près de mourir se relevaient avec horreur pour lutter debout contre l'agonie; surpris par le froid dans les contorsions de la mort, ils restaient appuyés contre des murs, roides et gelés. Leur dernière sueur se glaçait sur leurs membres décharnés; on les voyait les yeux ouverts pour toujours, le corps fixé dans l'attitude convulsive où la mort les avait surpris et congelés. Les cadavres restaient là jusqu'à ce qu'on les arrachât de leur place pour les brûler : et la cheville se détachait du pied plus aisément que la semelle ne se séparait du sol. Quand le jour paraissait, leurs camarades, en levant la tête, se voyaient sous la garde d'un cercle de statues à peine refroidies, et qui paraissaient postées autour du camp comme les sentinelles avancées de l'autre monde. L'horreur de ces réveils ne peut s'exprimer.

Tous les matins, avant le départ de la colonne, les Russes brûlaient les morts, et, le dirai-je, quelquefois ils brûlaient les mourants!...

Voilà ce que M. Girard a vu, voilà les souffrances qu'il a partagées, et auxquelles il a survécu grâce à sa jeunesse et à son étoile.

Ces faits, tout affreux qu'ils sont, ne me paraissent pas plus extraordinaires qu'une foule de récits constatés par les historiens; mais ce qu'il m'est impossible d'expliquer ni presque de croire, c'est le silence d'un Français sorti de ce pays inhumain, et rentré pour toujours dans sa patrie.

M. Girard n'a jamais voulu publier la relation de ce qu'il a souffert, par respect, disait-il, pour la mémoire de l'Empereur Alexandre, qui l'a retenu près de dix années en Russie, où, après avoir appris la langue du pays, il fut employé comme maître de français dans les écoles Impériales. De combien d'actes arbitraires, de combien de fraudes n'a-t-il pas été témoin dans ces vastes établissements? Rien n'a pu l'engager à rompre le silence et à faire connaître à l'Europe tant d'abus criants!

Avant de lui permettre de retourner en France, l'Empereur Alexandre le rencontra un jour pendant une visite que faisait ce prince dans je ne sais quel collége de province. Alors, lui adressant quelques paroles gracieuses sur son désir de quitter la Russie, désir depuis longtemps manifesté par lui à ses supérieurs, il lui accorda enfin la permission tant de fois demandée de revenir en France : il lui fit même donner quelque argent pour son voyage. M. Girard a une physionomie douce qui sans doute aura plu à l'Empereur.

Voilà comment, après dix ans, le malheureux prisonnier échappé à la mort par miracle vit finir sa captivité. Il quitta le pays de ses bourreaux et de ses geôliers en chantant hautement les louanges des Russes, et en protestant de sa reconnaissance pour l'*hospitalité* qu'il avait reçue chez eux.

« Vous n'avez rien écrit? lui dis-je après avoir écouté attentivement sa narration.

— J'avais l'intention de dire tout ce que je sais, me répondit-il ; mais, n'étant pas connu, je n'aurais pu trouver ni libraire, ni lecteur.

— La vérité finit par se faire jour toute seule, repris-je.

— Je n'aime pas à la dire contre ce pays-là, me répliqua M. Girard ; l'Empereur a été si bon pour moi !

— Oui, repartis-je..... mais considérez qu'il est bien aisé de paraître bon en Russie.

— En me donnant mon passe-port, on m'a recommandé la discrétion. »

Voilà ce que dix ans de séjour dans ce pays-là peuvent produire sur l'esprit d'un homme né en France, d'un homme brave et loyal. Calculez, d'après cela, quel doit être le sentiment moral qui se transmet de génération en génération parmi les Russes.......

Au mois de février 1842, j'étais à Milan, où je rencontrai M. Grassini, qui me raconta qu'en 1812, servant dans l'armée du vice-roi d'Italie, il avait été fait prisonnier aux environs de Smolensk pendant la retraite. Depuis lors il a passé deux années dans l'intérieur de la Russie. Voici notre dialogue : je le copie avec une exactitude scrupuleuse, car je l'avais noté le jour même.

« Vous avez dû bien souffrir dans ce pays-là, lui dis-je, de l'inhumanité des habitants et des rigueurs du climat ?

— Du froid, oui, me répondit-il ; mais il ne faut pas dire que les Russes manquent d'humanité.

— Si cela était vrai, pourtant, quel mal y aurait-il à le dire ? Pourquoi faudrait-il laisser les Russes se vanter partout des vertus qu'ils n'auraient pas ?

— Nous avons reçu, dans l'intérieur du pays, des secours inespérés. Des paysannes, des grandes dames nous envoyaient des vêtements pour nous garantir du froid, des remèdes pour nous guérir, des aliments et jusqu'à du linge; plusieurs d'entre elles bravaient, pour venir nous soigner jusque dans nos bivouacs, la contagion que nous portions avec nous, car la misère nous avait donné d'affreuses maladies qui se répandaient à notre suite dans les pays qu'on nous faisait traverser. Il fallait, pour arriver jusqu'à nos haltes, non pas une compassion légère, mais un grand courage, une véritable vertu ; j'appelle cela de l'humanité.

— Je ne prétends pas dire qu'il n'y ait nulle exception à la dureté de cœur qu'en général j'ai reconnue chez les Russes. Partout où il y a des femmes, il y a de la pitié ; les femmes de tous les pays sont quelquefois héroïques dans la compassion ; mais il n'en est pas moins vrai qu'en Russie les lois, les habitudes, les mœurs, les caractères sont empreints d'une cruauté dont nos malheureux prisonniers ont eu trop à souffrir pour que nous puissions beaucoup célébrer l'humanité des habitants de ce pays.

— J'ai souffert chez eux comme les autres et plus que bien d'autres, car, revenu dans ma patrie, je suis resté presque aveugle; depuis trente ans j'ai eu recours, sans succès, à tous les moyens de l'art pour guérir mes yeux ; ma vue est à moitié perdue; l'influence des rosées de la nuit en Russie, même dans la belle saison, est pernicieuse pour quiconque dort en plein air.

— On vous faisait camper ?

— Il le fallait bien pendant les marches militaires qu'on nous imposait.

— Ainsi, par des froids de vingt à trente degrés, vous manquiez d'abris ?

— Oui, mais c'est l'inhumanité du climat, ce n'est pas celle des hommes qu'il faut accuser de nos souffrances dans ces haltes obligées.

— Les hommes n'ajoutaient-ils pas quelquefois leurs inutiles rigueurs à celles de la nature?

— Il est vrai que j'ai été témoin de traits d'une férocité digne des peuples sauvages. Mais je me distrayais de ces horreurs par mon grand amour de la vie; je me disais : Si je me laisse emporter à l'indignation, je serai doublement exposé; ou la colère m'étouffera, ou nos gardiens m'assommeront pour venger l'honneur de leur pays. L'amour-propre humain est si bizarre que des hommes sont capables d'assassiner un homme pour prouver à d'autres qu'ils ne sont pas inhumains.

— Vous avez bien raison.... Mais tout ce que vous me dites là ne me fait pas changer d'avis sur le caractère des Russes.

— On nous faisait voyager par bandes : nous couchions hors des villages dont l'entrée nous était interdite à cause de la fièvre d'hôpital que nous traînions après nous. Le soir nous nous étendions à terre, enveloppés dans nos manteaux, entre deux grands feux. Le matin, avant de recommencer la marche, nos gardiens comptaient les morts, et, au lieu de les enterrer, ce qui eût exigé trop de temps et de peine à cause de l'épaisseur et de la dureté de la neige et de la glace, ils les brûlaient; par ce moyen on pensait arrêter les progrès de la contagion; on brûlait vêtements et corps tout ensemble; mais, le croirez-vous? il est arrivé plus d'une fois que des hommes encore en vie ont été jetés au milieu des flammes! Un instant ranimés par la douleur, ces malheureux achevaient leur agonie dans les cris et dans les tourments du bûcher!

— Quelle horreur !

— Il s'est commis bien d'autres atrocités. Chaque nuit la rigueur du froid nous décimait. Quand on trouvait quelque édifice abandonné à l'entrée des villes, on s'emparait de ces mauvais bâtiments pour y établir notre gîte. On nous entassait à tous les étages de ces maisons vides. Mais les nuits que nous passions ainsi abrités n'étaient guère moins rudes que les nuits du bivouac, parce que, dans l'intérieur du bâtiment, on ne pouvait faire du feu qu'à certaines places, tandis qu'en plein air au moins nous en allumions tout autour de notre campement. Ainsi, beaucoup de nos gens mouraient de froid dans leurs chambres faute de moyens de se réchauffer.

— Mais pourquoi vous faire voyager pendant l'hiver ?

— Nous aurions donné la peste aux environs de Moscou ; souvent j'ai vu emporter des morts que les soldats russes avaient été prendre au second étage des édifices où nous étions parqués ; ils traînaient ces corps par les pieds avec des cordes liées autour des chevilles ; et la tête suivait, frappant et rebondissant de marche en marche tout le long de l'escalier depuis le haut de la maison jusqu'au rez-de-chaussée. Ils ne souffrent plus, disait-on, ils sont morts !

— Et vous trouvez cela très-humain ?

— Je vous raconte ce que j'ai vu, monsieur ; il est même arrivé quelque chose de pis, car j'ai vu des vivants achevés de cette sorte, et laissant sur les degrés ensanglantés par leur tête brisée, les preuves hideuses de la férocité des soldats russes ; je dois le dire, quelquefois un officier assistait à ces brutales exécutions : si l'on permettait ces horreurs, c'était dans l'espoir d'arrêter la contagion en hâtant la mort des hommes atteints du mal. Voilà ce que j'ai vu, ce que mes compagnons voyaient journellement sans réclamer ; tant la misère abrutit les hommes !..... La même chose m'arrivera demain, pensais-je ; cette communauté de péril mettait ma conscience en repos, et favorisait mon inertie.

— Elle dure encore, à ce qu'il me semble, puisque vous avez pu être témoin de faits pareils et vous taire pendant vingt-huit ans.

— J'employai les deux années de ma captivité à écrire soigneusement mes Mémoires : j'avais ainsi complété deux volumes de faits plus curieux et plus extraordinaires que tout ce qu'on a imprimé sur le même sujet ; j'avais décrit le régime arbitraire dont nous étions les victimes ; la cruauté des mauvais seigneurs aggravant notre sort et renchérissant sur la brutalité des hommes du peuple ; les consolations et les secours que nous recevions des bons seigneurs ; j'avais montré le hasard et le caprice disposant de la vie des prisonniers comme de celle des indigènes ; enfin, j'avais tout dit !

— Eh bien !

— Eh bien ! j'ai brûlé ma relation avant de repasser la frontière russe lorsqu'on me permit de retourner en Italie.

— C'est un crime !

— On m'a fouillé ; si l'on eût saisi et lu ces papiers, on m'aurait donné le knout et envoyé finir mes jours en Sibérie, où mon malheur n'aurait pas mieux servi la cause de l'humanité que mon silence ne la sert ici.

— Je ne puis vous pardonner cette résignation.

— Vous oubliez qu'elle m'a sauvé la vie et qu'en mourant je n'eusse fait de bien à personne.

— Mais au moins depuis votre retour vous auriez dû récrire votre récit.

— Je n'aurais pu le faire avec la même exactitude : je ne crois plus à mes propres souvenirs.

— Où avez-vous passé vos deux années de captivité ?

— Aussitôt que j'arrivai dans une ville où je pus trouver un officier supérieur, je demandai à prendre service dans l'armée russe, c'était le moyen d'éviter le voyage de la Sibérie ; on accueillit ma requête, et au bout de quelques semaines je fus envoyé à Toula, où j'obtins la place d'instituteur chez le gouverneur civil de la ville ; j'ai passé deux ans chez cet homme.

— Comment avez-vous vécu dans son intérieur ?

— Mon élève était un enfant de douze ans, que j'aimais et qui s'était aussi fort attaché à moi, tout enfant qu'il était. Il me raconta que son père était veuf, qu'il avait acheté à Moscou une paysanne dont il avait fait sa concubine[1] et que cette femme rendait leur intérieur désagréable.

— Quel homme était ce gouverneur ?

— Un tyran de mélodrame. Il faisait consister la dignité dans le silence : pendant deux ans que j'ai dîné à sa table, nous n'avons jamais causé ensemble. Il avait pour bouffon un aveugle qu'il faisait chanter tout le temps des repas, et qu'il excitait à parler devant moi contre les Français, contre l'armée, contre les prisonniers ; je savais assez de russe pour deviner une partie de ces indécentes et brutales plaisanteries, dont mon élève

[1] On dit en Russie que les nouvelles lois ne permettent plus de vendre les hommes sans la terre ; mais on dit en même temps qu'il y a toujours des moyens d'échapper à la sévérité de ces lois.

(*Note de l'Auteur.*)

achevait de m'expliquer le sens quand nous étions retournés dans notre chambre.

— Quel manque de délicatesse! et l'on vante l'hospitalité russe! Vous parliez tout à l'heure de mauvais seigneurs qui aggravaient la position des prisonniers, en avez-vous rencontré?

— Avant d'arriver à Toula, je faisais partie d'un peloton de prisonniers confiés à un sergent, vieux soldat dont nous eûmes à nous louer. Un soir nous fîmes halte dans les domaines d'un baron, redouté au loin pour ses cruautés. Ce forcené voulait nous tuer de sa propre main, et le sergent chargé de nous escorter pendant notre marche, eut de la peine à défendre notre vie contre la rage patriotique du vieux boyard.

— Quels hommes! ce sont vraiment les fils des serviteurs d'Ivan IV. Ai-je tort de me récrier contre leur inhumanité? Le père de votre élève vous donnait-il beaucoup d'argent?

— Quand j'arrivai sous son toit, j'étais dépouillé de tout; pour me vêtir, il ordonna généreusement à son tailleur de retourner un de ses vieux habits; il n'eut pas honte de faire endosser au gouverneur de son propre fils un vêtement dont un laquais italien n'eût pas voulu s'affubler.

— Cependant les Russes veulent passer pour magnifiques.

— Oui, mais ils sont vilains dans leur intérieur : un Anglais venait-il à traverser Toula, tout était bouleversé dans les maisons où l'étranger devait être reçu. On substituait des bougies aux chandelles sur les cheminées, on nettoyait les chambres, on habillait les gens : enfin les habitudes de la vie étaient changées.

— Tout ce que vous dites là ne justifie que trop mes jugements; au fond, monsieur, je vois que vous pensez comme moi, nous ne différons que de langage.

— Il faut avouer qu'on devient d'une grande insouciance quand on a passé deux années de sa vie en Russie.

— Oui, vous m'en donnez la preuve : cette disposition est-elle générale?

— A peu près ; on sent que la tyrannie est plus forte que les paroles, et que la publicité ne peut rien contre de pareils faits.

— Il faut cependant qu'elle ait quelque efficacité, puisque les Russes la redoutent. C'est votre coupable inertie, permettez-moi de vous le dire, et celle des personnes qui pensent comme vous, qui perpétue l'aveuglement de l'Europe et du monde, et qui donne le champ libre à l'oppression.

—Elle l'aurait, malgré tous nos livres et tous nos cris. Pour vous prouver que je ne suis pas le seul de mon avis, je veux vous raconter encore l'histoire d'un de mes compagnons d'infortune; c'était un Français [1]. Un soir, ce jeune homme arriva malade au bivouac : tombé en léthargie pendant la nuit, il fut traîné le matin au bûcher avec les autres morts; mais avant de le jeter dans le feu, on voulait réunir tous les cadavres. Les soldats le laissèrent à terre un instant pour aller chercher les corps oubliés ailleurs. On l'avait couché tout habillé sur le dos, le visage tourné vers le ciel; il respirait encore, même il entendait tout ce qu'on faisait et disait autour de lui; la connaissance lui était revenue, mais il ne pouvait donner aucun signe de vie. Une jeune femme, frappée de la beauté des traits et de l'expression touchante de la figure de ce mort, s'approche de notre malheureux camarade; elle reconnaît qu'il vit encore, appelle du secours, et fait emporter, soigner, guérir l'étranger qu'elle a ressuscité. Celui-ci, revenu

---

[1] M. Grassini n'a jamais voulu me dire le nom de ce prisonnier.

en France après plusieurs années de captivité, n'a pas non plus écrit son histoire.

— Mais vous, monsieur, vous, homme instruit, homme indépendant, pourquoi n'avez-vous pas publié le récit de votre captivité? Des faits de cette nature, bien avérés, auraient intéressé le monde entier.

— J'en doute; le monde est composé de gens si occupés d'eux-mêmes que les souffrances des inconnus les touchent peu. D'ailleurs j'ai une famille, un état, je dépends de mon gouvernement, qui est en bons rapports avec le gouvernement russe, et qui ne verrait pas avec plaisir un de ses sujets publier des faits qu'on s'efforce de cacher dans le pays où ils se passent.[1]

— Je suis persuadé, monsieur, que vous calomniez votre gouvernement; vous seul, permettez-moi de vous le dire, vous me paraissez à blâmer en tout ceci par votre excès de prudence.

— Peut-être; mais je n'imprimerai jamais que les Russes manquent d'humanité.

— Je me trouve bien heureux de n'avoir séjourné en Russie que pendant quelques mois, car je remarque que les hommes les plus francs, les esprits les plus indépendants, lorsqu'ils ont passé plusieurs années dans ce singulier pays, croient tout le reste de leur vie qu'ils y sont encore ou qu'ils sont exposés à y retourner. Et voilà ce qui nous explique l'ignorance où nous sommes de tout ce qui s'y passe. Le vrai caractère des hommes qui habitent l'intérieur de cet immense et redoutable Empire est

[1] Par quel art le cabinet russe, ce gouvernement révolutionnaire par essence, est-il parvenu à persuader à tous les cabinets de l'Europe qu'il représentait le principe anti-révolutionnaire dans le monde entier?

une énigme pour la plupart des Européens. Si tous les voyageurs, par des motifs divers, se donnent le mot pour taire, ainsi que vous le faites, les vérités désagréables qu'on peut dire à ce peuple et aux hommes qui le gouvernent, il n'y a pas de raison pour que l'Europe sache jamais à quoi s'en tenir sur cette prison modèle. Vanter les douceurs du despotisme, même lorsqu'on est hors de ses atteintes, c'est un degré de prudence qui me paraît criminel. Certes, il y a là un mystère inexplicable; si je ne l'ai pas pénétré, j'ai du moins échappé à la fascination de la peur, et c'est ce que je prouverai par la sincérité de mes narrations. »

En terminant ces longs récits, je crois devoir communiquer aux lecteurs une pièce que je regarde comme authentique. Il ne m'est pas permis de dire par quel moyen j'ai pu me la procurer; car bien que les faits qu'on y raconte soient maintenant du domaine de l'histoire, il serait dangereux à Pétersbourg d'avouer qu'on s'en occupe; ce serait au moins se rendre coupable d'*inconvenance :* c'est le mot d'ordre pour désigner prudemment les conspirations. Tout le monde sait cela, dit-on aux Russes; oui, répondent-ils, mais personne n'en a jamais entendu parler. Sous le bon et grand prince Ivan III, on montait sur l'échafaud comme intrigant [1]; aujourd'hui un homme pourrait bien expier en Sibérie le crime d'*inconvenance.*

Cette pièce, traduite du russe par la personne qui me l'a procurée, est la relation de la captivité et du renvoi en Danemark,

---

[1] *Voyez* page 27 du résumé.

GÉNÉALOGIE DES PRINCES ET PRINCESSES DE BRUNSWICK.

I. MICHEL ROMANOFF. Mort en 1645.

II. ALEXIS. Mort en 1676. = NATALIE NARISCHKIN.

III. THÉODORE ou **FÉDOR III.** Mort sans postérité en 1682.

IV. JEAN ou **IVAN V.** Mort en 1696.

CATHERINE, mariée au prince de Mecklembourg.

VIII. ANNE, duchesse de Courlande. Morte sans enfants en 1740.

ÉLISABETH, mariée à Antoine ULRICH de Brunswick, et morte ainsi que lui dans l'exil.

JEAN VI, détrôné, enfermé à Schlusselbourg, mort en 1764, à 22 ans.

CATHERINE. Morte en 1807, à 65 ans.

ÉLISABETH. Morte en 1782, à 39 ans.

PIERRE. Mort en 1798, à 53 ans.

ALEXIS. Mort en 1787, à 44 ans.

SOPHIE. Morte dans un monastère en 1704.

EUDOXIE LAPUCHIN. Morte en 1731. = **V. PIERRE-LE-GRAND.** Mort en 1725. = **VI. CATHERINE Iʳᵉ.** Morte en 1727.

ALEXIS [1], marié à une princesse de Brunswick.

ANNE, mariée à Frédéric de Holstein-Gottorp. Morte en 1726.

X. ÉLISABETH. Morte sans postérité, en 1761.

VII. PIERRE II. Mort sans postérité.

XI. PIERRE III. Mort en 1762. = **XII. CATHERINE-LA-GRANDE.** Morte en 1796.

XIII. PAUL. Mort en 1801. = MARIE DE WURTEMBERG.

XIV. ALEXANDRE. Mort en 1825.   CONSTANTIN.   **XV. NICOLAS Iᵉʳ.**   MICHEL.

N. B. A la mort de ces cinq princes et princesses s'éteignit la branche de JEAN V.

LISTE DES CZARS DEPUIS JEAN IV.

JEAN IV.	CATHERINE Iʳᵉ.
THÉODORE Iᵉʳ.	PIERRE II.
BORIS GODOUNOF.	ANNE.
THÉODORE II.	JEAN VI.
DÉMÉTRIUS V.	ÉLISABETH.
BASILE V.	PIERRE III.
MICHEL ROMANOFF.	CATHERINE II.
ALEXIS.	PAUL.
THÉODORE III.	ALEXANDRE.
JEAN V.	NICOLAS.
PIERRE Iᵉʳ.	

[1] Condamné à mort par son père.

sous le règne de Catherine II, des princes et des princesses de Brunswick, frères et sœurs d'Ivan VI, le prisonnier de Schlusselbourg. On frémit en lisant les preuves de l'abrutissement de ces malheureuses créatures chez lesquelles toutes les idées de la vie se confondent avec les habitudes de la prison, et qui pourtant sentaient leur position. Le trône auquel elles avaient droit était occupé par l'épouse de Pierre III succédant à sa victime, qui elle-même n'avait régné que par l'usurpation.

Je fais précéder ce récit véridique d'une généalogie de la maison de Romanoff [1], qui prouve que les prisonniers descendaient en droite ligne du Czar Ivan V. La famille du prince de Brunswick fut la victime des souverains par lesquels elle fut dépossédée; car, dans l'histoire de Russie, le droit s'expie et le crime se récompense.

Pour bien apprécier l'hypocrisie de la Czarine dans sa conduite envers ses prisonniers, il ne faut pas oublier que le présent récit est écrit pour l'Impératrice elle-même, et que par conséquent chaque fait y est présenté sous le point de vue le plus *convenable*, et en même temps le plus satisfaisant pour la *grande âme* de Catherine II. Ce morceau doit être lu comme une œuvre de chancellerie, comme une pièce officielle, et non comme un récit impartial et naïf.

C'est un épisode de l'histoire du règne de Catherine II, rédigé par ordre supérieur, et destiné à prouver l'*humanité* de la Sémiramis du Nord.

[1] *Voir* le tableau généalogique ci-joint.

Renvoi en Danemark de la famille de Brunswick qui résidait à Cholmogory. Tiré de la première partie des Actes de l'Académie Impériale russe.

I.

La famille de Brunswick languit longtemps dans l'exil. Le dernier lieu de sa résidence en Russie fut Cholmogory, ancienne ville du gouvernement d'Archangel, construite dans une île de la Dwina, à 72 verstes d'Archangel. Elle vivait éloignée de toute autre habitation dans une maison expressément destinée à elle et aux employés, aux gens attachés à son service. La promenade ne lui était permise que dans le jardin attenant à la maison.

Le malheureux père, Antoine Ulric de Brunswick, ayant perdu sa femme, l'ex-régente de l'Empire de Russie, et étant devenu aveugle à la suite de ses malheurs, mourut le 4-16 mai 1774, n'ayant pas vécu assez pour recevoir la liberté qu'il avait demandée avec larmes. La politique du temps n'avait pas permis qu'on lui accordât sa demande. Il laissa après lui deux fils et deux filles.

L'aînée des deux filles, la princesse Catherine, était née à Saint-Pétersbourg avant les malheurs de sa famille. La princesse Élisabeth, à Dunamunde; les princes Pierre et Alexis, à Cholmogory. La naissance de ce dernier avait coûté la vie à sa mère. Pour les surveiller, on avait nommé un officier d'état-major, et pour leur service, on avait désigné quelques personnes de condition inférieure. Toute communication avec les voisins leur était interdite. Le gouverneur d'Archangel seul avait la permission de les visiter de temps à autre pour s'informer de leur situation. Ayant reçu l'éducation des gens du peuple, ils ne connaissaient d'autre langue que la langue russe.

Pour l'entretien de la famille de Brunswick et pour celui des personnes qui la composaient, comme pour l'établissement de la maison qu'elle occupait, on n'avait alloué aucune somme ; mais on recevait pour cela du magistrat d'Archangel de dix à quinze mille roubles. On envoyait de la garde-robe impériale les choses nécessaires pour la famille, et pour les militaires, les objets d'uniforme étaient fournis par le commissariat des guerres.

II.

Dès que l'Impératrice Catherine II fut montée sur le trône, elle jeta un regard de pitié sur ses prisonniers, et adoucit la sévérité de leur régime ; s'étant assurée enfin que l'élargissement des enfants d'Antoine Ulric ne pouvait avoir aucune suite sérieuse, elle résolut de les renvoyer dans les États danois et de les remettre sous la garde de la sœur de leur père, la Reine douairière de Danemark, Julienne Marie. Désirant exécuter son projet sans participation d'autrui, l'Impératrice entama avec la Reine une correspondance directe. La première lettre autographe de l'Impératrice sur ce sujet fut envoyée le 18-30 mars 1780. Catherine proposait à la Reine d'envoyer la famille de Brunswick en Norwège.

La Reine reçut l'offre de l'Impératrice avec un sentiment de reconnaissance et les marques d'une satisfaction particulière ; elle lui répondit que le Roi son beau-fils consentait aux propositions de Sa Majesté, concernant la famille de Brunswick.

Le Roi lui-même écrivit à l'Impératrice, l'assurant qu'il

était prêt à faire tout ce qu'elle désirait. Mais ensuite la Reine informa l'Impératrice qu'il n'y avait pas en Norwège une seule ville qui n'eût un port, et ne fût située au bord de la mer. On reconnut qu'il serait mieux de transporter la famille de Brunswick dans l'intérieur du Jutland, dans un district également éloigné de la mer et des grandes routes. La petite ville de Gorsens fut choisie pour sa résidence, et le Roi y acheta pour elle deux maisons.

III.

Pendant que cette correspondance avait lieu avec la Reine, on faisait les arrangements nécessaires pour le renvoi de la famille de Brunswick. L'Impératrice désirait accomplir son projet autant que possible en secret, pour ne pas exciter de rumeur dans le peuple, *et donner lieu à de longs et inutiles commentaires.* Pour cela on ne mit dans le secret que très-peu de personnes. Le principal exécuteur de cette affaire fut le brigadier Besborodko, qui était alors attaché à la personne de l'Impératrice et qui fut dans la suite conseiller privé de première classe et chancelier.

Dans le même temps le conseiller privé Melgunof fut nommé gouverneur général de Yarowslaw et Vologda, et d'Archangel. On lui enjoignit de se rendre de Saint-Pétersbourg droit à Archangel, sous prétexte d'examiner de près le pays dont l'administration lui était confiée. En même temps on lui ordonna de faire personnellement connaissance avec les princes et princesses, de tâcher d'acheter ou de construire un bon bâtiment sous prétexte qu'il en avait besoin pour naviguer sur les rivières du gouvernement d'Archangel; ensuite d'acheter un bon bâtiment marchand; il lui fut ordonné, dans le cas où il n'en trouverait pas un qui fût propre à tenir la mer, de faire construire en hâte sur le lac Onéga un vaisseau marchand à trois mâts, sous prétexte de faire des découvertes dans les mers septentrionales, et de choisir pour le faire manœuvrer d'anciens matelots accoutumés au service, avec d'habiles officiers de marine.

IV.

Melgunof, arrivé à Archangel, reçut de l'ancien gouverneur Golowtzin des renseignements sur la famille de Brunswick, et de là il se transporta à Cholmogory.

A l'entrée de Melgunof dans la maison où demeuraient les princes et les princesses, ils vinrent tous à sa rencontre dans l'antichambre, et tout effrayés ils se jetèrent à ses pieds en le conjurant de leur accorder sa protection. Melgunof tâcha de les rassurer; il leur dit qu'il avait été nommé chef du gouvernement d'Archangel, par la volonté suprême de l'Impératrice, et que comme il était obligé de connaître tout ce qui existait dans la province qu'il devait administrer, il était venu leur faire une visite, sachant l'intérêt que l'Impératrice prenait à leur situation. A ces mots, tous tombèrent de nouveau à ses pieds, et les deux sœurs fondirent en larmes. La plus jeune dit que depuis le commencement du règne de l'Impératrice, ils renaissaient par la grâce de Sa Majesté; mais qu'avant son règne, ils étaient dans le besoin. Elle pria humblement Melgunof de témoigner à Sa Majesté leur reconnaissance sans bornes.

Melgunof resta à Cholmogory six jours et il vit habituellement les princes et les princesses; il dînait tous les jours chez eux avec le gouverneur, et quelquefois il y soupait. Après le dîner il passait avec eux une bonne partie de la journée, employant le temps à jouer aux cartes, au jeu appelé *tressette*[1], fort ennuyeux pour lui à ce qu'il dit, mais pour eux très-amusant.

Pendant cet espace de temps, il tâcha, d'après les ordres qu'on lui avait donnés, de s'assurer de l'état de la santé des prisonniers, de leurs caractères et de leurs facultés intellectuelles.

Voici comment Melgunof dépeint les membres de la famille de Brunswick :

« La sœur aînée, Catherine, a trente-six ans ; elle est d'une « taille mince et petite, elle a le teint blanc et ressemble à son « père. Dans son enfance, elle a perdu l'ouïe et elle a la parole tel-« lement embarrassée, qu'il n'est pas possible de comprendre ce « qu'elle dit. Ses frères et sa sœur correspondent avec elle par « signes. Malgré cela, elle a tant d'intelligence que lorsque ses « frères et sa sœur, sans faire aucun geste, lui disent quelque « chose, elle les comprend par le seul mouvement de leurs lè-« vres. Elle leur répond quelquefois tout bas, quelquefois tout « haut, tellement que celui qui n'est pas accoutumé à un tel « langage, n'y peut rien comprendre. On voit, par sa conduite, « qu'elle est timide, polie et modeste, d'un caractère doux et « gai : voyant que les autres rient en parlant, quoiqu'elle ne « comprenne pas le sujet de leur conversation, elle rit avec eux. « Au reste, elle est d'une forte constitution : seulement le scor-« but a fait noircir ses dents, dont quelques-unes même sont « gâtées.

« La sœur cadette, Élisabeth, a trente ans. En tombant

[1] C'est une espèce de Pharaon actuellement oublié.

« du haut en bas d'un escalier de pierre, à l'âge de neuf ans,
« elle s'est blessée à la tête, et depuis ce temps-là, elle a sou-
« vent des maux de tête, particulièrement à l'époque des chan-
« gements de température. Pour combattre ce mal, on lui a
« fait un cautère au bras droit. Elle est sujette aussi à de fré-
« quentes attaques de maux d'estomac. Pour sa taille et ses
« traits, elle ressemble à sa mère. Elle surpasse de beaucoup
« ses frères et sa sœur en facilité d'élocution et en intelligence.
« Ils lui obéissent en tout ; le plus souvent, c'est elle qui parle
« et répond au nom de tous, et elle relève quelquefois leurs
« fautes de langage. En 1777, à la suite d'une fièvre et d'une
« maladie de femme, elle fut quelques mois aliénée ; mais elle
« s'est rétablie, et à présent elle est en bonne santé. On ne peut
« s'apercevoir qu'il y ait en elle quelque chose d'extraordinaire ;
« sa prononciation et celle de ses frères fait reconnaître le lieu
« où ils sont nés et où ils ont été élevés.

« L'aîné des frères, Pierre, a trente-cinq ans. Dès son en-
« fance, et par suite de négligence, il est devenu bossu par
« devant et par derrière ; mais cette difformité est presque im-
« perceptible. Il a le côté droit un peu de travers, et une de ses
« jambes est torse. Il est très-simple d'esprit, timide et silencieux.
« Toutes ses idées, ainsi que celles de son frère, ne sont que
« des idées d'enfants ; son caractère est assez gai : il rit et même
« aux éclats lorsqu'il n'y a rien de risible. De temps en temps,
« il a des attaques hémorroïdales ; du reste, il est d'une bonne
« constitution ; cependant il est épouvanté, et même il s'éva-
« nouit lorsqu'on parle de sang. Il attribue cette crainte exces-
« sive à ce que sa mère, lorsqu'elle le portait dans son sein, s'ef-

« fraya extraordinairement de ce qu'elle s'était coupée au doigt
« et voyait couler son sang.

« Le plus jeune des frères, Alexis, a trente-quatre ans. Avec
« la même simplicité d'esprit que son frère aîné, il semble ce-
« pendant qu'il est un peu plus adroit, plus hardi et plus sérieux.
« Sa constitution est saine et son naturel assez gai. Les deux
« frères sont de petite taille, ils ont le teint clair et ressemblent
« à leur père.

« Les frères et les sœurs vivent entre eux en bonne intelli-
« gence ; aussi sont-ils doux et humains. Pendant les étés ils
« travaillent dans leur jardin, gardent les poules et les canards
« et leur donnent la nourriture ; en hiver ils glissent à qui mieux
« mieux sur l'étang qui se trouve dans le jardin. Ils lisent dans
« leurs livres de prières d'église, et jouent aux cartes et aux
« échecs. Outre cela, les deux filles s'occupent quelquefois à
« coudre ; c'est en cela que consistent toutes leurs occupations. »

V.

La supériorité qu'Élisabeth avait sur ses frères fit que Melgunof observa cette princesse avec plus d'attention, et qu'il
entra plus souvent en conversation avec elle. Entre autres choses,
elle dit à Melgunof qu'avant que son père fût devenu aveugle,
il s'était souvent adressé ainsi qu'eux à l'Impératrice, mais que
leurs requêtes avaient été renvoyées ; qu'ils n'osaient plus en
adresser d'autres et craignaient d'avoir irrité Sa Majesté. Sur la
demande de Melgunof en quoi consistaient ces pétitions, Élisabeth répondit : « Notre père et nous, quand nous étions en-
« core jeunes, nous avons demandé qu'on nous élargît ; quand
« notre père est devenu aveugle, et que nous sommes devenus

« grands, nous avons demandé la permission de nous promener,
« mais nous n'avons reçu aucune réponse là-dessus. »

Melgunof ayant assuré Élisabeth qu'elle avait tort de croire que l'Impératrice fût irritée contre eux, lui demanda : « Où donc votre père avait-il dessein d'aller avec vous? » Elle lui dit : « Notre père voulait s'en aller dans son pays; alors nous aurions
« bien désiré vivre dans le grand monde. Dans notre jeunesse,
« nous désirions encore acquérir l'usage du monde; mais dans
« notre situation actuelle, il ne nous reste plus rien à désirer,
« sinon de vivre et de mourir ici dans la solitude. Ici, par la
« grâce de l'Impératrice, notre bienfaitrice, nous sommes tout
« à fait contents. Jugez vous-même : pouvons-nous désirer
« quelque chose de plus? Nous sommes nés ici, nous sommes
« accoutumés à ces lieux, nous y avons vieilli. A présent nous
« n'avons pas besoin du monde, il nous serait même insuppor-
« table, car nous ne savons pas comment nous conduire avec
« les gens, et il est trop tard pour l'apprendre. Ainsi nous vous
« prions, ajouta-t-elle avec des larmes et des génuflexions, de
« nous recommander à la merci de Sa Majesté, afin qu'il nous
« soit permis seulement de sortir de la maison pour aller nous
« promener dans la prairie; nous avons entendu dire qu'il y a
« là des fleurs qu'on ne trouve pas dans notre jardin. Le lieu-
« tenant-colonel et les officiers qui sont dans ce moment auprès
« de nous sont mariés; nous demandons qu'on permette à leurs
« femmes de venir chez nous, et à nous d'aller chez elles pour
« passer le temps, car nous nous ennuyons quelquefois. Nous
« prions aussi qu'on nous donne un tailleur qui puisse coudre
« pour nous des habits. Par la grâce de l'Impératrice, on nous
« envoie de Pétersbourg des cornettes, des coiffes et des toques,

« mais nous ne nous en servons pas, parce que ni nous ni nos
« servantes nous ne savons comment les ajuster et les porter.
« Faites-nous la grâce de nous envoyer un homme qui sache
« nous conseiller en cela. Le bain dans le jardin est trop près
« de nos appartements de bois; nous craignons que le feu qu'on
« y allume ne nous incendie, ordonnez qu'on le transporte plus
« loin. » A la fin elle supplia *avec larmes* d'augmenter les appointements des domestiques et des servantes, et de leur permettre la libre sortie de la maison comme on l'avait permis aux autres employés. Elle ajouta : « Si vous nous accordez cela,
« nous serons satisfaits, et nous n'élèverons plus aucune diffi-
« culté, nous ne désirerons rien de plus, et nous serons contents
« de rester dans la même situation toute notre vie. »

Melgunof conseilla à Élisabeth d'écrire une pétition à l'Impératrice et d'y expliquer tout ce qu'elle désirait; mais elle n'y consentit pas. Elle écrivit seulement dans sa requête « qu'elle
« portait à l'Impératrice une reconnaissance d'*esclave* pour sa
« grâce suprême, et surtout parce qu'elle les avait *confiés au*
« *grand homme lieutenant de Sa Majesté Alexis Petrowitsch*
« *Melgunof*, qu'elle osait déposer sa demande aux pieds de
« l'Impératrice, et qu'*Alexis Petrowitsch l'informerait de ce*
« *que contenait la pétition.* »

Le dernier jour du séjour de Melgunof chez les princes et princesses, comme il prenait congé d'eux, ils se mirent à pleurer; en le reconduisant ils tombèrent à ses pieds, et la jeune sœur, au nom des autres, le conjura de ne pas oublier sa requête.

APPENDICE.

VI.

Pendant ce temps, Melgunof avait fait tous les préparatifs pour exécuter les ordres qu'on lui avait donnés. Voyant l'impossibilité de construire un bâtiment sur l'Onéga, Melgunof résolut de confier l'équipement des barques au commandant général du port d'Archangel, le major général Wrangel, sans cependant lui découvrir à quoi elles étaient destinées. On eut bientôt fait une barque de rivière, et au lieu d'un vaisseau neuf, l'Impératrice permit de se servir, pour le transport de la famille de Brunswick, d'une de ses frégates arrivant à Archangel, appelée *l'Étoile polaire*. Le capitaine Stépanof fut choisi pour la commander; mais comme il était dangereusement malade, Melgunof prit à sa place un officier non moins fidèle et habile, l'ex-capitaine Michel Assenief, président du tribunal civil d'Yarowslaw; il était d'autant plus propre à remplir cette charge qu'il avait fait sur mer plusieurs campagnes, qu'il avait passé quatre fois le cercle polaire et connaissait le lieu où l'on devait envoyer la famille de Brunswick.

Les princes et les princesses avaient été élevés dans la religion gréco-russe, et à cause de cela on leur donna toutes les choses nécessaires pour établir une église à Gorsens; il y avait un curé et deux chantres dont les appointements équivalaient à ceux des chapelains des missions de Stockholm et de Copenhague. En même temps on adjoignit à la famille de Brunswick un médecin avec un élève.

Pour l'entretien des princes et des princesses à Gorsens, l'Impératrice leur assigna une pension à vie, savoir : à chaque frère et à chaque sœur, 3,000 roubles, et à tous ensemble 32,000 roubles par an, en comptant d'après le cours d'alors, le rouble à 50 stivers d'Hollande. Outre cela elle ordonna d'ajouter à cette somme tout ce qui serait nécessaire pour les faire voyager d'une manière convenable.

Pour qu'ils fussent particulièrement surveillés pendant la traversée, l'Impératrice ordonna au commandant de Schlusselbourg, le colonel Ziegler, et à la veuve du bailli de Livonie, Lilienfeld, avec ses deux filles, d'accompagner la famille de Brunswick jusqu'au lieu de sa destination en Norwège, et de la remettre à celui qui serait muni d'un plein pouvoir de la cour de Danemark.

Après cela il leur était permis de rentrer en Russie. On leur assigna une somme suffisante pour aller et revenir.

Melgunof choisit parmi les gens de la famille de Brunswick trois domestiques et quatre servantes; cinq de ces personnages étaient nés à Cholmogory et avaient grandi avec les princes et les princesses. Les deux autres furent choisis parmi les paysans. Ils étaient tous de bonne conduite. De cette manière tout était arrangé et approuvé par l'Impératrice; il ne restait plus qu'à trouver le moyen de ne pas effaroucher les prisonniers en leur donnant l'ordre de partir.

VII.

Le colonel Ziegler alla à Cholmogory avec le gouverneur Golowtzin. S'étant rendu chez les princes et princesses, il leur dit, de la part de Melgunof, qu'Alexis Petrowitsch, pendant son séjour à la cour, n'avait pas manqué d'entretenir l'Impératrice de leur requête, et que Sa Majesté augmentait les appointements de leurs serviteurs, et permettait gracieusement à la femme du lieutenant-colonel Polasof de venir chez eux, qu'elle ordonnait qu'on leur fournît tout ce qui leur serait nécessaire. Entre autres choses il leur dit que bientôt ils verraient jusqu'où allait la bonté de Sa Majesté. Quelques moments après, on envoya aux princes et princesses la veuve Lilienfeld, avec quelques habits pour leur toilette. Lorsque le colonel Ziegler et la femme du lieutenant-colonel Polasof vinrent chez eux, leur joie fut extrême, surtout lorsqu'ils apprirent la bonté de l'Impératrice pour eux.

Bientôt Melgunof lui-même arriva à Cholmogory. Ayant d'abord confirmé aux princes et princesses les paroles de Ziegler, il les instruisit enfin de leur situation, de la résolution de l'Impératrice de les mettre en liberté et de les envoyer en Danemark, sous la protection de leur tante, et de toutes les grâces que l'Impératrice avait dessein de leur faire. La nouvelle inattendue du changement de leur existence fut pour eux une joie céleste. Ils apprirent que Catherine, qui les avait déjà fait renaître, leur assurait encore une heureuse situation. Ne s'attendant pas à une aussi grande faveur, ils ne pouvaient prononcer un seul mot; leurs cœurs seuls parlèrent en tressaillant de bonheur. Cette voix du cœur ne fut pas entendue; mais leurs traits et leurs yeux levés au ciel, des torrents de larmes coulant de leurs yeux, et de fréquentes génuflexions en disaient plus que toutes les paroles, et témoignaient de leur reconnaissance pour leur auguste souveraine. Alors Melgunof leur fit comprendre combien ils devaient être reconnaissants à la maison Impériale qui leur donnait la liberté et une telle existence de luxe, rare même parmi les personnes de leur naissance. Il ajouta à cela que s'ils oubliaient les bienfaits de l'Impératrice, s'ils ajoutaient foi à des propos malveillants et suivaient des conseils perfides en ne voulant plus résider en Danemark, ils perdraient non-seulement leur pension, mais encore tout droit à l'assistance de Sa Majesté.

Élisabeth lui répondit avec larmes : « Dieu nous préserve, « nous qui venons de recevoir une si grande grâce, d'être in- « grats. Croyez-moi, dit-elle avec fermeté, nous ne nous op- « poserons jamais à la volonté de Sa Majesté ; elle est notre mère « et notre protectrice. Nous n'espérons qu'en elle, nous serait- « il possible d'oser fâcher Sa Majesté en quelque chose, et de « nous exposer à perdre pour toujours ses bonnes grâces ? » Ensuite elle demande à Melgunof : « Notre tante nous prend-elle « chez elle, ou nous laissera-t-elle dans quelque ville ? Nous « désirerions plutôt vivre dans une petite ville quelconque, car « jugez vous-mêmes comment nous serions à la cour. Nous ne « savons pas du tout comment nous conduire avec les gens et « de plus nous ne comprenons pas leur langue. » Melgunof lui répondit qu'ils pourraient à leur arrivée en Danemark demander cela à leur tante, et il promit de tâcher de son côté que leurs désirs pussent s'accomplir.

Ayant ainsi tranquillisé la princesse, Melgunof fut extrêmement satisfait de les trouver tous, contre son attente, consentant à ce qu'il avait proposé et regardant d'un air joyeux les préparatifs de départ. Le trajet par eau les effraya pourtant, surtout les princesses qui depuis leur naissance n'avaient jamais été sur mer et qui n'avaient même jamais vu comment se mouvait un bateau. Quoique Melgunof les assurât qu'il n'y avait aucun danger et que lui-même les accompagnerait à la distance de cent verstes, cependant elles montrèrent de la crainte à ce sujet et dirent :

« Vous êtes des hommes et n'avez peur de rien, mais si votre femme venait avec nous, nous irions volontiers dans le bateau. »

Melgunof fut obligé de leur donner sa parole qu'il amènerait sa femme. Elles reçurent cette promesse avec une satisfaction d'autant plus grande que la veuve Lilienfeld et ses fils n'avaient non plus jamais voyagé par eau et n'éprouvaient pas moins de crainte que les princesses.

VIII.

Au jour fixé pour le départ, Melgunof, accompagné de sa femme, fit monter les princes et les princesses dans une barque de rivière avec toutes les personnes destinées à les accompagner et les domestiques attachés à leur service, et fit voile pour la forteresse de Nowodwinskoï dans la nuit du 26 au 27 juin (nouv. st. 8 ou 9 juillet 1780), à une heure. Avec un vent favorable ils arrivèrent à la forteresse de Nowodwinskoï le 28 juin (10 juillet) à 3 heures du matin, ayant fait 90 verstes en 24 heures.

Dans le même temps les princes et les princesses s'éveillèrent et furent saisis d'une grande frayeur en voyant la forteresse. Ils s'imaginèrent que ce devait être là leur demeure et que toutes les assurances de Melgunof n'étaient que des mensonges. L'arrivée d'un courrier de cabinet[1] qui eut lieu dans le même moment, les confirma encore davantage dans cette pensée. Ils crurent que le courrier apportait l'ordre de les laisser dans la forteresse de Nowodwinskoï, tandis qu'au contraire il était envoyé à Melgunof avec la confirmation des ordres précédents à leur égard. Pour les rassurer, Melgunof les ayant logés dans la maison

[1] Feldjæger.

du commandant, leur donna la permission de se promener sur les remparts et de venir chez lui en bateau.

Le jour de leur arrivée à Nowodwinskoï était le jour anniversaire du commencement du règne de l'Impératrice. Sur leur demande, le prêtre qui les accompagnait dit la messe dans l'église de la forteresse ; il lut ensuite la liturgie et des prières en actions de grâces.

La frégate *l'Étoile polaire* était déjà prête à mettre à la voile : les princes et les princesses montèrent à bord avec leur suite. En prenant congé d'eux, Melgunof leur fit de nouvelles recommandations. et leur dit à la fin *qu'ils seraient toujours malheureux, s'ils se montraient ingrats.* En entendant ces mots ils fondirent en larmes, et tombèrent à genoux. La princesse Élisabeth, au nom de tous, dit : « Que Dieu nous punisse si nous « oublions la grâce que nous fait notre mère. Nous serons tou- « jours les esclaves de Sa Majesté et jamais nous ne désobéirons « à sa volonté. Elle est notre mère et notre protectrice. Nous « n'espérons qu'en elle et en personne autre. » Ensuite elle pria Melgunof de porter aux pieds de Sa Majesté leurs remer-- ciements. En se séparant d'eux, Melgunof ordonna de lever l'ancre, de hisser le pavillon et de partir.

La frégate partit à deux heures après minuit, le 30 juin, sous pavillon marchand. Melgunof les suivit des yeux jusqu'à ce que la frégate fût hors de vue.

IX.

Après le renvoi des princes et des princesses l'Impératrice les soutint encore de sa main Impériale. (Suit l'inventaire des habits, fourrures, services à thé, montres, bagues, etc., donnés

APPENDICE.

à chacun des princes) ; à Bergen, le colonel Ziegler leur remit pour argent de poche 2,000 ducats de Hollande. L'article finit par la phrase suivante : En Danemark on fut étonné de la générosité et de la magnificence avec lesquelles avait été traitée la famille de Brunswick. La Reine elle-même en parla avec reconnaissance.

L'article X n'a rien d'intéressant si ce n'est la phrase suivante : l'Impératrice fut extrêmement satisfaite de la manière dont Melgunof avait exécuté ses ordres. Cependant elle lui fit observer qu'il avait eu tort d'outre-passer ses instructions en amenant sa femme sur le vaisseau où était la famille de Brunswick.

XI.

La navigation de la frégate *l'Étoile polaire* fut retardée par des vents contraires et de fortes tempêtes. L'Impératrice ne recevant depuis longtemps aucune nouvelle sur le sort des voyageurs, commença à craindre pour eux. A la fin, on reçut la nouvelle de l'arrivée de la frégate à Bergen, le 10 septembre (nouveau style). Un vaisseau de guerre danois, *le Mars*, commandé par le capitaine Lutchen, depuis longtemps l'attendait à Bergen. Le lendemain la famille de Brunswick fut remise au grand bailli de Bergen, M. Schulen, et là, elle fut embarquée à bord du vaisseau de guerre. Les vents contraires arrêtèrent le vaisseau à 4 milles de Bergen jusqu'au 23 septembre. Après quoi il eut encore à lutter contre une violente tempête qui dura sans interruption du 30 septembre au 1er octobre; ce ne fut que le 5 octobre qu'on put arriver à Hunstrand. Les princes et princesses de Brunswick fatigués de cette navigation difficile, furent mis à terre à Aalbourg où ils restèrent trois jours pour se reposer ; et ils arrivèrent à Gorsens le 13 octobre en santé et fort gais, bénissant l'Impératrice qui leur donnait une nouvelle existence. Pendant ce temps-là, la frégate *l'Étoile polaire* resta à Bergen pour y passer l'hiver. En arrivant à ce port, la princesse Elisabeth avait distribué 3,000 roubles pris sur les 500 ducats à elle alloués. Des 3,000 roubles, le capitaine Assenief en reçut 1,000.

Le choix des personnes qui accompagnèrent la famille de Brunswick fut heureux. Le colonel Ziegler et la veuve Lilienfeld, quoiqu'ils n'eussent demeuré que fort peu de temps avec les princes et princesses, surent cependant se concilier leur amitié et leur respect. La plus jeune des princesses fut particulièrement contente des attentions de Ziegler, etc......

XII.

L'Impératrice et la Reine continuèrent longtemps leur correspondance touchant la famille de Brunswick. La Reine parlait toujours avec satisfaction de la conduite des princes et des princesses, et faisait l'éloge de leur bon cœur et de leur politesse.

La Reine voulut voir les princes et les princesses ; *elle en écrivit à Catherine. L'Impératrice laissa cela à son choix ;* mais dans la suite la Reine changea d'avis, quoique les princes eux-mêmes désirassent lui être présentés.

Entre autres choses la Reine demanda à l'Impératrice comment il fallait se conduire avec les princes et les princesses, et quel titre on pouvait leur donner. L'Impératrice répondit que depuis le moment où ils étaient sous la protection de la cour de

Danemark, elle les regardait comme des personnes indépendantes, d'une naissance illustre; que pour la conduite à tenir avec eux, il fallait penser à leur tranquillité et à leur bonheur; que leur simplicité d'esprit, leur manque d'éducation et d'autres circonstances leur interdisaient de vivre dans le grand monde; qu'elle pensait qu'une vie éloignée de tous les tracas de la cour était ce qui leur convenait le mieux. Quant aux titres, l'Impératrice pensait que rien ne pouvait les priver d'un titre que Dieu leur avait donné et qui leur appartenait par droit de naissance; c'est-à-dire le titre de princes et de princesses de la maison de Brunswick.

La Reine trouva qu'il serait mieux d'éloigner des princes et des princesses leurs domestiques russes pour qu'ils s'accoutumassent plus vite à leur nouveau genre de vie. L'Impératrice y consentit; tous les Russes, excepté le confesseur et les chantres, retournèrent en Russie, et auprès de la famille de Brunswick il y eut alors une petite cour composée de Danois seulement. Ce changement fut amer et pénible pour les princes et les princesses, et ce n'est pas étonnant: ils avaient grandi et avaient été élevés dans le même lieu que leurs serviteurs; en eux ils étaient accoutumés à voir leurs seuls compagnons et confidents. Les princes et les princesses en se séparant d'eux versèrent quelques larmes de regret, même sur Cholmogory.

Pour l'établissement de la famille de Brunswick à Gorsens, pour l'acquisition des maisons et autres frais, il fallait 60,000 thalers. La cour de Danemark proposa de prendre cette somme sur la pension accordée à la famille de Brunswick, et par ce moyen, elle en paya 20,000 thalers. Mais l'Impératrice, ayant appris cela, ne voulut pas que les princes et les princesses jouissent imparfaitement de sa générosité ; elle ne voulut pas davantage être à charge à la cour de Danemark, et elle fit payer les 40,000 thalers restants sur sa propre cassette.

XIII.

Les princes et les princesses vécurent à Gorsens dans la paix et en bonne amitié les uns avec les autres. Ils ne donnèrent jamais aucun sujet de plainte aux personnes que la cour de Danemark avaient mises auprès d'eux; mais ils ne furent pas toujours contents de ces dernières.

Comme à Cholmogory Élisabeth était la conductrice de ses frères et de sa sœur ; elle ne faisait cependant rien sans leur consentement. Au reste, dans toutes les circonstances, tant qu'elle vécut, ils se soumirent à ses pensées et à ses conseils.

Le prince Ferdinand de Danemark vint voir la famille de Brunswick à Gorsens. Cette visite fut triste pour eux. Dès que les princes et les princesses surent qu'il venait, ils se hâtèrent d'aller dans la maison qui leur était destinée pour le rencontrer. Le prince embrassa d'abord l'aînée des princesses, et au même instant les trois autres l'entourèrent, lui baisèrent les mains et pleurèrent de joie en le serrant dans leurs bras.

Il resta là deux jours, déjeuna et dîna avec eux. Le troisième jour il leur promit de venir prendre congé d'eux; mais pour épargner à lui et à eux de nouvelles larmes, il partit à sept heures du matin, après leur avoir envoyé pour souvenir deux tabatières et deux bagues.

XIV.

Élisabeth ne jouit pas longtemps de sa nouvelle situation. Une maladie cruelle qui dura deux semaines abrégea ses jours, le 20 octobre 1782, à l'âge de 39 ans.

Cinq ans après elle, mourut le plus jeune des princes, Alexis, le 22 octobre 1787. Peu de temps avant sa fin, il se sentit affaibli, mais il se remit promptement. Après cela il s'imagina qu'il ne survivrait pas à l'anniversaire du jour où sa sœur était morte. Cette pensée s'enracina si fort dans son imagination qu'elle lui devint fatale. Quelques jours avant le temps fixé par lui, il se plaignit de n'être pas bien. Il lui survint un évanouissement; il se fit mettre au lit et ne se releva plus.

Le prince Pierre mourut le 30 janvier de l'an 1798.

On peut facilement se figurer la triste position de Catherine. Privée de tous ses proches, entourée de gens pour lesquels elle était un objet d'ennui, elle n'avait pas même la consolation d'avoir auprès d'elle aucune âme sensible. Sa tante ne vivait plus. Ceux qui l'entouraient, à ce qu'il semblait, pensaient plus à leurs aises qu'à lui procurer les soins auxquels elle avait droit par la grâce de la cour de Russie qui lui avait donné pour cela tous les moyens nécessaires. Jusqu'à sa mort la pension accordée aux princes et aux princesses fut continuée sans qu'on se prévalût de la diminution de la famille de Brunswick.

Le séjour de Gorsens ennuya tellement Catherine qu'elle désira retourner en Russie et se faire religieuse. Elle ne trouvait de consolation que dans le service divin et dans les prières. Avant sa mort elle oublia les chagrins qu'on lui avait faits, et écrivit à l'Empereur Alexandre pour le prier d'accorder des pensions aux gens qui l'entouraient. Sa requête fut écoutée. On donna à tous les employés et domestiques qui avaient été longtemps à la cour de Gorsens des pensions sur le trésor russe, et après leur mort à leurs femmes; et à ceux qui n'avaient été que peu de temps auprès de Catherine, on donna des marques de satisfaction.

Elle laissa après elle un testament par lequel elle léguait au prince héréditaire de Danemark Fréderic et à sa postérité tous ses biens meubles et immeubles.

La princesse Catherine mourut le 9 avril 1807, et fut enterrée à Gorsens dans le même endroit que ses frères et sa sœur. Avec elle s'éteignit la postérité du Tsar Jean Alexiewitsch, qui mérite une mention particulière par les revers de fortune qu'elle a subis.

Signé, B. POLENOF.

EXTRAIT

DE LA DESCRIPTION DE MOSCOU,

PAR G. LE COINTE DE LAVEAU.

Prisons de Moscou, en 1836.

« Parmi les gens arrêtés par la police, 1,110 l'ont été pour n'avoir pas de passe-port, 78 pour avoir déserté; puis 8,354 escrocs, 586 voleurs, 2,328 pour invectives, 866 pour querelle, 117 comme recéleurs de gens enfuis et 2,475 pour différentes légères infractions. Sur ce nombre on a emprisonné à l'Ostrog 122 hommes pour sacrilège et 45 femmes pour le même crime; 2 individus pour des propos injurieux contre le gouvernement; 24 meurtriers, 31 filous, 34 faux monnayeurs et 4 fausses monnayeuses; 10 incendiaires et voleurs pendant l'incendie, et 2 femmes accusées du même crime; 12 hommes pour avoir fait des blessures mortelles, 25 *pour tentatives de suicide! ! ! !* 7 pour cause de mort donnée sans préméditation, 33 pour avoir occasionné des blessures devenues graves; 177 hommes et 83 femmes pour dévergondage; 112 hommes et 23 femmes pour ivrognerie et vie déréglée, 95 faussaires; 376 hommes et 364 femmes pour vagabondage; 46 hommes et 27 femmes pour avoir donné refuge à des gens suspects; 824 voleurs et recéleurs, et 310 recéleuses et voleuses; 46 hommes pour avoir dénoncé injustement; 75 hommes et 12 femmes portant de faux noms; 2 usuriers;

5 hommes pour avoir détourné l'argent de la couronne ; 143 hommes et 8 femmes pour avoir quitté leur service et s'être sauvés de chez leur seigneur ; 558 hommes et 105 femmes pour avoir mendié ; 199 hommes et 31 femmes qui se servaient de faux passe-ports. » (Pages 335 et 336, vol. I ; *Description de Moscou* par G. Le Cointe de Laveau, 2me édition. Moscou, de l'imprimerie d'Auguste Semen, 1836.)

DÉTENUS DE LA PRISON TEMPORAIRE EN 1834, ACCUSÉS :	HOMMES.	FEMMES.	SE SONT JUSTIFIÉS.	
De sacrilége..............................	8	»	»	»
D'avoir pris part à une émeute...........	1	»	»	»
D'assassinat.............................	5	»	»	»
D'avoir pris part à un assassinat.........	2	»	»	»
D'avoir causé volontairement un incendie...	10	»	»	»
De concussion............................	8	»	»	»
De viol de mineures......................	1	»	»	»
D'avoir dérobé un enfant..................	1	»	»	»
De rixe..................................	1	»	»	»
De s'être estropiés.......................	4	»	»	»
De vol { de vivres.......................	2	»	»	»
de chevaux......................	56	»	»	»
d'habillements.................	2	»	»	»
de différents objets............	561	22	42	5
d'effets et d'argent............	13	1	3	»
d'argent.......................	16	2	»	»
De s'être emparé d'une propriété étrangère..	4	»	»	»
D'avoir reçu des objets volés..............	23	»	4	»
De recélage..............................	4	»	»	»
D'avoir donné un asile à des gens suspects...	11	»	6	»
D'avoir fait un faux......................	16	»	»	»
D'avoir fait usage de faux passe-ports......	14	»	»	»
De s'être livré à l'ivrognerie, et d'avoir mené une vie dissolue....................	126	4	27	»
D'avoir commis un adultère................	»	1	»	1
D'avoir fait un faux rapport...............	6	»	»	»
D'avoir détourné l'argent de la couronne....	4	»	»	»
D'avoir pris un autre nom que le sien......	6	»	»	»
D'avoir aidé des détenus à se sauver.......	3	»	»	»
D'avoir laissé échapper des détenus........	1	»	»	»
De s'être absenté de son service...........	2	»	»	»
De s'être échappé { de chez leur seigneur...	327	28	77	2
de la Sibérie..........	15	»	»	»
de leur régiment......	43	»	»	»
d'une arrestation......	5	»	»	»
De vagabondage...........................	15	»	»	»
De n'avoir pas de passe-port...............	441	4	29	»
D'avoir perdu leur passe-port..............	12	1	»	»
D'avoir laissé passer le terme de changer leur passe-port...........................	52	»	13	»
De filouterie.............................	13	»	2	»
De mendicité illégale.....................	112	2	18	»
De fautes non prouvées...................	674	22	65	»
	2617	87	286	8

Détenus entrés en 1834 dans la prison du gouvernement de Moscou, vulgairement nommée l'Ostrog (*).

MOTIFS DE L'ACCUSATION.	CONDAMNÉS.		RESTÉS EN SURVEILLANCE.		ACQUITTÉS.	
	HOM.	FEM.	HOM.	FEM.	HOM.	FEM.
Avoir mis le feu................	14	2	»	»	2	»
Sacrilége................	6	2	»	»	3	»
Avoir renoncé à sa croyance......	»	1	»	»	»	»
Désobéissance au gouvernement....	19	7	1	»	»	»
Participation à une émeute........	42	»	»	»	»	»
Assassinat................	6	»	»	»	»	»
Participation à un assassinat........	3	»	1	»	1	»
N'avoir pas déclaré un assassinat....	2	»	»	»	»	»
Meurtre non prémédité............	1	»	»	»	»	»
Avoir fait des blessures mortelles...	5	»	»	»	1	»
Empoisonnement................	3	1	1	1	1	»
Tentative de suicide............	2	»	»	»	2	»
S'être approprié des effets........	7	»	»	»	»	»
Avoir fait de la fausse monnaie....	11	3	»	»	»	»
Etre en possession de la propriété d'autrui................	4	»	»	»	»	»
Viol de mineures................	2	»	»	»	»	»
Avoir caché un enfant............	4	4	»	»	»	»
Calomnie................	1	»	»	»	»	»
S'être estropié volontairement......	14	»	»	»	3	»
Vol de chevaux et d'effets........	156	57	56	13	52	18
Vol pendant l'incendie............	4	»	»	»	2	»
Vol d'argent................	16	2	»	»	25	3
Avoir déclaré être maître d'une propriété étrangère................	14	3	2	1	4	2
Avoir reçu ce qui est vol........	17	4	5	2	12	3
Recélage d'objets volés........	5	3	1	1	3	5
Avoir donné asile à des voleurs....	16	4	4	1	7	3
Avoir fait des faux en signature privée.	24	»	2	»	3	»
Avoir possédé un faux passe-port..	22	18	3	1	8	7
Violence, ivrognerie et vie déréglée.	14	9	2	1	17	5
Inconduite................	4	16	»	»	2	15
Adultère................	3	12	»	»	2	4
Rapports mensongers............	6	1	»	»	2	1
Avoir fait l'usure................	2	»	1	»	1	»
Tromperies d'avocat............	3	»	»	»	1	»

(*) Отчетъ Московскаго Попечительнаго Комитета о тюрмахъ за 1834 года.

MOTIFS DE L'ACCUSATION.	CONDAMNÉS.		RESTÉS EN SURVEIL-LANCE.		ACQUITTÉS.	
	HOM.	FEM.	HOM.	FEM.	HOM.	FEM.
Avoir détourné l'argent de la couronne.	2	»	»	»	1	»
Avoir pris un nom étranger.	23	9	2	1	12	4
Avoir aidé un détenu à se sauver.	1	»	»	»	1	»
Avoir laissé échapper un détenu.	1	»	»	»	»	»
Absence du service.	8	»	»	»	4	»
S'être échappé de chez son seigneur.	»	»	»	»	60	42
S'être échappé de la Sibérie	32	2	»	»	»	»
S'être échappé de la détention	3	1	»	»	»	»
Vagabondage.	18	45	»	»	9	7
Gens sans passe-ports	13	2	»	»	28	75
Gens ayant perdu leurs passe-ports.	12	8	»	»	23	17
Avoir dépassé le terme du passe-port sans le renouveler	7	9	»	»	38	26
Filouterie.	11	»	4	»	2	»
Mendicité illégale	18	43	»	»	23	102
Fautes non déterminées.	3	5	»	»	5	4
Avoir fait des menaces.	7	1	»	»	2	»
Avoir le cerveau dérangé.	2	»	»	»	3	1
N'avoir pas voulu choisir un genre de vie.	3	4	»	»	1	2
AGE DES DÉTENUS A LA PRISON DU GOUVERNEMENT DE MOSCOU, EN 1835.						
N'ayant pas atteint l'âge de 16 ans.	38	12	»	»	67	23
De l'âge de 16 à 20 ans.	92	28	8	3	53	21
De 20 à 30 ans.	102	55	28	6	46	52
De 30 à 40 ans.	126	68	25	7	59	45
De 40 à 50 ans.	87	59	12	4	52	48
De 50 à 60 ans.	56	33	8	1	64	42
De 60 à 70 ans.	22	18	1	»	59	61
De 70 à 80 ans et plus.	5	2	»	»	38	32
Age non déterminé.	48	14	3	1	15	27

FIN DU QUATRIÈME ET DERNIER VOLUME.

TABLE DES MATIÈRES

CONTENUES DANS CE VOLUME.

LETTRE VINGT-NEUVIÈME.

PAGE 3 A 80.

La mosquée tatare. — Comment vivent à Moscou les descendants des Mongols. — Leur portrait. — Réflexions sur le sort des diverses races qui composent le genre humain. — Tolérance humiliante. — Points de vue pittoresques. — Le Kremlin. — Citation de Laveau. — Tour de Soukareff. — Vaste réservoir d'eau. — Architecture byzantine. — Établissements publics. — L'Empereur partout. — Antipathie du caractère des Slaves et des Allemands. — Grand manége de Moscou. — Le club des nobles. — Ce que les Russes entendent par la civilisation. — Ordonnances de Pierre Ier touchant la politesse. — Goût des Russes pour le clinquant. — Habitudes des grands seigneurs. — Ravages de l'ennui dans une société composée comme l'est celle de Moscou. — Un café russe. — Costume des garçons de café. — Humilité des anciens serfs russes. — Leur croyance religieuse. — La société de Moscou. — Maison de campagne dans l'enceinte de la ville. — Maisons de bois. — Dîner sous une tente. — Vraie politesse. — Caractère des Russes. — Leur mépris pour la clémence. — L'Empereur flatte ce sentiment. — Manières gracieuses des Russes.

— Leur puissance de séduction. — Illusions qu'elle produit. — Affinité de caractère des Russes et des Polonais. — Vie des mauvais sujets du grand monde à Moscou. — Ce qui explique leurs écarts. — Mobilité sans égale. — Ce qui sert d'excuse au despotisme. — Conséquences morales de ce régime. — Mauvaise foi nuisible même aux mauvaises mœurs. — Note sur notre littérature moderne. — Le respect pour la parole. — Ivrogne du grand monde. — Russes questionneurs et impolis. — Portrait du prince ***. — Ses compagnons. — Assassinat dans un couvent de femmes. — Histoires amoureuses. — Conversation de table d'hôte. — Le Lovelace du Kremlin. — Une motion burlesque. — Pruderie moderne. — Partie de campagne. — Adieux du prince *** dans une cour d'auberge. — Description de cette scène. — Le cocher élégant. — Mœurs des bourgeoises de Moscou. — Les libertins bien vus en ce pays. — Pourquoi. — Fruit du despotisme. — Erreur commune sur les conséquences de l'autocratie. — Condition des serfs. — Ce qui fait réellement la force de l'autocratie. — Double écueil. — Prétentions mal fondées. — Fausse route. — Résultats du système de Pierre Ier. — Vraie puissance de la Russie. — Ce qui a fait la grandeur du Czar Pierre. — Son influence jusqu'à ce jour. — Comment je cache mes lettres. — Pétrowski. — Chant des bohémiens russes. — Révolution musicale opérée par Duprez. — Physionomie des bohémiennes. — Opéra russe. — Comédie en français. — Manière dont les Russes parlent et entendent le français. — Illusion qu'ils nous font. — Un Russe dans sa bibliothèque. — Puérilité. — La tarandasse, voiture du pays. — Ce qu'est pour un Russe un voyage de quatre cents lieues. — Aimable trait de caractère.

TABLE DES MATIÈRES.

LETTRE TRENTIÈME.

PAGE 81 A 113.

Routes de l'intérieur de la Russie. — Fermes, maisons de campagne. — Aspect des villages. — Monotonie des sites. — Vie pastorale des paysans. — Femmes de la campagne bien habillées et belles. — Beauté des vieillards russes. — Aspect qu'ils donnent aux villages. — Rencontre d'un voyageur. — Ruse raffinée, attribuée aux Polonais. — Nuit d'auberge à Troïtza. — Définition de la malpropreté. — Pestalozzi. — Intérieur du couvent. — Pèlerins. — Le kibitka. — Saint Serge. — Souvenirs patriotiques. — Image de saint Serge. — Tombeau de Boris Godounoff. — Bibliothèque du couvent : les moines refusent de la montrer. — Inconvénients d'un voyage dans l'intérieur de la Russie. — Mauvaise qualité de l'eau dans toute la Russie. — Pourquoi on voyage dans ce pays. — Ce qu'est en Russie la passion du vol.

LETTRE TRENTE ET UNIÈME.

PAGE 115 A 165.

Importance de Yaroslaf pour le commerce intérieur. — Opinion d'un Russe sur l'architecture de son pays. — Ridicules du parvenu reproduits en grand. — Aspect d'Yaroslaf. — Promenade en terrasse au-dessus du Volga. — La campagne vue de la ville. — Toujours la passion des Russes pour l'imitation servile de l'architecture classique. — Ressemblance d'Yaroslaf et de Pétersbourg. — Beauté des villages et de leurs habitants. — Aspect monotone des campagnes. — Chant lointain des mariniers du Volga. — Ton sarcastique des gens du monde. — Coup d'œil sur le carac-

TABLE DES MATIÈRES.

tère des Russes. — Drowskas primitifs. — Chaussure des paysans. — Sculpteurs antiques. — Insuffisance des bains russes *pour* entretenir la propreté. — Visite au gouverneur d'Yaroslaf. — Enfant russe, enfant allemand. — Salon du gouverneur. — Ma surprise. — Souvenirs de Versailles. — Madame de Polignac. — Rencontre invraisemblable. — Politesse exquise. — Influence de notre littérature. — Visite au couvent de la Transfiguration. — Ferveur du prince *** qui me servait de guide. — Traditions de l'art byzantin perpétuées chez les Russes modernes. — Minuties de l'Église grecque. — Distinctions puériles. — Dispute sur la manière de donner la bénédiction. — *Zacuska*, petit repas qui précède immédiatement le dîner. — Le sterléd, poisson du Volga. — Chère russe. — Le dîner n'est pas long. — Bon goût de la conversation. — Souvenir de l'ancienne France. — Soirée en famille. — Conversation d'une dame française. — Supériorité des femmes russes sur leurs maris. — Justification de la Providence. — Tirage d'une loterie de charité. — Ton du monde en France changé par la politique. — Profonde séparation du riche et du pauvre en Russie. — Absence d'une aristocratie bienfaisante. — Par qui en réalité la Russie est gouvernée. — L'Empereur lui-même gêné dans l'exercice de son pouvoir. — Bureaucratie russe. — Enfants des popes. — Influence de Napoléon sur l'administration russe. — Machiavélisme. — Plan de l'Empereur Nicolas. — Gouvernement des étrangers. — Problème à résoudre. — Difficulté particulière.

LETTRE TRENTE-DEUXIÈME.

PAGE 167 A 200.

Aspect des rives du Volga. — Manière dont les Russes mènent les voitures sur les routes montueuses. — Violence des cahots. — Maison de poste. — Serrure russe portative. — Kostroma. — Souvenir

TABLE DES MATIÈRES. 539

d'Alexis Romanow. — Bac sur le Volga à Kunitcha. — Vertu qui devient vice. — Accident dans une forêt. — La civilisation a nui aux Russes. — Rousseau justifié. — Traits distinctifs du caractère et de la figure des Russes. — Étymologies du mot syromède. — Mot de Tacite. — Élégance des paysans. — Leur industrie. — La hache du mugic. — Tarandasse. — Simplicité d'esprit du paysan russe. — Différence de manière de voir de cet homme et des paysans des autres pays. — Caractère des chants nationaux. — Musique accusatrice. — Imprudence du gouvernement. — Manière de suppléer à une roue cassée. — Route de Sibérie. — Paysages russes. — Bords du Volga. — Rencontre de trois exilés. — Espionnage de mon feldjæger. — Derniers relais pour arriver à Nijni. — Difficulté du chemin.

LETTRE TRENTE-TROISIÈME.

PAGE 201 A 250.

Site de Nijni-Novgorod. — Mot de l'Empereur Nicolas. — Prédilection de ce prince pour Nijni. — Le Kremlin de Nijni. — Peuples accourus à cette foire de toutes les extrémités de la terre. — Nombre des étrangers. — Le gouverneur de Nijni. — Pavillon du gouverneur à la foire. — Le pont de l'Oka. — Barques qui obstruent le fleuve. — Aspect de la foire. — Peine qu'on a pour se loger. — Je m'installe dans un café. — Insectes inconnus. — Orgueil de mon feldjæger. — Emplacement de la foire. — Aspect des populations. — Terrain de la foire. — Ville souterraine. — Cloaque magnifique : ouvrage imposant. — Aspect singulier des femmes. — Les alentours de la foire. — Ville du thé. — Ville des chiffons. — Ville des bois de charronnage. — Ville des fers de Sibérie. — Origine de la foire de Nijni. — Village persan. — Poissons salés de la mer Caspienne. — Cuirs. — Fourrures. — Lazzaronis du

Nord. — Intérieur de la foire. — Site mal choisi. — Crédit commercial des serfs russes. — Manière de calculer des gens du peuple. — Bonne foi des paysans. — Comment les seigneurs trompent leurs serfs.—Rivalité de l'autocratie et de l'aristocratie. —Prix des denrées à la foire de Nijni.—Turquoises apportées par les Boukares. — Chevaux kirguises : leur attachement les uns pour les autres. — La foire après le coucher du soleil. — Convoi de rouliers debout sur leur essieu.—Gravité des Russes. — Encore des chants russes. —Ce que dit la musique en Russie.

LETTRE TRENTE-QUATRIÈME.

PAGE 251 A 307.

Singularité financière. — Ici l'argent représente le papier. — Réforme ordonnée par l'Empereur. —Comment le gouverneur de Nijni décide les marchands à obéir. — Habileté des sujets pour désobéir sans en avoir l'air. — Analyse de leurs motifs. — Probité : l'ukase sur les monnaies.— Générosité apparente. —Où est l'esprit de justice et de conservation sous les gouvernements despotiques. — Beaux travaux ordonnés par l'Empereur pour embellir Nijni.—Minutie. —Singuliers rapports du serf avec son seigneur. — Opinion du gouverneur de Nijni sur le régime despotique. — Douceur de l'administration russe. — Comment on punit les seigneurs qui abusent de leur autorité.— Difficulté qu'éprouve le voyageur pour arriver à la vérité. — Promenade en voiture avec le gouverneur.—Vue de la foire prise du haut d'un pavillon chinois.—Valeur des marchandises.—Préjugés inspirés au peuple par son gouvernement. — Portraits de certains Français ; leurs ridicules en pays étranger.—Rencontre d'un Français aimable. — Société réunie pour dîner chez le gouverneur. — Les femmes russes ; la femme du gouverneur.—Bizarrerie anglaise.

TABLE DES MATIÈRES.

—Anecdote racontée par une Polonaise.—A quoi servent les manières faciles. — Promenade avec le gouverneur. — Sa conversation. — Employés subalternes : ce qu'ils sont dans l'Empire. — Deux aristocraties : la moderne et l'ancienne. — Quelle est la plus odieuse au peuple. — Mon feldjæger. — Drapeau de Minine. — Manque de foi du gouvernement. — Église déplacée, malgré le tombeau de Minine qu'elle renferme. — Pierre-le-Grand. — Erreur des peuples. — Caractère français. — La vraie gloire des nations. — Réflexions sur la politique. — Le Kremlin de Nijni. — Vente des meubles du palais des Empereurs au Kremlin de Moscou. — Couvent de femmes. — Camp du gouverneur de Nijni. — Manie des manœuvres. — Chant des soldats. — Église des Strogonoff à Nijni. — Vaudeville en russe.

LETTRE TRENTE-CINQUIÈME.

PAGE 309 A 360.

Assassinat d'un seigneur allemand. — Jusqu'où les Russes portent l'aversion des nouveautés. — Désordres partiels : leurs conséquences. — Influence du gouvernement : cercle vicieux. — Servilité gratuite des paysans. — Inconvénient de l'instabilité des conditions dans les États despotiques. — Illusion des serfs russes. — Exil de M. Guibal en Sibérie. — Histoire d'une sorcière. — Mot d'un grand seigneur, petit-fils d'un paysan. — Manière dont un jeune étranger malade est traité par ses amis russes. — Accident arrivé à une dame française tombée dans une trappe. — Charité russe. — Passion d'une dame russe pour les tombeaux de ses maris. — Trait de vanité d'un officier enrichi. — Derniers jours passés à Nijni. — Chant des bohémiennes de la foire. — Réhabilitation des classes méprisées et des nations méconnues. — Idée dominante du théâtre de Victor Hugo. — Orage du soir à

Nijni.—Malaise causé par l'air de Nijni. — Projet d'aller à Kazan abandonné.— Conseil d'un médecin.—Le feldjæger et le domestique.—Opinion des Russes sur l'état de la France.—Vladimir.— Aspect du pays. — Appauvrissement des forêts. — Difficultés du voyage pour qui n'a pas un feldjæger. — Fausse délicatesse que les Russes voudraient imposer aux étrangers. — Centralisation nuisible. — Rencontre du grand éléphant noir envoyé à l'Empereur par le schah de Perse. — Danger que je cours. — Présence d'esprit de mon valet de chambre italien. — Description de l'éléphant.—Retour à Moscou.—Adieux au Kremlin. — Effet produit par le voisinage de l'Empereur. —Contagion de l'exemple. — Fêtes militaires à Borodino. — Villes improvisées. — Comment l'Empereur fait représenter la bataille de la Moskowa, dite *de Borodino*. — Pourquoi je n'obéis pas à l'Empereur. — Monument élevé en l'honneur du prince Bagration; le prince Witgenstein oublié. — Mensonge en action. — Ordre du jour de l'Empereur.—Travestissement de l'histoire.

RÉCIT.

PAGE 361 A 407.

Retour de Moscou à Berlin par Saint-Pétersbourg. — Histoire d'un Français, M. Louis Pernet. — Il est arrêté dans une auberge au milieu de la nuit. — Rencontre singulière. — Prudence extrême d'un autre Français, compagnon de voyage du prisonnier. — Le consul de France à Moscou. — Son indifférence au sort du prisonnier.—Mes instances inutiles. — Effet de l'imagination. — Conversation avec un Russe. —Ce qu'il me conseille au sujet du prisonnier.—Départ pour Pétersbourg.—Lenteur du voyage. — Novgorod-la-Grande. — Ce qui reste de la ville antique. — Souvenirs d'Ivan IV. — Dernier résultat de la gloire de cette

TABLE DES MATIÈRES. 543

république. — Arrivée à Pétersbourg. — Mon récit à M. de Barante. — Note. — Conclusion de l'histoire de M. Pernet. — Intérieur des prisons de Moscou.—Promesse d'un général russe au prisonnier.—Derniers moments passés à Pétersbourg. — Course à Colpina. — Magnificence de cet arsenal. — Mensonge gratuit. —Anecdote racontée en voiture.—Origine de la famille de Laval en Russie. — Trait de sensibilité de l'Empereur Paul. — L'écusson effacé. — Académie de peinture. — Élèves enrégimentés.— Paysagistes : Vorobieff.— Peintre d'histoire : Brulow, son tableau du Dernier jour de Pompéii.—Superbes copies de Raphaël par Brulow. — Influence du Nord sur l'esprit des artistes. — La poésie perd moins que la peinture sous le ciel du septentrion.—Mademoiselle Taglioni à Pétersbourg. — Influence de ce séjour sur les artistes. — Abolition des uniates. — Persécutions souffertes par l'Église catholique. — Avantages incontestables du gouvernement représentatif.—Sortie de la Russie ; passage du Niémen ; Tilsit. —Lettre sincère. — Trait d'un Allemand et d'un Anglais. — Pourquoi je ne suis pas revenu en Allemagne par la Pologne.

LETTRE TRENTE-SIXIÈME.
PAGE 409 A 490.

Retour à Ems. — Ce qui caractérise les envieux. — L'automne aux environs du Rhin. — Comparaison des paysages russes et allemands. — Souvenir de René. — Jeunesse de l'âme. — Madame Sand. — Définition de la misanthropie. —Secret de la vie des saints. — Mécompte éprouvé par le voyageur en Russie. — Résumé du voyage. — Dernier portrait des Russes. — But définitif de tous leurs efforts. — Secret de leur politique. — Coup d'œil sur toutes les Églises chrétiennes. — Danger qu'on court en Russie à dire la vérité sur la religion grecque. — Parallèle de l'Espagne et de la Russie.

APPENDICE.

PAGE 491 A 533.

Histoire de la captivité de MM. Girard et Grassini, prisonniers en Russie. — Récit de M. Girard. — Conversation du Voyageur avec M. Grassini. — Récit officiel de la captivité en Russie et du renvoi en Danemarck des princes et princesses de Brunswick sous l'Impératrice Catherine II (extrait de la première partie des actes de l'Académie Impériale russe.) — Extrait de la Description de Moscou, par Le Cointe de Laveau. Prisons de Moscou.

FIN DE LA TABLE DES MATIÈRES.

www.ingramcontent.com/pod-product-compliance
Lightning Source LLC
Chambersburg PA
CBHW070838230426
43667CB00011B/1845